Die Sonderseiten

METHODE

Hier lernst du Methoden zum naturwissenschaftlichen Arbeiten kennen. Die Module auf der rechten Seite ermöglichen dir ihre Anwendung.

BIOLOGIE ERLEBEN

Was hat dein Alltag mit dem Thema zu tun? Mithilfe von materialgebundenen Aufgaben kannst du einige spannende Aspekte erarbeiten.

Ein Kapitel abschließen

LERNCHECK

Die Mindmap zeigt wichtige Begriffe. Mit den Aufgaben kannst du dein Wissen prüfen.

FORSCHUNGSLABOR

Hier findest du Anleitungen für naturwissenschaftliche Untersuchungen und Versuche.

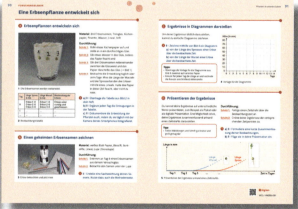

Die Aufgaben

Alle Aufgaben in den Modulen sind in ihrem Schwierigkeitsgrad gekennzeichnet:

▮▯▯ leicht   ▮▮▯ mittel   ▮▮▮ schwer

Sonderseiten mit diesem Symbol schulen deinen Umgang mit den Medien.

Seiten mit diesem Symbol beschäftigen sich mit nachhaltiger Entwicklung.

westermann

Herausgegeben von
Imme Freundner-Huneke
Ralph Möllers
Siegfried Schulz
Annely Zeeb

ERLEBNIS
Biologie

5/6

ERLEBNIS
Biologie

Herausgegeben von:
Imme Freundner-Huneke
Ralph Möllers
Siegfried Schulz
Annely Zeeb

In Teilen eine Bearbeitung von ISBN 978-3-14-117030-6

Autorinnen und Autoren: Imme Freundner-Huneke, Andreas Krämer, Ralph Möllers, Anke Roß, Siegfried Schulz, Matthias Volk, Annely Zeeb

Zusatzmaterialien zu 978-3-14-184000-1:

Für Lehrerinnen und Lehrer:
BiBox Einzellizenz für Lehrerinnen und Lehrer (Dauerlizenz)   WEB-14-184007
BiBox Kollegiumslizenz für Lehrerinnen und Lehrer (Dauerlizenz)   WEB-14-184008
BiBox Kollegiumslizenz für Lehrerinnen und Lehrer (1 Schuljahr)   WEB-14-184009
BiBox Klassenlizenz Premium (1 Schuljahr)   WEB-14-184011

Für Schülerinnen und Schüler:
Förderheft   978-3-14-184004-9
BiBox Einzellizenz für Schülerinnen und Schüler (1 Schuljahr)   WEB-14-184010
BiBox Klassenlizenz PrintPlus (1 Schuljahr)   WEB-14-184012

Druck A[1] / Jahr 2025
Alle Drucke der Serie A sind im Unterricht parallel verwendbar.

Redaktion: Dr. Pia Braune
Grundlayout: Janssen Kahlert Design & Kommunikation GmbH
Umschlaggestaltung: LIO Design GmbH
Druck und Bindung: Westermann Druck GmbH, Georg-Westermann-Allee 66, 38104 Braunschweig

ISBN 978-3-14-**184000**-1

Inhalt

Tiere in unserem Leben

Pflanzen in unserem Leben

Lebensräume in unserem Umfeld

Wirbeltiere in ihren Lebensräumen

Unser Körper

Erwachsen werden

Anhang

Kennzeichen von Lebewesen

1 Schafe: **A** Lebewesen, **B** Stoffschaf

Wie erkennst du Lebewesen?

Ein Schaf ist ein Lebewesen, ein Schaf aus Stoff nicht. Das ist ganz klar. Schwieriger wird es schon, wenn du erklären sollst, woran du das erkennst. Die folgenden Kennzeichen sind typisch für Lebewesen. Du kannst sie aber nicht in jedem Moment bei jedem Lebewesen beobachten.

Bewegung

Schafe bewegen sich viel. Sie laufen hin und her, sie springen herum, legen sich hin und stehen wieder auf (→ Bild 2). Das alles können Stoffschafe nicht. Selbstständige **Bewegung** ist ein typisches Kennzeichen aller Lebewesen.

Reaktion auf Reize

Lebendige Schafe jagen sich gegenseitig oder kommen zum Futter. Bei lauten Geräuschen zucken sie zusammen und fliehen. Stoffschafe reagieren nicht. Lebewesen reagieren auf äußere Einflüsse, die **Reize**.

Stoffwechsel

Lebendige Schafe fressen, trinken und scheiden Kot aus (→ Bild 1 A). Außerdem atmen sie. Stoffschafe brauchen kein Futter und atmen auch nicht. Lebewesen nehmen Stoffe auf. Sie wandeln die Stoffe in ihren Körpern um und scheiden andere Stoffe aus. Dieser Vorgang heißt **Stoffwechsel**.

Fortpflanzung

Lebewesen vermehren sich. Nach der Paarung mit einem Männchen bekommt das weibliche Schaf Lämmer (→ Bild 1 A). Viele Eigenschaften werden von Generation zu Generation weitergegeben. Diese **Fortpflanzung** gibt es nur bei Lebewesen.

Wachstum und Entwicklung

Neugeborene Lämmer sind noch wackelig auf den Beinen. Sie haben auch noch keine Zähne. Die Lämmer wachsen und **entwickeln** sich zu erwachsenen Schafen. Mit der Zeit altern sie und irgendwann sterben sie.

2 Springende Lämmer

1 Erkläre, warum das Kennzeichen „Bewegung" nicht zutrifft, wenn ein Stoffschaf von dir bewegt wird.

2 Beschreibe, wie du jedes Kennzeichen von Lebewesen bei einem Schaf erkennen kannst.

3 Sonnenblumen entwickeln sich aus Samen.

Sind Pflanzen auch Lebewesen?

Pflanzen laufen nicht herum, sie fressen nicht und sie zucken bei Lärm nicht zusammen. Leben Pflanzen dann überhaupt?
Bei genauerem Hinsehen lassen sich die Kennzeichen von Lebewesen auch bei Pflanzen finden.
Pflanzen nehmen zum Beispiel Wasser auf und geben Sauerstoff an die Luft ab. Sie haben also einen Stoffwechsel.
Eine Sonnenblume wächst, blüht und bildet Samen. Sie zeigt damit Wachstum und Entwicklung. Die Fortpflanzung geschieht über die Samen. Damit vermehrt sich die Sonnenblume.
Junge, wachsende Sonnenblumen drehen ihre Knospen zur Sonne hin. Die Blüten zeigen dann später alle in eine Richtung (→ Bild 4). Pflanzen zeigen damit auch Bewegungen und Reaktionen auf Reize.
Sonnenblumen zeigen also alle Kennzeichen von Lebewesen. Auch Pflanzen gehören somit zu den Lebewesen.

4 Ein Feld mit Sonnenblumen

ÜBEN UND ANWENDEN

Lebewesen – ja oder nein?

Nicht immer ist es leicht, Lebewesen von nicht lebenden Dingen zu unterscheiden. Manche nicht lebenden Dinge zeigen einige Kennzeichen der Lebewesen, aber nie alle.

5 Lebewesen oder nicht?

① **a)** ❙❙❙ Gib an, welche der in Bild 5 A - D gezeigten Beispiele Lebewesen sind und welche nicht.
b) ❙❙ Erläutere für die Bilder 5 A - D jeweils, welches Kennzeichen der Lebewesen dargestellt ist.
c) ❙❙ Beurteile für die gezeigten Beispiele jeweils, ob alle Kennzeichen von Lebewesen zutreffen.

② ❙❙❙ In Räumen stehen manchmal künstliche Pflanzen. Erläutere, welche Kennzeichen der Lebewesen solche künstlichen Pflanzen nicht haben und warum das für uns oft „praktisch" ist.

❸ Erläutere die fünf Kennzeichen der Lebewesen an einer Sonnenblume.

Digital+

Arbeiten im Fachraum

1 Experimentieren in einem Fachraum

Experimentieren im Fachraum

Im Fachraum kannst du viele spannende Experimente durchführen. Damit kein Unfall passiert und sich niemand verletzt, musst du Sicherheitsregeln einhalten.

Allgemeine Verhaltensregeln

In naturwissenschaftlichen Fachräumen darfst du weder essen noch trinken. Du darfst alle Geräte, Chemikalien und Anschlüsse erst nach ausdrücklicher Erlaubnis durch die Lehrkraft verwenden. Verlasse deinen Arbeitsplatz nur, um Material zu holen oder wegzuräumen. Gehe dabei ruhig und renne nicht.

Sicherheit geht vor

Mache dich mit den Einrichtungen zur Sicherheit vertraut. Stelle fest, wo sich die **Not-Aus-Schalter**, der **Erste-Hilfe-Kasten**, der **Feuerlöscher** und die nächste **Augendusche** befinden (→ Bild 2 A-D). Auch die **Fluchtwege** musst du kennen (→ Bild 2 E).

Im Notfall

Im Notfall lässt du alles stehen und verlässt den Raum ruhig auf den markierten Fluchtwegen.
Erst danach ruft jemand die **Notfallnummer 112** an und setzt einen **Notruf** ab. Meistens macht das eine Lehrkraft.

2 Sicherheitseinrichtungen: **A** Feuerlöscher, **B** Not-Aus-Schalter für Gas und Strom, **C** Augendusche zum Augenausspülen, **D** Erste-Hilfe-Kasten, **E** Fluchtweg-Schild

1 Beschreibe, wo sich in Bild 1 die Sicherheitseinrichtungen befinden, die in Bild 2 A - E gezeigt sind.

2 Beschreibe, wie du dich im Notfall verhalten sollst.

3 Sicheres Experimentieren

Schutz vor Gefahren

Bei Experimenten musst du Maßnahmen zur Sicherheit einhalten. Trage immer eine **Schutzbrille** und gegebenenfalls auch Handschuhe. Wenn du mit dem **Gasbrenner** umgehst, musst du lange Haare zusammenbinden. Deine Kleidung sollte eng anliegen.

Chemikalien darfst du nicht anfassen. Du darfst niemals Geschmacksproben nehmen. Geruchsproben werden nur durch vorsichtiges Zufächeln durchgeführt.

Manche Chemikalien sind mit **Gefahren-Piktogrammen** gekennzeichnet (→ Bild 3). Sie geben Hinweise auf weitere Vorsichtsmaßnahmen.

Gehe beim Experimentieren nach der **Versuchsanleitung** vor. Beachte die besonderen Hinweise zur Sicherheit für jedes Experiment. Stelle Geräte und Gefäße standsicher auf. Halte deinen Arbeitsplatz sauber und ordentlich. Reinige nach Versuchsende alle Geräte und räume sie auf. Entsorge Abfälle immer nach Anleitung.

Laborgeräte kennenlernen

Im naturwissenschaftlichen Fachraum werden verschiedene Laborgeräte genutzt.

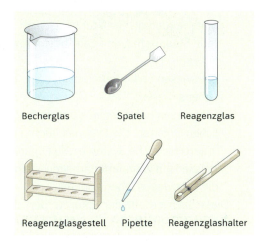

Becherglas Spatel Reagenzglas

Reagenzglasgestell Pipette Reagenzglashalter

4 Verschiedene Laborgeräte

A Zum aufrechten Abstellen von Reagenzgläsern beim Experimentieren

B Zur Entnahme von festen Stoffen aus dem Vorratsgefäß

C Glasgefäß für kleine Mengen von Stoffen zum Beispiel zum Erhitzen

D Glasgefäß für feste oder flüssige Stoffe

E Zum Festklammern von Reagenzgläsern beim Erhitzen

F Glasgerät zum Abmessen von Tropfen

5 Funktionen von Laborgeräten

① ▌▌▌ Ordne die Funktionen aus Bild 5 den Laborgeräten in Bild 4 zu.

② ▌▌▌ Beschreibe, welche Geräte du benötigst, wenn du drei Tropfen Tinte in Wasser lösen sollst.

③ Erläutere, warum du dich beim Experimentieren immer an die Versuchsanleitung halten musst.

Digital+

WES-184000-009

Basiskonzepte anwenden

Wozu gibt es Basiskonzepte?

Wer Lebewesen genau beobachtet, kann immer wieder die gleichen Sachverhalte beobachten:

- Lebewesen oder Teile von ihnen haben Baumerkmale, mit denen sie an ihre Umwelt angepasst sind. Solche Baumerkmale werden als Struktur bezeichnet. Jede Struktur hat eine ganz bestimmte Funktion.
- Lebewesen entwickeln sich im Laufe ihres Lebens.
- Lebewesen bestehen aus unterschiedlichen Organen. Die Organe bilden unterschiedliche Systeme. Die Organe müssen gut zusammenarbeiten, damit die Lebewesen leben können.

Diese Sachverhalte der Natur werden als **Basiskonzepte** bezeichnet. Mithilfe von Basiskonzepten kannst du Lebewesen besser vergleichen, Erklärungen finden und strukturiertes Wissen aufbauen.

Basiskonzept System

Pflanzen bestehen aus verschiedenen Organen. Es gibt die Organe Wurzel, Sprossachse, Blüte und Laubblatt. Wenn die Wurzel abstirbt, kann die Pflanze kein Wasser mehr aus dem Boden aufnehmen. Dann stirbt die Pflanze. Alle Organe funktionieren also nur zusammen als System.

2 System Pflanze

Basiskonzept Struktur und Funktion

Manche Früchte werden mit dem Wind verbreitet. Sie haben Flugeinrichtungen wie Schirmchen. Die Schirmchen sind ein Baumerkmal dieser Früchte. Die Funktion des Schirmchens ist es, den Samen flugfähig zu machen. Ohne die Struktur Schirmchen würde er nicht fliegen.

1 Struktur Schirmchen – Funktion Flughilfe

Basiskonzept Entwicklung

Aus Pflanzensamen entwickeln sich Pflanzen. Manche Pflanzen wie der Löwenzahn wachsen schnell. Im Winter sterben diese Pflanzen meist wieder ab. Andere Pflanzen, zum Beispiel Bäume, wachsen langsam und leben viele Jahre.

3 Entwicklung eines Keimlings

❶ Nenne die drei vorgestellten Basiskonzepte.

❷ Beschreibe jedes Basiskonzept am Beispiel einer Pflanze.

Ⓐ Sachverhalte erkennen und den Basiskonzepten zuordnen

| A | B | C |

4 Unterschiedliche Naturerscheinungen aus dem Bereich Pflanzen

Wenn du dir Pflanzen anschaust, kannst du bestimmte Sachverhalte immer wieder beobachten.
Viele dieser Naturerscheinungen lassen sich bestimmten Basiskonzepten zuordnen.

① **a)** ▌▌▌ Betrachte die unterschiedlichen Naturerscheinungen in Bild 4. Ordne ihnen die Beschreibungen aus Bild 5 zu.
b) ▌▌▌ Ordne die Naturerscheinungen einem der drei Basiskonzepte zu, die du auf der linken Buchseite kennengelernt hast.
c) ▌▌ Begründe deine Zuordnungen.

② Auch im Bereich Tiere findet man Naturerscheinungen, die sich den Basiskonzepten zuordnen lassen.
a) ▌▌▌ Beschreibe die Naturerscheinungen in Bild 6 A und 6 B. Betrachte bei Bild 6 B dazu die Füße der Fledermaus.
b) ▌▌▌ Ordne die Naturerscheinungen einem der drei Basiskonzepte zu.

③ ▌▌ Finde in deiner Umgebung weitere Naturerscheinungen für jedes Basiskonzept und beschreibe sie.

① Klettfrüchte haben Haken, mit denen sie sich zu ihrer Verbreitung zum Beispiel im Fell von Tieren verhaken können.

② Eine Blütenpflanze besteht aus vielen unterschiedlichen Organen, die alle zusammen-arbeiten.

③ Aus einer befruchteten Samenanlage einer Kirschblüte entwickelt sich eine Kirschfrucht.

5 Beschreibungen der Naturerscheinungen

| A | B |

6 Unterschiedliche Naturerscheinungen aus dem Bereich Tiere

Tiere in unserem Leben

Wieso kann ein kleines Tier eine große Verantwortung bedeuten?

Wozu brauchen wir Nutztiere und wie können wir sie artgerecht halten?

Warum heulen Hunde manchmal wie Wölfe?

Wie jagt eine Katze ihre Beute?

Ich wünsche mir ein Haustier

1 Die Vielfalt an Heimtieren ist groß.

Der Wunsch nach einem Haustier

Anne ist neun Jahre alt und hat zu ihrem Geburtstag nur einen Wunsch. Sie hätte gerne ein eigenes Haustier.

Haustiere sind Tiere, die Menschen aus Wildtieren gezüchtet haben. Manche Haustiere halten die Menschen, um zum Beispiel ihre Eier, ihre Milch oder ihr Fleisch zu nutzen. Diese Haustiere werden deshalb als **Nutztiere** bezeichnet.

Haustiere, die im engen Kontakt mit Menschen zusammenleben, werden **Heimtiere** genannt. Heimtiere können unsere Freizeit bereichern. Es gibt viele verschiedene Tiere, die als Heimtier gehalten werden (→ Bild 1).

Gut informieren ist wichtig

Falls Anne und ihre Eltern sich zum Kauf eines Heimtieres entscheiden, sollten sie sich gut über die Bedürfnisse des Tieres informieren.

Am liebsten hätte Anne einen flauschigen, kleinen Zwerghamster zum Kuscheln (→ Bild 2). Er soll seinen Käfig bei ihr im Zimmer bekommen. Annes Eltern überlegen nun, ob sie ihren Wunsch erfüllen können.

Die Voraussetzungen klären

Annes Familie wohnt in einer Mietwohnung. Bei einem Kleintier wie einem Hamster müssen Annes Eltern keine Genehmigung des Vermieters einholen. Bei einem Hund oder einer Katze sähe das anders aus. Eine Tierhaarallergie hat in Annes Familie niemand.

Lebensweise des Zwerghamsters

Zwerghamster sind nachtaktiv. Sie schlafen am Tag und werden erst abends wach. Dann sind sie sehr aktiv und graben lange Gänge. Zwerghamster sind Einzelgänger. Von Menschen möchten sie am liebsten in Ruhe gelassen werden.

2 Ein Zwerghamster

1 **a)** Erkläre den Unterschied zwischen einem Nutztier und einem Heimtier.
b) Nenne mithilfe von Bild 1 vier Heimtierarten.

2 Bewerte, ob die Lebensweise des Zwerghamsters mit Annes Wunsch nach einem kuscheligen Freund zusammenpasst.

3 Abwechslungsreiche Einrichtung

Platzbedarf und Zeitaufwand

Zwerghamster brauchen einen großen Käfig mit einer abwechslungsreichen Einrichtung. Hinzu kommt ein Lagerplatz für Einstreu, Futter und Zubehör. Die Tiere brauchen täglich Futter und frisches Wasser. Zudem muss der Käfig grob gereinigt werden. Ein Mal pro Woche muss der Käfig gründlich gesäubert werden.

Kosten

Der Anschaffungspreis eines Zwerghamsters liegt bei wenigen Euro. Hinzu kommen Kosten für einen Käfig mit einer Trinkflasche, das Futter und die Einstreu. Wenn das Tier krank wird, entstehen Kosten für den Besuch beim Tierarzt.

Eine schwierige Entscheidung

Annes Eltern müssen damit rechnen, dass Anne Unterstützung bei der Pflege ihres Tieres benötigt. Es muss auch überlegt werden, wer die Versorgung des Tieres im Urlaub übernimmt. Egal für welches Heimtier sich Annes Familie entscheidet, diese Fragen müssen für jedes Tier geklärt werden.

ÜBEN UND ANWENDEN

Ein Heimtier halten

Bevor Heimtiere angeschafft werden, muss immer geklärt sein, ob sie auch artgerecht gehalten werden können.
Informationen dazu gibt es bei Züchtern, in Zoohandlungen, bei anderen Haltern, in Fachbüchern und im Internet.

4 Beratung in einer Zoohandlung

① ▮▮ Ein Heimtier zu halten bedeutet, Verantwortung zu übernehmen. Erläutere, was mit dieser Aussage gemeint ist.

② ▮▮ Beschreibe, welche Überlegungen du anstellen müsstest, wenn du dir ein Heimtier anschaffen möchtest.

③ a) ▮▮ Stelle alle wichtigen Informationen zur Haltung deines Lieblingsheimtieres zusammen.
b) ▮▮ Bewerte, ob eine Anschaffung deines Lieblingstieres möglich wäre.

❸ a) Beschreibe Annes Aufgaben, wenn sie einen Zwerghamster hält.
b) Beschreibe, welche Kosten durch die Anschaffung entstehen.

▣ **Digital+**

Einen Steckbrief erstellen

Wellensittich

<u>Aussehen:</u> etwa 18 cm lang · bis zu 40 g schwer · grüne, gelbe, blaue oder weiße Grundfärbung mit unterschiedlichen Zeichnungen

<u>Lebensraum:</u> trockene Wälder in Australien

<u>Lebenserwartung:</u> 12 bis 15 Jahre

<u>Ernährung:</u> Pflanzensamen · Obst und Gemüse · Zweige · Wasser

<u>Verhalten:</u> gesellig · lebt in Gruppen

<u>Haltung:</u> großer Käfig mit Flugmöglichkeit · darf nicht alleine gehalten werden

<u>Fortpflanzung:</u> zwei bis drei Mal im Jahr · Gelege von vier bis sechs Eiern

<u>Besonderheiten:</u> Mitte des 19. Jahrhunderts wurden die ersten Wellensittiche nach Europa gebracht.

1 Steckbrief Wellensittich

Wozu dienen Steckbriefe?

Steckbriefe enthalten kurze Beschreibungen und ein Bild zu einem Tier oder einer Pflanze. Mithilfe eines Steckbriefes soll sich der Leser schnell über das Lebewesen informieren können.

Wenn du einen Steckbrief erstellen willst, kannst du so vorgehen:

<u>Schritt 1:</u>
Informationen suchen

Informationen für einen Steckbrief findest du in Fachbüchern, bei Tierhaltern, im Fachgeschäft und im Internet.

Achte bei deiner Recherche im Internet auf vertrauenswürdige Quellen. Verlasse dich nicht auf eine einzige Quelle. Vergleiche die Informationen unterschiedlicher Seiten.

<u>Schritt 2:</u>
Informationen ordnen

Überlege, welche Informationen für den Leser des Steckbriefes wichtig sind. Achte auch auf interessante Informationen zu Besonderheiten der Tierart oder der Pflanzenart.

<u>Schritt 3:</u>
Den Steckbrief gestalten

Überlege dir eine Gliederung für deinen Steckbrief. Einige Punkte wie „Ernährung" oder „Aussehen" tauchen zum Beispiel in jedem Steckbrief zu Tieren auf.

Du musst jedoch Schwerpunkte setzen. Übernimm nicht einfach einen Steckbrief aus dem Internet. Entscheide selbst, welche Informationen für deinen Steckbrief wichtig sind.

❶ a) Beschreibe, wie du Wellensittiche halten müsstest, um ihren Bedürfnissen gerecht zu werden.
b) Erkläre, warum Wellensittiche nicht einzeln gehalten werden sollen.

❷ Stellt Kriterien zur Bewertung eines Steckbriefes zusammen.

❸ Beschreibe, wie du einen Steckbrief zu einem deiner eigenen Haustiere erstellen würdest.

Ⓐ Mein Lieblingsheimtier

Es gibt sehr viele unterschiedliche Heimtierarten. Alle Heimtierarten haben verschiedene Ansprüche in ihrer Haltung. Es ist sehr wichtig, sich über diese Ansprüche zu erkundigen und sie unbedingt zu beachten.

2 Einige Heimtierarten

① **a)** ▌▌▌ Erstelle einen Steckbrief zu deinem Lieblingsheimtier. Nimm die Methode links zu Hilfe.
b) ▌▌▌ Stelle den Steckbrief der Klasse vor.
c) ▌▌▌ Bewertet eure Steckbriefe mithilfe der Kriterien aus der Aufgabe 2 auf der linken Seite.

② ▌▌ Überlegt euch, wie ihr eure Steckbriefe für die folgenden Einsatzmöglichkeiten anpassen müsstet:
• als DIN-A3-Plakat auf einem Schulfest
• als Kurzpräsentation am Computer

Ⓑ Exoten als Heimtier

Exoten sind Tiere, die aus fernen Ländern stammen. Ihre Haltung ist oft aufwändig. Zu den Exoten zählen bunte Zierfische oder Vögel. Auch Echsen, Schlangen, Frösche und Insekten gehören dazu. Exoten benötigen meist einen speziellen Käfig, ein Aquarium oder ein Terrarium. Viele Exoten brauchen spezielles Futter und besondere Pflege.

① **a)** ▌▌▌ Wähle ein Tier aus Bild 3 aus. Nenne Gründe, warum du dieses Tier gewählt hast.
b) ▌▌▌ Recherchiere Informationen zu dem von dir ausgewählten Tier. Erstelle einen Steckbrief. Nutze dazu die Methode links.

② ▌▌ Exoten zu halten ist oft aufwändig und auch teuer. Begründe dies mit den Bedürfnissen der Tiere.

3 Exotische Heimtiere: **A** Korallenfinger-Frosch, **B** Lori, **C** Kornnatter, **D** Leopardgecko

Der Hund

1 Hunde können treue Begleiter sein.

Hunde als Heimtiere

In vielen Familien leben Hunde. Meist werden sie als Welpen gekauft und wachsen in ihrem neuen Zuhause auf. Durch ihre treue und anhängliche Art kann eine enge Beziehung zu den Menschen entstehen. Die meisten Hunde werden heute als Heimtiere gehalten. Früher dienten Hunde vor allem als Wachhunde, Hütehunde und Jagdhunde. Diese Aufgaben übernehmen sie heute nur noch selten.

Die Fortpflanzung des Hundes

Eine **Hündin** wird im Alter von ungefähr sechs Monaten geschlechtsreif. Ab dann ist sie etwa alle sechs bis neun Monate läufig. Wenn sich die Hündin in dieser Zeit mit einem **Rüden** paart, kann sie trächtig werden.
Nach einer Tragzeit von etwa acht Wochen kommen bis zu zehn Junge zur Welt. Die neugeborenen Hunde werden **Welpen** genannt.

2 Eine Hündin mit ihren Welpen

1 Beschreibe Eigenschaften der Hunde, die sie zu guten Gefährten des Menschen machen.

2 Beschreibe, wie eine Hündin trächtig werden kann.

3 Erkläre den Begriff „Hundewelpe".

3 Die Welpen trinken Milch bei ihrer Mutter.

Hundewelpen sind Nesthocker
Mehrere Wochen sind die Welpen auf die Versorgung durch ihre Mutter angewiesen. Die Welpen haben nur ein dünnes Fell und sind blind und taub.
Die Mutter wärmt ihre Jungen und leckt sie regelmäßig ab. Damit regt sie ihre Jungen zur Abgabe von Urin und Kot an. Hundewelpen gehören zu den **Nesthockern.**

Hunde sind Säugetiere
Die Hundewelpen trinken Muttermilch aus den Zitzen der Hündin (→ Bild 3). Das wird **Säugen** genannt. Die Muttermilch ist lebenswichtig für die Welpen. Sie versorgt sie mit den notwendigen Nährstoffen und mit Abwehrstoffen gegen Krankheiten.
Nur **Säugetiere** wie die Hunde versorgen ihre Jungen mit Milch. Auch eine Körperbehaarung findet man nur bei Säugetieren. Außerdem gehören Säugetiere zu den **gleichwarmen Tieren**. Ihre Körpertemperatur bleibt unabhängig von der Umgebungstemperatur immer gleich.

Hundewelpen

Neugeborene Hundewelpen sind relativ hilflos. Erst nach und nach entwickeln sie sich zu eigenständigen Hunden.

4 Eine Hündin kümmert sich um ihren Welpen.

① ▮▮ Erkläre den Begriff „Nesthocker" am Beispiel von Hundewelpen. Nutze dazu auch Bild 4.

② ▮▮ Entscheide, welche der beiden Merkmale jeweils auf neugeborene Hundewelpen zutrifft.

Nahrung: **Fleisch** oder **Milch**?

Augen: **offen** oder **geschlossen**?

Körperbedeckung: **Haare** oder **Schuppen**?

Vater: **Hengst** oder **Rüde**?

Körpertemperatur: **immer gleich** oder **wechselnd**?

③ ▮▮ Neugeborene Hundewelpen können an warme Orte kriechen und die Zitzen ihrer Mutter finden.
Erläutere, warum diese beiden Verhaltensweisen überlebenswichtig für die Welpen sein können.

④ **a)** Nenne am Beispiel von Hunden typische Merkmale von Säugetieren.
b) Beurteile, ob wir Menschen ebenfalls Säugetiere sind.

 Digital+

Der Hund als Freund und Helfer

Der Hund als Familienmitglied

In vielen Familien leben Hunde. Viele Menschen fühlen sich glücklicher und entspannter, wenn sie mit einem Hund spazieren gehen oder spielen. Außerdem bewegen sie sich dadurch jeden Tag. Hunde sind gute Zuhörer und können Trost spenden, wenn jemand traurig ist. Hunde helfen auch dabei, mit anderen Menschen in Kontakt zu kommen. So haben Hunde positive Auswirkungen auf das Wohlbefinden ihrer Menschen. Das funktioniert natürlich nur, wenn der Hund wirklich in die Familie passt.

1 Ein Hund kann eine Familie bereichern.

Vielseitige Helfer

Hunde sind intelligente Tiere. Sie können verschiedene Verhaltensweisen lernen. So kann jeder Hund bestimmte Regeln für das Zusammenleben in der Familie lernen. Besonders kommt seine Lernfähigkeit zum Einsatz, wenn Hunde Menschen helfen sollen. Auch dass Hunde gerne in Familien oder festen Gruppen leben, ist bei bestimmten Aufgaben von Hunden wichtig.

Besondere Aufgaben

Es gibt Hunde, die besondere Aufgaben übernehmen (→ Bild 2). Sie erhalten ein besonderes Training, das sie auf ihre Aufgaben vorbereitet. Dabei werden verschiedene Eigenschaften der Hunde gefördert. Beim Rettungshund kommt zum Beispiel die Nase besonders zum Einsatz. Durch Bellen können Rettungshunde darauf hinweisen, dass sie etwas gefunden haben.

2 Hunde für besondere Aufgaben

---

1 Ordne den Hunden in Bild 2 ihre Aufgabe zu: Blindenhund, Schlittenhund, Jagdhund, Herdenschutzhund, Therapiehund, Drogenspürhund.

2 **a)** Benenne für jeden der Hunde in Bild 2 den Nutzen für uns Menschen.
b) Nenne die Fähigkeiten eines Hundes, die jeweils genutzt werden.

Ⓐ Hunderassen

3 Hunderassen: **A** Irischer Wolfshund, **B** Sheltie, **C** Dalmatiner, **D** Dackel, **E** Yorkshire Terrier, **F** Englische Bulldogge

Heute gibt es etwa 400 verschiedene Hunderassen. Zum Teil unterscheiden sie sich stark in ihrem Aussehen und in ihrem Verhalten.

① ▮▮ Vergleiche das Aussehen der Hunde in Bild 3 und beschreibe Unterschiede. Beachte dabei unterschiedliche Merkmale.

② ▮▮ Wähle eine Hunderasse aus. Recherchiere, zu welchem Zweck sie gezüchtet wurde. Erstelle einen Steckbrief der Hunderasse.

③ ▮▮ Erläutere, warum der Mensch unterschiedliche Hunderassen gezüchtet hat.

Ⓑ In der Hundeschule

In einer Hundeschule üben Hundebesitzerinnen und Hundebesitzer mit ihren Tieren bestimmte Verhaltensweisen. Die Hunde lernen dort, auf Befehle wie zum Beispiel „sitz" zu hören. Auch das richtige Verhalten im Straßenverkehr oder der Kontakt zu anderen Hunden wird eingeübt. Außerdem lernen die Besitzerinnen und Besitzer, das Verhalten ihres Tieres richtig einzuschätzen.

4 Training in der Hundeschule

① ▮▮ Beschreibe, was Menschen und ihre Hunde in einer Hundeschule lernen.

② ▮▮ Diskutiert, ob der Besuch einer Hundeschule verpflichtend sein sollte.

Körperbau und Sinne des Hundes

1 Hunde sind schnelle Läufer.

Der Hund ist ein Wirbeltier

Hunde laufen auf vier Beinen. Ihr Körperbau macht sie zu schnellen Läufern. Hunde haben ein Skelett aus Knochen und eine **Wirbelsäule**. Deshalb zählen sie zu den **Wirbeltieren**.

Die bewegliche Wirbelsäule der Hunde verläuft vom Kopf bis zum Schwanzende. Beim schnellen Laufen wird sie abwechselnd gestreckt und gekrümmt. So können Hunde mit ihren langen Beinen sehr weite Schritte machen.

Der hintere Abschnitt der Wirbelsäule bildet den Schwanz. Dieser ist auch sehr beweglich und besonders für die Verständigung mit anderen Hunden wichtig.

Der Hund ist ein Zehengänger

Hunde berühren nur mit ihren Zehen den Boden (→ Bild 2 A). Sie gehören zu den **Zehengängern.** Die Pfoten von Hunden sind durch Ballen gepolstert. Hunde können ihre Krallen nicht einziehen.

Der Hund ist ein Raubtier

Das **Raubtiergebiss** der Hunde ist an Fleisch als Nahrung angepasst (→ Bild 2 B). Die langen Eckzähne halten die Beute fest. Mit den Schneidezähnen zupfen Hunde Fleisch von den Knochen. Mit den Backenzähnen zerschneiden sie größere Fleischstücke und brechen Knochen auf. Die Reißzähne sind die stärksten Backenzähne.

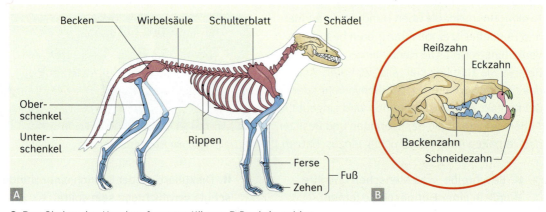

2 Das Skelett des Hundes: **A** ganzer Körper, **B** Raubtiergebiss

❶ Erkläre, warum der Hund besonders schnell laufen kann.

❷ Erstelle eine Tabelle mit den verschiedenen Zahntypen des Hundes und ihrer jeweiligen Funktion.

3 Sinne des Hundes: **A** Geruchssinn, **B** Hörsinn

Scharfe Sinne

Hunde haben einen sehr guten **Geruchssinn**. Sie können mit ihrer Nase viel besser riechen als wir Menschen. Hunde nutzen ihren Geruchssinn zur Orientierung, zur Verständigung mit ihren Artgenossen und zum Aufspüren von Futter (→ Bild 3 A). Auch der **Hörsinn** der Hunde ist sehr gut. Mit den Ohren hören sie Geräusche, die wir nicht hören können. Das betrifft besonders hohe Töne, wie zum Beispiel von einer Hundepfeife. Außerdem können Hunde ihre Ohren einzeln in alle Richtungen bewegen und so Geräusche gut orten (→ Bild 3 B). Der **Sehsinn** der Hunde ist nicht besonders gut. Mit den Augen nehmen Hunde vor allem Dinge wahr, die sich bewegen. Farben sehen sie nur schlecht.

Aufgrund ihrer scharfen Sinne werden einige Hunde für besondere Aufgaben eingesetzt, zum Beispiel als Rettungshunde.

4 Rettungshund im Einsatz

ÜBEN UND ANWENDEN

Das Raubtiergebiss

Hunde haben ein Raubtiergebiss. Die verschiedenen Zahntypen haben unterschiedliche Funktionen. Diese können mit den Funktionen unterschiedlicher Werkzeuge verglichen werden.

A Gartenschere   B Zupf-Pinzette

C Mörser   D Fleischgabel

5 Zahntypen in einem Raubtiergebiss

① **a)** ▌▌▌ Erstelle eine Tabelle, in die du die Nummern der Zahntypen aus Bild 5 und die zugehörige Bezeichnung der Zahntypen einträgst.
b) ▌▌▌ Ordne die Werkzeuge den Zahntypen in deiner Tabelle zu.
c) ▌▌ Begründe deine Zuordnung aus Aufgabe b. Beschreibe dazu kurz die Funktion des jeweiligen Werkzeugs und des Zahntyps.

③ Erläutere, wie Hunde mit ihren Sinnen bei der Rettung von Menschen helfen können.

Digital+

WES-184000-023

Die Abstammung des Hundes

1 Heulende Wölfe im Rudel

Der Hund stammt vom Wolf ab

Alle Hunde stammen vom Wolf ab. Bereits vor etwa 15 000 Jahren lebten die ersten Wölfe in der Nähe der Menschen.
Die Wölfe erhielten Nahrung von den Menschen. Die Nähe der Wölfe zu den Menschen bedeutete Schutz für das Lager.
Die Tiere wurden nach und nach zahmer und die Menschen setzten sie auch als Helfer bei der Jagd ein. Wölfe sind **Raubtiere**. Sie jagen Beutetiere wie Rehe, Hirsche und Wildschweine. Dieses Verhalten nutzen die Menschen auch bei den heutigen Hunden noch (→ Bild 2).

Wölfe leben im Rudel

Freilebende Wölfe leben in Familiengruppen, einem **Rudel**, zusammen. Das Rudel besteht aus zwei Elterntieren und ihren Nachkommen. Die Eltern führen als Leitwölfe das Rudel an. Die anderen Wölfe folgen ihnen. Die Gruppe lebt in einem großen Gebiet, dem **Revier**. Wölfe markieren ihr Revier mit einem Duftstoff im Urin. Durch den Duftstoff und lautes Heulen werden fremde Wölfe ferngehalten.
Wölfe und Hunde sind sehr soziale Tiere. Im Rudel hat jedes Tier seine eigene Aufgabe, alle arbeiten als **Tierverband** zusammen.

2 Ein Jäger mit seinem Hund

3 Ein Hunderudel

1 Nenne Gründe, die vor 15 000 Jahren zum Zusammenleben von Wölfen und Menschen geführt haben.

2 Beschreibe, wie Wölfe eines Rudels fremde Wölfe aus ihrem Revier fernhalten.

4 Körpersprache bei Wölfen

Verhalten von Wolf und Hund

Viele Verhaltensweisen von Wölfen lassen sich auch bei Hunden finden. Beispiele hierfür sind das Drohverhalten und das Unterwerfen (→ Bild 4). Wenn Wölfe drohen, knurren sie oft und zeigen die Zähne. Ihr Schwanz ist aufgestellt. Als Reaktion zeigt das niedriger gestellte Tier Unterwerfungsverhalten. Dabei legen sich Wölfe auf den Rücken. Sie legen die Ohren an und klemmen den Schwanz zwischen die Hinterbeine. Wenn sich Hunde begegnen, zeigen auch sie untereinander manchmal diese Verhaltensweisen (→ Bild 5).

5 Körpersprache bei Hunden

ÜBEN UND ANWENDEN

Die Körpersprache von Wolf und Hund

Wölfe und Hunde zeigen durch ihre Körperhaltung ihre Stimmung. Erfahrene Hundebesitzerinnen und Hundebesitzer können die Körpersprache ihres Hundes verstehen und entsprechend darauf reagieren.

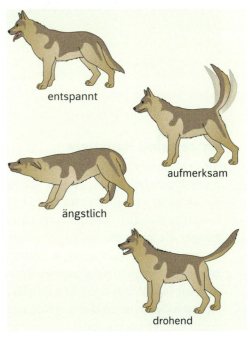

entspannt

aufmerksam

ängstlich

drohend

6 Die Körpersprache des Hundes

① ▎▎▎ Beschreibe die unterschiedlichen Körperhaltungen, die der Hund in Bild 6 zeigt.

② ▎▎▎ Nenne Situationen, in denen es für dich wichtig sein kann, die Körpersprache der Hunde zu verstehen.

③ ▎▎ Erkläre, warum Hunde und Wölfe eine ähnliche Körpersprache haben.

❸ Beschreibe mindestens zwei Verhaltensweisen des Wolfes, die auch Hunde zeigen.

Digital+

WES-184000-025

Die Katze

1 Eine Hauskatze

Katzen sind Haustiere

Hauskatzen leben seit etwa 10 000 Jahren als Heimtiere bei den Menschen. Die wilden Vorfahren unserer Hauskatzen sind Falbkatzen (→ Bild 2). Falbkatzen sind **Einzelgänger**, sie leben die meiste Zeit allein. Unsere heutigen Hauskatzen werden zwar zutraulich, behalten jedoch immer ihren eigenen Kopf. Wenn ihnen eine Situation nicht passt, zeigen sie dies zur Not auch durch Kratzen und Fauchen.

Das Revierverhalten der Katze

Das **Revier** ist das Gebiet, in dem eine Katze lebt und jagt. In ihrem Revier hinterlässt die Katze Duftmarken. Damit teilt sie anderen Katzen mit, dass sie fernbleiben sollen. Sie benutzt dazu ihren Urin und besondere Duftstoffe. Reibt sich die Katze an Bäumen oder anderen Dingen, bleibt ihr Duft daran hängen (→ Bild 3).
Dringt eine andere Katze in ihr Revier ein, kann es auch zu Kämpfen kommen.

2 Afrikanische Falbkatze

3 Eine Katze reibt ihren Kopf an einem Stein.

1 **a)** Nenne das Tier, von dem unsere heutigen Hauskatzen abstammen.
b) Beschreibe die Lebensweise dieser Vorfahren.

2 Erkläre das Verhalten der Katze in Bild 3.

4 Katzenjunge trinken an den Zitzen der Mutter.

Die Fortpflanzung der Katze

Eine Katze kann bis zu dreimal im Jahr vier bis sechs Junge zur Welt bringen. Die Katzenjungen sind **Nesthocker**. Die Augen der Neugeborenen öffnen sich erst nach etwa sieben Tagen.

Die jungen Katzen saugen Milch an den Zitzen der Mutter (→ Bild 4). Sie müssen von ihr auch warmgehalten werden. Mit etwa acht Monaten sind die jungen Katzen bereits geschlechtsreif.

5 Katzen vermehren sich schnell.

Die Körpersprache der Katze

Die Stimmung einer Katze lässt sich an ihrer Körpersprache und dem Schnurren erkennen. Insbesondere die Haltung des Schwanzes zeigt, wie sich die Katze fühlt.

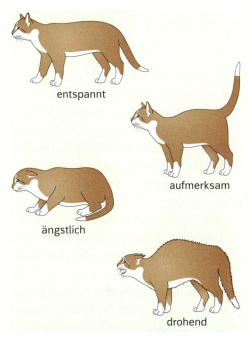

6 Die Körpersprache der Katze

① ❙❙❙ Beschreibe die unterschiedlichen Körperhaltungen der Katze in Bild 6.

② ❙❙❙ Nenne Situationen, in denen es für Menschen wichtig ist, die Stimmung einer Katze zu kennen.

③ ❙❙❙ Vergleiche die Körpersprache von Katzen und Hunden. Erkläre an einem Beispiel, warum es zwischen Katzen und Hunden oft zu Missverständnissen kommt.

❸ Erläutere mithilfe des Textes, warum sich freilebende Hauskatzen sehr stark vermehren.

Digital+

WES-184000-027

Der Körperbau der Katze

1 Eine Katze balanciert auf einem Zaun.

Katzen sind Raubtiere

Ursprünglich wurden Hauskatzen als Mäusejäger gehalten. Heute sind Katzen eher Begleiter des Menschen. Trotzdem sind Hauskatzen **Raubtiere**. Sie wollen auf die Jagd gehen. Wenn sie nur in der Wohnung gehalten werden, wird ihnen schnell langweilig.

Das Gebiss der Katze ist an Fleisch als Nahrung angepasst (→ Bild 2 B). Die langen Eckzähne dienen dazu, die Beute festzuhalten, zu töten und zu tragen. Mit den Schneidezähnen zupfen Katzen Fleisch von den Knochen. Mit den Backenzähnen und den Reißzähnen zerschneiden sie das Fleisch. Katzen haben ein **Raubtiergebiss**.

Katzen sind sehr beweglich

Katzen sind **Wirbeltiere**. Die einzelnen Wirbel sind bei ihnen sehr beweglich miteinander verbunden.

Manchmal rutscht eine Katze ab und fällt aus größerer Höhe herunter. Durch die sehr bewegliche Wirbelsäule und ihr schnelles Reaktionsvermögen landen Katzen beim Fallen meist auf ihren Pfoten.

Mit dem Schwanz halten Katzen beim Klettern das Gleichgewicht (→ Bild 1). Katzen sind genauso wie Hunde sogenannte **Zehengänger**. Sie berühren beim Laufen nur mit ihren Zehen den Boden (→ Bild 2 A). Die Füße der Katzen werden **Pfoten** genannt.

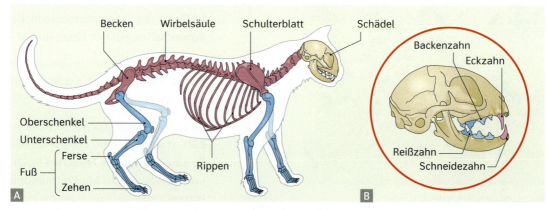

2 Das Skelett der Katze: **A** ganzer Körper, **B** Raubtiergebiss

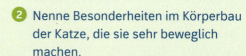

1 Erkläre, wie das Gebiss der Katze an Fleisch als Nahrung angepasst ist. Nutze dazu auch Bild 2 B.

2 Nenne Besonderheiten im Körperbau der Katze, die sie sehr beweglich machen.

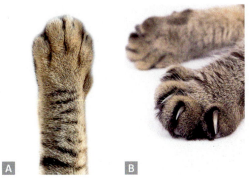

A B

3 Katzenkrallen: **A** eingezogen, **B** ausgefahren

Katzen haben scharfe Krallen

Katzen besitzen an ihren Pfoten scharfe
Krallen. Sie können ihre Krallen ausfahren
und einziehen. Spezielle Muskeln in den
Beinen der Katze sind über Sehnen mit den
Zehenknochen verbunden. Am Ende dieser
Knochen befinden sich die Krallen
(→ Bild 4).
Mit eingezogenen Krallen schleichen Katzen
fast lautlos auf ihren Ballen. Mit ausge-
fahrenen Krallen können sie ihre Beute
sicher festhalten. Außerdem können sie so
gut klettern.
Die Krallen der Katzen wachsen ständig
nach. Damit sie scharf bleiben, müssen
Katzen sie abwetzen.

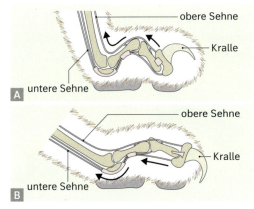

obere Sehne

Kralle

A untere Sehne

obere Sehne

Kralle

B untere Sehne

4 Katzenkralle: **A** eingezogen, **B** ausgefahren

Das Verhalten von Katzen

Katzen haben einen besonderen Körperbau.
Wenn du Katzen beobachtest, kannst du
einige Verhaltensweisen damit erklären.

A B

C D

5 Verhaltensweisen von Katzen

① **a)** ▌▌▌ Beschreibe das jeweilige Verhalten der Katze in den Bildern 5 A-D.
b) ▌▌▌ Erkläre, welche körperliche
Besonderheit von Katzen mit dem
gezeigten Verhalten zusammenhängt.

② ▌▌▌ Manchmal werden Katzen ausschließlich in der Wohnung gehalten.
Nenne Probleme, die dadurch auftreten können.

③ ▌▌ Bewerte die Aussage „Eine Wohnung kann die Natur für die Katze nie
ganz ersetzen." Begründe deine
Entscheidung.

❸ Erläutere, wie das Einziehen und
Ausfahren der Krallen der Katze bei
der Jagd helfen.

  Digital+

WES-184000-029

Katzen sind Schleichjäger

1 Eine Katze bei der Jagd

Katzen jagen Beute

Katzen jagen Mäuse, Vögel, Insekten und andere kleine Tiere. Hat eine Katze ihre Beute entdeckt, wartet sie auf einen geeigneten Moment, um die Beute zu fangen (→ Bild 1).

Zunächst schleicht sich die Katze lautlos an ihre Beute heran. Dann spannt sie ihren Körper an und springt auf ihre Beute. Die Katze hält das Beutetier mit ihren Krallen fest und tötet es mit einem Genickbiss (→ Bild 2). Manchmal spielen Katzen eine Weile mit der Beute, bevor sie diese töten. Weil Katzen sich an ihre Beute anschleichen, heißen sie auch **Schleichjäger**. Junge Katzen üben den Beutefang beim Spielen mit Gegenständen. Beim Beutefang helfen den Katzen ihre Sinnesorgane.

Guter Hörsinn

Katzen haben einen guten Hörsinn. Sie können ihre **Ohren** in die Richtung bewegen, aus der ein Geräusch kommt. Auf diese Weise stellen sie fest, wo sich ihre Beute befindet. Raschelt zum Beispiel eine Maus im Stroh, kann die Katze sie hören. Sie weiß dann, wohin sie springen muss, ohne die Maus zu sehen.

Guter Tastsinn

Vor allem an der Oberlippe und den Augenbrauen besitzen Katzen lange, empfindliche **Tasthaare** (→ Bild 3). Mit diesen dickeren Haaren können sie die Umgebung ertasten. Besonders im Dunkeln können sie sich dadurch besser orientieren. Sie tasten mit den Tasthaaren auch ihre Beute ab.

2 Verhalten einer Katze beim Beutefang

1 Beschreibe, wie eine Katze Beute fängt. Nimm Bild 1 und Bild 2 zu Hilfe.

2 **a)** Erkläre, wie ihr gutes Gehör der Katze bei der Jagd hilft.
b) Erkläre die Funktion von Tasthaaren.

3 Katze mit Tasthaaren am Tag

Guter Sehsinn

Werden die **Augen** einer Katze nachts angestrahlt, leuchten sie hell auf. Im Inneren der Katzenaugen gibt es eine Schicht, die das Licht zurückwirft. Dank dieser Schicht können Katzen auch bei sehr schwachem Licht noch gut sehen.
Außerdem kann sich die Pupille des Katzenauges stark erweitern (→ Bild 4). So gelangt auch in der Nacht noch genügend Licht in die Augen, um gut sehen zu können.
Mit ihrem guten Sehsinn sind Katzen bestens an die Jagd in der Nacht angepasst.

4 Katze in der Nacht

ÜBEN UND ANWENDEN

Die Sinne der Katze

Ihre Sinnesorgane ermöglichen den Katzen auch nachts eine sehr gute Orientierung.

5 Ist das Loch groß genug zum Durchklettern?

① ❚❚❚ Erkläre, welches besondere Sinnesorgan der Katze in Bild 5 vor allem dann helfen würde, wenn es vollkommen dunkel wäre.

② **a)** ❚❚❚ Nenne die drei Sinne, die Katzen beim Beutefang besonders nutzen.
b) ❚❚❚ Nenne zu jedem Sinn das zugehörige Sinnesorgan.
c) ❚❚ Nenne einen weiteren Sinn der Katze, der beim Beutefang keine große Rolle spielt. Nutze dazu Bild 5.

③ ❚❚ Die Reflektoren am Fahrrad werden auch als „Katzenaugen" bezeichnet (→ Bild 6). Stelle eine Vermutung auf, wie es zu dieser Bezeichnung kam.

6 „Katzenauge" am Fahrrad

③ **a)** Beschreibe die Pupillen der Katze bei Tag und Nacht. Nutze Bild 3 und 4.
b) Erkläre, wie die Augen an das nächtliche Jagen angepasst sind.

📱 **Digital+**

WES-184000-031

Das Pferd

1 Pferde in der Herde

Das Verhalten von Pferden

Wildlebende Pferde leben in Gruppen, den Herden. Sie sind **Herdentiere**. Das Leben in einer solchen Gruppe bietet den Tieren Schutz und Sicherheit. Wenn sich Pferde erschrecken, fliehen sie gemeinsam (→ Bild 1). Deshalb werden Pferde auch als **Fluchttiere** bezeichnet.

Jede Herde hat einen Leithengst. Er ist meist das einzige männliche, erwachsene Tier in der Herde. Er schützt die Herde bei Gefahr. Treffen zwei Hengste aufeinander, kommt es oft zu Kämpfen um die Herde. In der Herde gibt es mehrere weibliche Pferde, die Stuten. Die Leitstute ist das erfahrenste weibliche Tier. Sie führt die Herde an. Die Jungtiere der Pferde heißen Fohlen.

Die Fortpflanzung der Pferde

Eine Stute hat eine Tragzeit von elf bis zwölf Monaten. Sie kann ein bis zwei Fohlen gebären. Die Fohlen stehen schon kurz nach der Geburt auf und laufen mit der Mutter mit (→ Bild 2). Sie sind sogenannte **Nestflüchter**. Pferde säugen ihre Jungen. Sie gehören zu den **Säugetieren**.

Der Körperbau der Pferde

Pferde haben lange, muskulöse Beine. Deshalb können sie sehr lange laufen. Sie sind **Lauftiere**. Pferde haben nur einen Zeh an jedem Fuß und laufen auf den Zehenspitzen. Deshalb gehören sie zu den **Zehen-spitzengängern**. An den Zehenspitzen haben sie einen schützenden Huf aus Horn.

2 Ein Fohlen steht kurz nach der Geburt auf.

3 Pferde laufen auf den Zehenspitzen.

1 **a)** Beschreibe den Aufbau einer Herde.
b) Erkläre die Begriffe Stute, Hengst und Fohlen.

2 Beschreibe, woran du erkennen kannst, dass Fohlen Nestflüchter sind.

3 Nenne eine Funktion des Pferdehufes.

Das Pferd als Nutztier

Seit mehr als 5 000 Jahren halten Menschen Pferde. Dabei kommen unterschiedliche Pferderassen zum Einsatz.

Als Reitpferde eignen sich Rassen, die sehr aktiv, elegant und beweglich sind. Sie werden **Warmblüter** genannt (→ Bild 4 A). Starke, ruhige Rassen werden **Kaltblüter** genannt. Sie sind sehr gutmütig und wurden früher zur Feldarbeit eingesetzt. Heute kommen sie zum Beispiel als Rückepferde bei der Waldarbeit zum Einsatz (→ Bild 4 B). **Vollblüter** sind besonders temperamentvoll, lebhaft und sehr schnell. Ihr Einsatzgebiet ist der Pferderennsport (→ Bild 4 C).

4 Pferde: **A** Warmblut, **B** Kaltblut, **C** Vollblut

Pferde laufen auf den Zehenspitzen

Der Bau des Pferdebeins ist an die Lebensweise der Pferde angepasst.

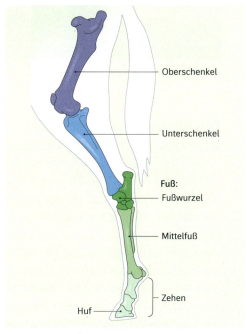

5 Der Bau des Hinterbeins beim Pferd

① a) ▮▮▮ Beschreibe, an welcher Stelle des Pferdebeins die Zehenspitze liegt.
b) ▮▮▮ Nenne die gesamte Anzahl der Zehenspitzen eines Pferdes.

② ▮▮ Vergleiche, wie Menschen und Pferde ihre Füße zum Gehen benutzen.

③ ▮▮ Stelle eine Vermutung auf, welche Vorteile der Zehenspitzengang für die Pferde haben könnte.

④ ▮▮▮ Beschreibe, wo das Knie am Hinterbein des Pferdes liegt.

❹ Erstelle eine Tabelle zu den Merkmalen und den Einsatzbereichen der drei vorgestellten Pferdetypen.

Digital+

Das Rind ist ein Nutztier

1 Eine Rinderherde auf der Weide

Die Abstammung der Rinder

Unsere heutigen Rinder stammen von Auerochsen ab (→ Bild 2). Schon vor 17 000 Jahren jagten Menschen die Auerochsen. Sie aßen ihr Fleisch, nutzten ihre Hörner und das Fell und machten aus der Haut ihres Fells Leder.

Nach und nach begannen die Menschen, die Wildrinder zu zähmen. Sie zogen junge Tiere bei sich auf. So mussten die Menschen nicht mehr auf die Jagd gehen, um die Auerochsen zu nutzen. Aus den Auerochsen entstanden durch Züchtung die Hausrinder. Unsere heutigen Hausrinder sind **Nutztiere**. Milchrinder liefern viel Milch und Fleischrinder liefern viel Fleisch.

Die Lebensweise der Rinder

Wie ihre Vorfahren leben Rinder auch heute in Gruppen zusammen (→ Bild 1). Rinder sind **Herdentiere**. In Herden haben sie viel Kontakt und gehen sogar Freundschaften miteinander ein.

Als Lebensraum bevorzugen wildlebende Rinder Waldgebiete und offene Graslandschaften. Rinder ernähren sich ausschließlich von pflanzlicher Nahrung.

Das männliche Rind heißt **Bulle**, das weibliche Rind heißt **Kuh**. Im Alter von 18 Monaten werden Kühe in der Landwirtschaft zum ersten Mal besamt. Nach neun Monaten bringen sie ihr **Kalb** zur Welt. Mutter und Kalb gehen eine enge Bindung ein.

2 Nachzucht eines Auerochsen

3 Eine Kuh säugt ihr Kalb.

❶ Erkläre, wie die heutigen Hausrinder entstanden sind.

❷ Beschreibe, wie Rinder zusammenleben.

❸ Erkläre die Begriffe Kuh, Kalb, Rind, und Bulle.

Kühe geben Milch

Nachdem eine Kuh gekalbt hat, wird in ihrem Euter Milch gebildet. Rinder sind Säugetiere. Eine Kuh gibt Milch, um ihr Kalb zu ernähren (→ Bild 3).
In den ersten Wochen trinkt ein Kalb täglich ungefähr 8 l Milch bei der Mutter. Wenn es älter wird, bis zu 20 l Milch. Ein Kalb wird etwa acht bis neun Monate lang von seiner Mutter gesäugt.

Menschen nutzen die Kuhmilch

Bei den meisten Milchkühen werden Mutter und Kalb nach kurzer Zeit voneinander getrennt. Das Kalb erhält einen Milchersatz, der künstlich hergestellt wird (→ Bild 4 A). Dann kann die Mutterkuh gemolken und die Milch von uns Menschen genutzt werden (→ Bild 4 B). Eine Kuh, die auf eine hohe Milchleistung gezüchtet wurde, gibt jeden Tag ungefähr 27 l Milch.

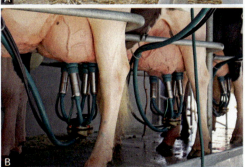

4 Milchnutzung: **A** Kälberfütterung, **B** Melken

Das Leben einer Milchkuh

Damit eine Milchkuh ständig Milch gibt, muss sie jedes Jahr ein Kalb zur Welt bringen. Um trächtig zu werden, wird sie mit dem Sperma eines Bullen künstlich besamt.

Kuh wird nicht gemolken.

Geburt des Kalbes

12 Monate

Kuh wird künstlich besamt.

Kuh wird zweimal am Tag gemolken.

5 Das Leben einer Milchkuh im Jahresverlauf

① ▌▌▌ Beschreibe den Jahresverlauf einer Milchkuh mithilfe von Bild 5. Beginne mit der Geburt eines Kalbes.

② ▌▌▌ Nenne mithilfe der Grafik die Tragzeit bei Kühen.

③ ▌▌▌ Bewerte die Vorgehensweise, dass in den meisten Milchkuhbetrieben die Kälber kurz nach der Geburt von den Mutterkühen getrennt werden.

④ ▌▌▌ Einige Bio-Betriebe lassen die Kälber einige Monate bei der Mutter und melken nur zusätzlich. Erläutere, welchen Einfluss das auf den Preis dieser Milch hat.

④ **a)** Beschreibe, wie eine Kuh ihr Kalb ernährt.
b) Erkläre, warum Milchkühe regelmäßig Kälber bekommen müssen.

🔲 **Digital+**

Rinder sind Wiederkäuer

1 Rind: **A** beim Wiederkäuen, **B** Pflanzenfressergebiss

Die Ernährung der Rinder

Rinder sind Pflanzenfresser. Beim Fressen umfasst das Rind das Gras mit der Zunge und drückt es mit dem Unterkiefer an eine Hornleiste im Oberkiefer. Dann reißt es das Gras ab und zermahlt es kurz mit den breiten Backenzähnen.
Einige Stunden später liegt das Rind dann kauend auf der Wiese. In der Zwischenzeit hat es aber kein weiteres Gras abgerissen (→ Bild 1). Rinder sind **Wiederkäuer**.

Rinder haben spezielle Mägen

Ein Rind frisst pro Tag etwa 70 kg Gras, Klee und andere Kräuter. Gras ist eine energie-reiche Nahrungsquelle. Aber Gras ist sehr schwer zu verdauen. Wir Menschen können es nicht als Nahrung nutzen.
Rinder schlucken und kauen ihre Nahrung darum zweimal. Beim zweiten Mal liegen sie dabei oft entspannt auf der Wiese. Rinder haben einen Wiederkäuermagen. Dieser besteht aus mehreren Teilen (→ Bild 2).

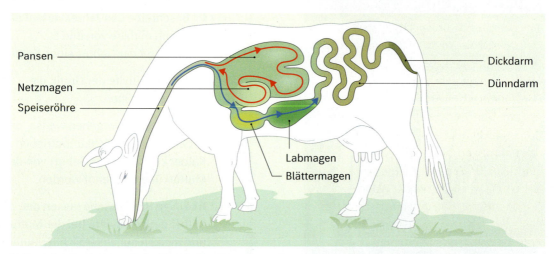

2 Der Weg der Nahrung beim Rind (in Rot: Weg der groben Nahrung, in Blau: Weg der feinen Nahrung)

1 a) Beschreibe den Aufbau des Rinder-gebisses. Nutze Bild 1B.
b) Erkläre, warum Rinder das Gras nur abreißen, aber nicht abbeißen können.

2 a) Beschreibe, was das Rind in Bild 1 A macht.
b) Erkläre, wie die Wiederkäuer zu ihrem Namen gekommen sind.

3 Ein Rind frisst Gras.

Der Weg der groben Nahrung

Die Rinder schlucken das Gras zunächst fast unzerkaut herunter. Es gelangt durch die Speiseröhre in den großen **Pansen**. Dort zersetzen spezielle Bakterien die schwer verdaulichen Pflanzenteile. Dann gelangt die Nahrung in den **Netzmagen**. Dieser kann sich stark zusammenziehen. So befördert er kleine Portionen Nahrung durch die Speiseröhre zurück ins Maul.

Der Weg der feinen Nahrung

Durch kreisende Bewegungen des Unterkiefers wird die Nahrung im Maul zu einem Nahrungsbrei zerkaut (→ Bild 1 A). Danach wird sie erneut geschluckt.
Der Nahrungsbrei gelangt in den **Blättermagen**. Dort wird ihm Wasser entzogen. Dann rutscht der Nahrungsbrei weiter in den **Labmagen**. Hier wird die Nahrung in ihre kleinsten Bausteine zerlegt. Diese Nährstoffe werden über die Wand des Dünndarms ins Blut aufgenommen. Die Reste werden über den Dickdarm und den After als Kot ausgeschieden.

ÜBEN UND ANWENDEN

Gras als Nahrung

Wiederkäuer können Gras verdauen und die gewonnene Energie für ihren Stoffwechsel nutzen.

① Er befördert kleine Nahrungsportionen über die Speiseröhre zurück ins Maul.

② Hier wird der Nahrung Wasser entzogen.

③ Hier zersetzen Bakterien schwer verdauliche Pflanzenteile.

④ In ihm werden die Nährstoffe in ihre Bausteine zerlegt.

4 Funktionen der Mägen beim Wiederkäuer

① **a)** ▌▎ Ordne jeder Funktion in Bild 4 den entsprechenden Magen im Verdauungstrakt eines Wiederkäuers zu.
b) ▌▎ Erkläre, warum so viele Mägen für Wiederkäuer von Vorteil sind.

② ▌▎ Erkläre, warum die Aussage „Rinder beißen das Gras ab." nicht richtig ist.

③ ▌▎ Betrachte Bild 5. Stelle eine begründete Vermutung darüber auf, wie ein Schaf Gras frisst und verdaut.

④ ▌▎▎ Pferde haben keinen Pansen, aber spezielle Bakterien in ihrem Dickdarm. Erläutere, warum das nötig ist.

5 Vorderes Gebiss beim Schaf

③ Erstelle mit den folgenden Begriffen ein Flussdiagramm zum Weg der Nahrung beim Rind: Netzmagen – Labmagen – Dünndarm – Pansen – Dickdarm – Blättermagen – Maul – Maul.

Digital+

WES-184000-037

Menschen züchten Nutztiere

1 Höhlenmalerei eines Auerochsen

4 Nachzucht von Auerochsen: Kuh mit Kalb

2 Rinderrassen: **A** Charolais, **B** Schwarzbunte

	Fleischrind	Milchrind
Körper-gewicht	bis zu 1300 kg	bis zu 750 kg
Milch-leistung	bis zu 10 l pro Tag	bis zu 27 l pro Tag

3 Körpermerkmale von Rindern

Ur-Rinder wurden gezähmt

Wilde Auerochsen waren die Ur-Rinder, also die Vorfahren unserer heutigen Rinder. Die Auerochsen lebten in Herden von ungefähr 30 Tieren in Europa und Asien. Die Jagd auf Auerochsen war lebensgefährlich.

Daher begannen die Menschen vor ungefähr 10 000 Jahren, junge Auerochsen einzufangen und bei sich aufzuziehen. Die Menschen lernten, dass sie die ruhigen Tiere auswählen und miteinander paaren mussten. Dann waren auch die Nachkommen oft ruhig und konnten gezähmt werden. Ein solches Zähmen von wilden Tieren zu Haustieren wird **Domestikation** genannt.

Rinder wurden gezüchtet

Die domestizierten Rinder wurden weiter gezüchtet. Dabei entstanden verschiedene Rinderrassen.

Einige der Rinder hatten sehr große Muskeln. Diese **Fleischrinder** erbrachten nach der Schlachtung viel Nahrung.

Andere Rinder gaben besonders viel Milch. Diese **Milchrinder** versorgten die Menschen mit Milch, aus der auch Käse und Butter hergestellt wurde.

1 **a)** Ordne den Bildern 2 A und B mithilfe der Tabelle in Bild 3 die Begriffe „Fleischrind" und „Milchrind" zu.
b) Begründe deine Zuordnung.

2 **a)** Beschreibe, wie der Auerochse gezähmt wurde.
b) Erläutere, welche Vorteile die Menschen dadurch hatten.

Ⓐ Hausschweine wurden gezüchtet

5 Hausschweine im Stall

Die Urform des Hausschweins ist das Wildschwein. Durch Zucht entstand das Hausschwein. Es liefert den Menschen Fleisch.

① ▮▮ Erstelle einen Steckbrief zum Hausschwein. Das Bild 5 und der Steckbrief in Bild 6 helfen dir.

② ▮▮ Vergleiche Merkmale von Hausschwein und Wildschwein.

Wildschwein
Lebensraum: Wald
Körperbau: schlank, lange Beine
Körperbehaarung: borstiges Fell
Ohren: klein
Anzahl der Nachkommen: meist 5-6
Futtersuche: wühlt mit der Schnauze im Boden

6 Steckbrief zum Wildschwein

③ ▮▮ Erläutere, warum das Hausschwein von den Menschen gezüchtet wurde.

Ⓑ Schafe sind vielseitig nutzbar

Schafe liefern Fleisch und Milch. Sie werden beispielsweise auch zum Schutz von Deichen eingesetzt, die an Küsten vor Hochwasser schützen. Viele zu diesem Zweck gezüchtete Rassen liefern außerdem Wolle zur Herstellung von Kleidung oder Bettzeug.

① a) ▮▮ Nenne Produkte vom Schaf, die du aus deinem Alltag kennst.
b) ▮▮ Erstelle eine Mindmap, die zeigt, wozu Schafe genutzt werden und welche Produkte wir vom Schaf nutzen. Recherchiere dazu auch im Internet.

7 Schafe nutzen: **A** Landschaftspflege, **B** Wolle

② ▮▮ Es werden zum Beispiel Fleischschaf-Rassen und Landschaf-Rassen gezüchtet. Recherchiere, worin sich diese unterscheiden und stelle jeweils eine Rasse vor.

Das Huhn als Nutztier

1 Menschen nutzen Hühnereier.

Hühner sind Nutztiere

Menschen halten seit mindestens 3000 Jahren Hühner, um ihr Fleisch und ihre Eier zu nutzen. Die Eier werden von den weiblichen Hühnern, den **Hennen**, in Nester am Boden gelegt. In der Natur leben mehrere Hennen mit einem männlichen Huhn, dem **Hahn**, zusammen. Aus befruchteten Eiern schlüpfen nach ungefähr drei Wochen die **Küken** und folgen dann ihrer Mutter. Die Küken sind **Nestflüchter** (→ Bild 2).
Bei der Hühnerhaltung werden die Nester täglich von Menschen kontrolliert und die Eier entnommen (→ Bild 1). Deshalb legen die Hennen immer wieder neue Eier.

Wie Hühner leben

Hühner sind gesellige Tiere. In ihren Gruppen bilden sie eine feste Rangordnung aus. Eine Gruppe Hennen kann auch ohne Hahn gehalten werden.
Zur Nahrungssuche scharren Hühner mit ihren Füßen am Boden. Sie picken mit dem Schnabel nach Körnern, Würmern und Insekten. Gern fressen sie auch Pflanzen wie Klee oder Brennnesseln. Um ihr Gefieder zu reinigen, baden Hühner ausgiebig im Staub oder Sand. Abends fliegen die Hühner auf höher gelegene Äste, um sich vor Raubtieren wie dem Fuchs zu schützen. Dort verbringen sie die Nacht (→ Bild 3).

2 Henne mit Küken

3 Hühner schlafen erhöht auf Ästen.

1 a) Beschreibe, wie Menschen Hühner nutzen.
b) Erkläre, warum Hühner Eier legen.

2 Beschreibe die natürlichen Verhaltensweisen von Hühnern.

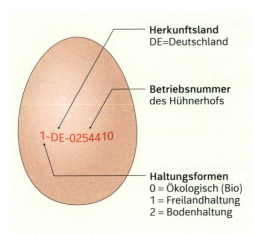

4 Die Kennzeichnung von Hühnereiern

Hühnereier im Supermarkt

Hühnereier gibt es in jedem Supermarkt. Diese Eier stammen aus einer Haltung ohne Hahn. Die Eier sind also nicht befruchtet. Der Verkaufspreis der Eier richtet sich unter anderem nach der **Haltungsform** der Hühner. Die Eier aus Bodenhaltung sind am günstigsten. Diese Eier stammen von Hennen, die in sehr großer Anzahl gemeinsam in Hallen leben.
Die Eier aus ökologischer Haltung, auch Bio-Eier genannt, sind am teuersten. Hier leben die Hühner in Gruppen im Freiland mit Zugang zu einem Stall.

Kennzeichnung der Hühnereier

Hühnereier aus Europa müssen gekennzeichnet werden. Durch den Stempel erhältst du viele Informationen über das Ei (→ Bild 4).
Die erste Ziffer im **Eier-Code** zeigt die Haltungsform. Die nächsten zwei Buchstaben verraten dir das Herkunftsland. Die weiteren Ziffern enthalten Informationen zu dem Hühnerhof, von dem das Ei stammt.

ÜBEN UND ANWENDEN

Das Frühstücksei

Ein gekochtes Hühnerei zum Frühstück ist bei vielen Menschen beliebt.

5 Zwei Frühstückseier

① ▮▮▮ Beschreibe, wie Frühstückseier in unsere Eierbecher kommen.

② **a)** ▮▮▮ Erläutere, ob die beiden Eier aus Bild 5 vom gleichen Hühnerhof stammen können.
b) ▮▮▮ Erkläre den Nutzen des Aufdrucks auf einem Ei für uns Menschen.

③ **a)** ▮▮▮ Erkläre, welchen natürlichen Verhaltensweisen die Hühner in dem Stall in Bild 6 nachgehen können.
b) ▮▮ Erläutere, was deiner Meinung nach an diesem Stall noch verbessert werden könnte.

6 Ein Hühnerstall

③ Beschreibe, welche Informationen du dem Aufdruck auf einem Ei aus dem Supermarkt entnehmen kannst.

Digital+

WES-184000-041

Menschen halten Nutztiere

1 Hühner in einem naturnahen Lebensraum

2 Bodenhaltung

3 Freilandhaltung

4 Ökologische Haltung (Bio)

Nutztiere halten

Menschen halten verschiedene Tierarten, um die Tiere selbst oder ihre Produkte zu nutzen.

Unter welchen Bedingungen die Tiere gehalten werden, ist zum Beispiel bei Hühnern sehr unterschiedlich.

Bodenhaltung

Bei der Bodenhaltung leben die Hühner in großen Hallen. Tausende Tiere stehen auf dem Hallenboden dicht nebeneinander. Die Ställe sind künstlich beleuchtet.

Es gibt nur wenige Sitzstangen. Die Hühner haben wenig Platz. Dadurch haben sie Stress und können aggressiv werden. Ihre Schnäbel werden gekürzt, damit sie sich oder andere Tiere nicht verletzen.

Freilandhaltung

Bei der Freilandhaltung leben die Hühner auf einer freien Fläche mit viel Platz und Auslauf. Sie können im Boden scharren und nach Futter picken. Sie baden im Sand und schlagen mit den Flügeln.

Bei schlechtem Wetter können die Tiere sich in einen Stall mit Tageslicht zurückziehen. In den Ställen gibt es Nester zur Eiablage und Sitzstangen für alle Tiere.

Ökologische Haltung

Eine besondere Form der Freilandhaltung ist die ökologische Haltung.

Die Hühner bekommen in dieser Haltungsform nur Futter aus ökologischer Landwirtschaft. Außerdem steht ihnen im Stall noch mehr Fläche zur Verfügung als bei der normalen Freilandhaltung.

Auf einem sogenannten „Bio-Hof" dürfen nur bis zu 3 000 Hühner leben.

1 a) Beschreibe die drei Haltungsformen von Hühnern.
b) Begründe, welche der drei Haltungsformen für Hühner am besten ist.

2 Erläutere, warum sich die Preise der Eier aus den Haltungsformen deutlich unterscheiden.

Ⓐ Rinderhaltung

5 Rinderhaltung: **A** Boxenlaufstall, **B** Rinder beim Weidegang

Es gibt unterschiedliche Formen der Rinderhaltung (→ Bild 5). Dabei werden nicht immer die natürlichen Bedürfnisse der Tiere berücksichtigt.

① ▋▋▋ Beschreibe die Merkmale der beiden Haltungsformen von Rindern mithilfe der Bilder 5 A und B.

② ▋▋ Stelle eine begründete Vermutung auf, warum Landwirtinnen und Landwirte die reine Stallhaltung bevorzugen könnten.

③ ▋▋▋ Stell dir vor, du bist Landwirt. Du möchtest in deinem Betrieb Milchkühe halten. Für welche Haltungsform würdest du dich entscheiden? Begründe deine Antwort.

Ⓑ Tiertransporte

- Die Tiere dürfen höchstens acht Stunden im Transporter bleiben.
- Der Transporter muss eine angenehme Temperatur sein.
- Die Tiere müssen ausreichend Platz im Transporter haben.
- Die Tiere müssen Wasser haben.

6 Tiertransport: **A** Schweinetransporter, **B** gesetzliche Vorschriften

Nutztiere werden im Verlauf ihres Lebens mehrmals transportiert. Sie werden im Aufzuchtbetrieb geboren. Dann werden sie zum Mastbetrieb gefahren. Wenn sie groß und schwer geworden sind, müssen sie zum Schlachthof befördert werden. Die Tiere müssen oft weite Strecken in Tiertransportern zurücklegen.

① ▋▋▋ Erkläre, warum Nutztiere transportiert werden.

② ▋▋ Begründe, warum es für den Transport von Nutztieren strenge Vorschriften gibt.

③ ▋▋ Beschreibe Möglichkeiten, wie Tiertransporte verringert werden könnten.

Digital+

WES-184000-043

Im Internet recherchieren

1 Recherchieren mit einer Suchmaschine

Im Internet Informationen suchen

Du möchtest dich zum Thema „Milchkühe" informieren. Im Internet findest du ganz viele Informationen. Was musst du bei deiner Recherche beachten?

Schritt 1:
Die richtige Suchmaschine

Wenn du in eine Suchmaschine ein Stichwort eintippst, erhältst du Verweise auf viele Internetseiten. Diese Seiten enthalten eine Menge Informationen zu deinem Stichwort. Es gibt spezielle Suchmaschinen für Kinder und Jugendliche. Die Seiten, die solche Suchmaschinen finden, sind immer einfach geschrieben. Für dich sind sie gut geeignet.

www.helles-köpfchen.de
www.fragfinn.de

Schritt 2:
Stichworte eingeben

Gib in die Suchmaschine ein oder mehrere Stichworte ein, zum Beispiel „Milchkühe Milchmenge".
Je genauer deine Stichworte ausgewählt sind, desto passender sind die Informationen, die du bekommst.

Schritt 3:
Internetseiten auswählen

Die Suchmaschine liefert eine Vorschau mit vielen Links zu verschiedenen Internetseiten. Sieh dir die Links genau an. Wähle dann durch Anklicken der Links interessante Seiten aus.
Auf guten Seiten steht immer, wer die Seite erstellt hat. Wenn du unsicher bist, ob eine Seite geeignet ist, frage deine Lehrerin oder deinen Lehrer oder deine Eltern.

Schritt 4:
Informationen verwenden

Lies die Informationen auf den ausgewählten Internetseiten durch. Kopiere nur nützliche Informationen in ein eigenes Dokument. Verwende dabei nur Informationen, die du selbst verstehst.
Halte immer die **Quelle** der kopierten Informationen fest, also woher die Informationen stammen.
Wenn du genügend Informationen gesammelt hast, ordne alles sinnvoll. Schreibe dann einen Text mit deinen eigenen Worten. Möchtest du einen Textteil im originalen Wortlaut nutzen, musst du ihn als **Zitat** kennzeichnen.

1 a) Wähle ein Teilthema zu Milchkühen wie zum Beispiel „Milchmenge" aus.
b) Suche im Internet nach Informationen zu deinem Thema.

2 a) Stelle die Informationen zu deinem Thema zusammen. Nutze dazu die Anleitung oben.
b) Berichte deiner Klasse kurz darüber.

Ⓐ Berufe in der Landwirtschaft

Landwirtin/ Landwirt

Voraussetzungen:
- kein spezieller Abschluss nötig, beste Chancen mit Realschulabschluss
- Verantwortungsbewusstsein
- körperlich fit

Ausbildungsdauer: drei Jahre

Tätigkeitsbereiche:
- Haltung von Nutztieren oder Anbau von Nutzpflanzen (Spezialisierung auf den Zweig „Pflanze" oder „Tier")
- Vermarktung der Produkte
- Umgang mit Maschinen
- Büroarbeit zur Dokumentation

Weiterbildungsmöglichkeiten:
- vielfältig, z. B. Meisterprüfung, Fortbildung für Spezialberufe wie Klauenpflege oder erneuerbare Energien

Land- und Baumaschinenmechatronikerin/ Land- und Baumaschinenmechatroniker

Voraussetzungen:
- kein spezieller Abschluss nötig, beste Chancen mit Realschulabschluss
- Sorgfalt, handwerkliches Geschick
- technisches Verständnis

Ausbildungsdauer: dreieinhalb Jahre

Tätigkeitsbereiche:
- arbeiten mit unterschiedlichen landwirtschaftlichen Fahrzeugen
- Bedienung, Wartung und Reparatur der Fahrzeuge
- Installation und Inbetriebnahme von Anlagen, z. B. Melkanlagen

Weiterbildungsmöglichkeiten:
- vielfältig, z. B. in Industrie-Betriebswirtschaft oder in Kfz-Servicetechnik

In der Landwirtschaft gibt es viele verschiedene Berufe mit unterschiedlichen Tätigkeitsbereichen.

① ▮▮ Begründe, was dir an den beiden vorgestellten Berufen gefällt.

② ▮▮ Die Ausbildungen zu beiden vorgestellten Berufen finden als „duale Ausbildung" statt. Recherchiere, was das bedeutet.

③ ▮▮ Recherchiere weitere Informationen über den Beruf, der dir am besten gefällt.

④ ▮▮ Recherchiere weitere landwirtschaftliche Berufe. Erstelle zu einem Beruf einen Steckbrief.

> Informationen zu Berufen:
> www.planet-beruf.de

WES-184000-045

Tiere in unserem Leben

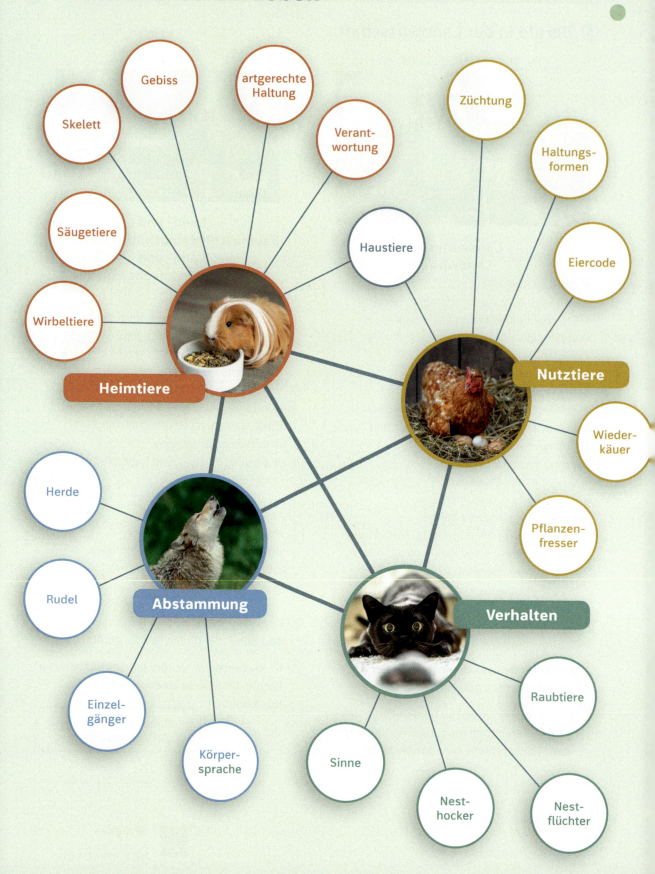

Gebiss

artgerechte Haltung

Züchtung

Skelett

Verant-wortung

Haltungs-formen

Säugetiere

Haustiere

Eiercode

Wirbeltiere

Heimtiere

Nutztiere

Wieder-käuer

Herde

Pflanzen-fresser

Rudel

Abstammung

Verhalten

Einzel-gänger

Raubtiere

Körper-sprache

Sinne

Nest-hocker

Nest-flüchter

1 a) Erkläre die Begriffe „Haustiere" und „Heimtiere".
b) Erläutere an einem Beispiel, was es bedeutet, „die Verantwortung" für ein Heimtier zu übernehmen.

2 Stelle begründete Vermutungen auf, warum Katzen und Hunde bei Tierhaltern sehr beliebt sind (→ Bild rechts).

Katzen	13,4
Hunde	8,6
Kaninchen, Hamster, Meerschweinchen, …	5,0
Ziervögel	4,6
Aquarien mit Zierfischen	2,0
Terrarien mit Spinnen, Schlangen, …	0,7

Angaben für Haushalte in Deutschland

Anzahl in Millionen

3 a) Beschreibe am Beispiel des Huhns, warum es als Nutztier gehalten wird.
b) Beschreibe eine artgerechte Hühnerhaltung.

4 Beurteile, welche Aussagen richtig sind.
A Damit eine Kuh Milch gibt, muss sie ein Kalb geboren haben.
B Der Rindermagen besteht aus vier Teilen.
C Ein Kalb ist nach der Geburt blind und kann noch nicht laufen.
D Rinder sind Pflanzenfresser.

5 a) Beschreibe mindestens zwei Verhaltsweisen des Wolfs, die auch Hunde zeigen.
b) Erkläre, was der Hund mit der gezeigten Körpersprache ausdrückt.

6 Erkläre, warum sich Hunde viel enger an eine Familie anschließen als Katzen.

7 a) Hunde und Katzen haben ein Raubtiergebiss. Beschreibe, wofür dieses Gebiss besonders geeignet ist.
b) Benenne die Zahntypen ① bis ④ am Beispiel des Hundegebisses. Beschreibe, wofür sie jeweils benutzt werden.

8 Erläutere, wie die Katze ihre Sinnesorgane beim Jagen nutzt.

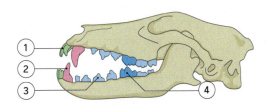

Digital+

WES-184000-047

Zootiere entdecken

Ⓐ Die Haltung von Zootieren im Wandel der Zeit

1 Haltung von Eisbären: **A** 1898, **B** heute

Seit dem 18. Jahrhundert gibt es Zoos, die für Besucher geöffnet sind. So können die Menschen Tiere aus der ganzen Welt beobachten. Früher waren die Gehege der Zootiere oft nicht den Bedürfnissen der Tiere angepasst. Heute wird viel Wert auf eine artgerechte Haltung der Zootiere gelegt.

Durchführung:
Schritt 1: Sucht euch eine Tierart aus, die in Zoos gehalten wird.
Schritt 2: Recherchiert, welche natürlichen Bedürfnisse die Tiere haben.
Schritt 3: Recherchiert, wie die Tiere in einem bestimmten Zoo gehalten werden. Dazu könnt ihr euch im Internet oder direkt in einem Zoo informieren.

❶ a) ‖‖ Erstellt eine Tabelle mit den natürlichen Bedürfnissen der von euch gewählten Tierart. Schreibt in die zweite Spalte, wie diese Bedürfnisse im Zoo erfüllt werden.
b) ‖ Bewertet die Haltung der Tierart.

❷ a) ‖‖ Erstellt ein Plakat, auf dem ihr eure Tierart und ihre Haltung im Zoo vorstellt.
b) ‖‖ Diskutiert, ob die Tiere eurer Meinung nach artgerecht gehalten werden.
c) ‖ Formuliert Verbesserungsvorschläge.

Ⓑ Der Zoo als Überlebensretter

2 Goldenes Löwenäffchen

Die natürlichen Lebensräume vieler Tiere sind gefährdet. Einige Tierarten sind deshalb vom Aussterben bedroht. Zoos können helfen, diese Tierarten zu erhalten.

❶ a) ‖ Informiert euch im Internet über „Artenschutz im Zoo".
b) ‖ Stellt ein Projekt eines Zoos für eine gefährdete Tierart vor.
c) ‖‖ Bewertet das Projekt aus eurer Sicht.

C Besucher im Zoo

3 Zoobesucher

Viele Menschen besuchen gerne einen Tierpark oder einen Zoologischen Garten. Wie häufig die Menschen in den Zoo gehen und warum sie ihn gern besuchen, kann sehr unterschiedlich sein.

1 ▮▮▮ Plant eine Umfrage zu einem Zoo oder einem Tierpark in eurer Nähe. Ihr könnt die Umfrage direkt vor Ort durchführen oder aber auch zum Beispiel an eurer Schule oder in der Stadt.
Ihr könnt dazu die Methode „Eine Umfrage durchführen" aus diesem Buch nutzen.

Umfrage zur Nutzung des Zoos		
Wie häufig besuchen Sie den Zoo im Jahr?		
Ein- bis zweimal		
Drei- bis viermal		
Häufiger als viermal		
	Ja	**Nein**
Kommen Sie allein in den Zoo?		
Besuchen Sie nur bestimmte Tiere?		
Wenn ja, welche?		
Welche Tiergehege finden Sie besonders ansprechend?		
Wünschen Sie sich andere Angebote im Zoo?		
Wenn ja, welche?		

4 Möglicher Fragebogen zu einer Umfrage zum Thema „Nutzung des Zoos"

2 **a)** ▮▮ Führt die Umfrage durch.
b) ▮▮ Wertet eure Daten aus und stellt sie in Abbildungen oder Tabellen dar.
c) ▮▮ Stellt eure Ergebnisse vor.

D Beschäftigung für Zootiere

5 Schimpansin mit einer Futter-Eisbombe

Für viele Tiere in Gefangenschaft ist ein regelmäßiges Beschäftigungsangebot wichtiger Bestandteil ihrer artgerechten Haltung.

1 ▮▮ Stellt eine begründete Vermutung an, warum die Beschäftigung für Zootiere wichtig ist.

2 ▮▮ Recherchiert, welche Beschäftigungsangebote es für Zootiere gibt.

 ▮ **Digital+**

Pflanzen in unserem Leben

Warum kippt ein Baum im Wind nicht um?

Warum sind Bienen für Pflanzen wichtig?

Welche Bedeutung haben Pflanzen für unsere Ernährung?

Der Bau einer Blütenpflanze

1 Verschiedene Blütenpflanzen im Sommer

Blüte

Spross

Laub-
blatt

Spross-
achse

Wurzel

2 Bestandteile einer Blütenpflanze

Was sind Blütenpflanzen?

Im Frühjahr und Sommer blühen in der Natur viele unterschiedliche Pflanzen. Alle Pflanzen, die Blüten bilden, gehören zu den sogenannten **Blütenpflanzen**.

Der Spross

Die Teile einer Blütenpflanze über dem Boden bilden den **Spross**. Der Spross besteht aus der Sprossachse, den Laubblättern und den Blüten.

Die Sprossachse

Die **Sprossachse** gibt der Pflanze ihre typische Form. Sie trägt die Laubblätter und die Blüten. In der Sprossachse verlaufen die Leitungsbahnen. Durch sie werden Wasser, Mineralstoffe und Nährstoffe transportiert.

Die Blüte

Blüten haben verschiedene Farben und Formen. Aus den Blüten entwickeln sich Früchte und Samen. Die Blüten dienen so der **Fortpflanzung** einer Blütenpflanze.

Das Laubblatt

In den **Laubblättern** verzweigen sich die Leitungsbahnen. An den Blattunterseiten befinden sich winzige **Spaltöffnungen**. Durch sie verdunstet Wasser.
Die Pflanze stellt in den grünen Blättern mithilfe des Sonnenlichts Nährstoffe für ihr Wachstum her. Dabei entsteht auch Sauerstoff. Dieser Vorgang wird **Fotosynthese** genannt.

Die Wurzel

In der Erde wächst die **Wurzel**. Sie ist stark verzweigt und verankert die Pflanze im Boden. Über die Wurzel nimmt die Pflanze Wasser und Mineralstoffe auf.

1 Beschreibe den Grundbauplan der Blütenpflanzen.

2 Erkläre, was eine Blütenpflanze ist.

3 Betrachte Bild 2. Ordne in einer Tabelle jedem Pflanzenteil eine Funktion zu.

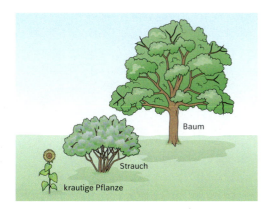

3 Unterschiedliche Wuchsformen von Pflanzen

Verschiedene Wuchsformen
Die unterschiedlichen Blütenpflanzen haben nicht nur verschiedene Blüten, sondern auch unterschiedliche Wuchsformen (→ Bild 3).

Krautige Pflanzen
Pflanzen wie die Sonnenblume gehören zu den krautigen Pflanzen. Bei ihnen ist die Sprossachse grün und weich. Sie wird auch Stängel genannt. Der Spross stirbt im Winter ab und wächst im Frühjahr neu.

Sträucher
Sträucher bilden meist mehrere Seitentriebe aus Holz kurz über dem Boden. Sträucher können viele Jahre alt werden. Zu den Sträuchern gehört zum Beispiel der Flieder.

Bäume
Bäume wie Eichen haben eine Sprossachse aus Holz. Sie wird Stamm genannt. Der Stamm trägt die Baumkrone aus dicken Ästen und dünneren Zweigen mit den Laubblättern. Manche Bäume können mehrere hundert Jahre alt werden. Jedes Jahr bilden sie neue Triebe an den Zweigen.

ÜBEN UND ANWENDEN

Blütenpflanzen

Alle Blütenpflanzen haben einen gemeinsamen Grundbauplan.

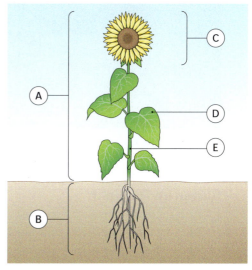

4 Grundbauplan einer Blütenpflanze

① **a)** ❙❙❙ Benenne die beiden Teile Ⓐ und Ⓑ in Bild 4, aus denen alle Blütenpflanzen bestehen.
b) ❙❙❙ Benenne die Pflanzenteile Ⓒ, Ⓓ und Ⓔ, die zu Teil Ⓐ gehören.

② **a)** ❙❙❙ Ordne den Bildern 5 A–C eine der drei Wuchsformen zu.
b) ❙❙ Begründe deine Zuordnungen.

5 Sprossachsen

④ **a)** Nenne für jede der drei Wuchsformen von Blütenpflanzen ein Beispiel.
b) Beschreibe jeweils zwei wichtige Merkmale jeder Wuchsform.

Digital+

Der Bau einer Blüte

1 Kirschbäume: **A** in der Blüte, **B** Blüten im Detail

Blüten im Frühjahr

Im Frühjahr blühen die Kirschbäume
(→ Bild 1 A). Ihre Blüten sind aus verschiedenen Teilen aufgebaut.

Kelchblätter

An jeder einzelnen Blüte sind außen fünf
grüne **Kelchblätter** zu sehen. Die Kelchblätter umschließen die Blüte, solange sie
noch geschlossen ist. Eine geschlossene
Blüte wird **Knospe** genannt (→ Bild 2). Die
Kelchblätter schützen die Blüte beispielsweise vor Regen und Wind.

2 Knospen

Kronblätter

Wenn sich die Kirschblüten geöffnet haben,
werden die fünf weißen oder rosa-farbenen
Blütenblätter sichtbar. Diese Blätter heißen
auch **Kronblätter** (→ Bild 1 B).
Die Kronblätter locken mit ihren leuchten-
den Farben Insekten an.

Staubblätter

Im Inneren der Blüte befinden sich etwa 30
gelbe, fadenförmige **Staubblätter**
(→ Bild 1 B). Jedes einzelne Staubblatt
besteht aus einem länglichen Staubfaden
und einem Staubbeutel.
Der Staubbeutel produziert und enthält den
Blütenstaub. Der Blütenstaub wird auch
Pollen genannt. Er besteht aus winzig
kleinen Pollenkörnern. Aus diesen Pollenkörnern entwickeln sich die männlichen
Geschlechtszellen der Pflanze. Ohne sie
kann eine Blüte nicht befruchtet werden.
Die Staubblätter mit den Pollenkörnern sind
die **männlichen Blütenorgane**.

---

1 **a)** Beschreibe, was eine Knospe ist.
b) Erkläre, welche Funktion die Kelchblätter bei der Knospe haben.

2 Nenne die Funktion der Kronblätter.

3 **a)** Beschreibe den Bau eines Staub-
blatts.
b) Beschreibe seine Funktion.

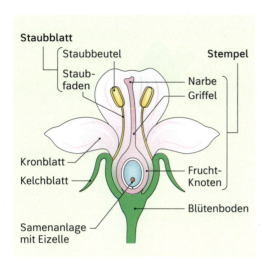

3 Längsschnitt durch die Kirschblüte (Schema)

Stempel

In der Mitte der Blüte befindet sich der **Stempel** (→ Bild 3). Zum Stempel gehört die klebrige Narbe, der Griffel und der verdickte Fruchtknoten.

Wenn der Stempel längs aufgeschnitten ist, siehst du im Fruchtknoten die Samenanlage mit einer Eizelle. Der Stempel mit der Eizelle ist das **weibliche Blütenorgan**. Aus ihm entwickelt sich später die Frucht.

Blütenboden

Viele Blüten scheiden am Blütenboden eine zuckerhaltige Flüssigkeit aus, den **Nektar**. Der Nektar lockt Insekten wie Honigbienen und Schmetterlinge an. Nektar und Pollen sind wichtige Nahrungsquellen für Insekten.

Der Grundbauplan von Blüten

Die Blüten der Pflanzen unterscheiden sich durch ihre Größe, ihre Farben und ihre Form. Alle Blüten sind aber aus den gleichen Teilen aufgebaut.

ÜBEN UND ANWENDEN

Pflanzen lassen sich ordnen

Die Anzahl der Blütenteile und ihre Anordnung sind wichtige Merkmale aller Pflanzen. Mit ihnen lassen sich die Pflanzen ordnen und einzelnen Pflanzenfamilien zuordnen. Wenn die Blüten der verschiedenen Arten sehr ähnlich gebaut sind, gehören sie zur gleichen Pflanzenfamilie.

4 Blüten: **A** Birne, **B** Lilie, **C** Apfel, **D** Wiesenschaumkraut, **E** Pflaume, **F** Ackersenf

① Vergleiche die Blüten in Bild 4.
a) ▎▎▎ Nenne drei Arten, die zur selben Familie wie die Kirsche gehören.
b) ▎▎▎ Drei Blüten bleiben übrig. Nenne sie und beurteile, welche zwei davon zur selben Pflanzenfamilie gehören.

④ Beschreibe mithilfe von Bild 3 den Bau einer Blüte von außen nach innen.

⑤ Beschreibe die Funktion des Nektars in einer Blüte.

Digital+

WES-184000-055

Untersuchungen mit der Lupe

Becherlupe

Stiellupe

Einschlaglupe

1 Einfache Lupen

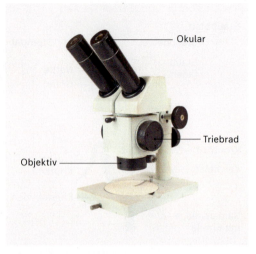

Okular

Triebrad

Objektiv

2 Stereolupe

Einfache Lupen

Naturwissenschaftlerinnen und Naturwissenschaftler müssen Objekte oft genau betrachten. Dazu benutzen sie verschiedene Lupen.

Mit einfachen Lupen lassen sich Pflanzen und kleine Tiere bis zu 10-fach vergrößern. Pflanzen und Tiere kannst du mit **Einschlaglupen** betrachten. **Stiellupen** eignen sich für größere Flächen. In einer **Becherlupe** lassen sich kleinere Tiere fangen und beobachten.

Umgang mit einer einfachen Lupe

Schritt 1: Siehe mit offenen Augen durch die Lupe und betrachte das Objekt.

Schritt 2: Verändere so lange und langsam den Abstand zwischen Lupe und Objekt, bis du das Objekt gut sehen kannst. Jetzt kannst du das Objekt betrachten und Einzelheiten erkennen.

Die Stereolupe

Eine **Stereolupe** ist ein Laborgerät, das größer und teurer ist als einfache Lupen. Durch eine Stereolupe schaust du mit beiden Augen gleichzeitig. Sie vergrößert etwa 20-fach bis 40-fach. Sie wird meist im Labor oder im Fachraum verwendet. Wenn du eine Pflanze unter der Stereolupe genauer untersuchen willst, musst du sie erst auseinanderzupfen oder Teile abschneiden. Dazu kannst du eine Pinzette, ein Messer oder eine Schere verwenden.

Umgang mit einer Stereolupe

Schritt 1: Lege das Objekt in eine flache Schale.

Schritt 2: Passe den Abstand der beiden Okulare deinem Augenabstand an.

Schritt 3: Drehe das Objektiv mit dem Triebrad so weit nach unten, bis es etwa 1 cm über dem Objekt ist.

Schritt 4: Blicke durch beide Okulare. Drehe das Objektiv so lange nach oben, bis du das Objekt scharf siehst.

❶ a) Betrachte Blüten oder Blätter von Pflanzen mit den Lupen aus Bild 1.
b) Nenne Vorteile und Nachteile der verschiedenen Lupen.

❷ Zupfe mit einer Pinzette einzelne Pflanzenteile von einer Blüte ab. Untersuche sie mit einer Stereolupe.

Ⓐ Blüten vergleichen

3 Blüten mit der Lupe untersuchen

A B

4 Aufsicht auf verschiedene Blüten (Schema)

Die Blüten vom Raps und von der Kirsche unterscheiden sich nicht nur in ihrer Farbe. Sie haben auch eine unterschiedliche Anzahl und Anordnung ihrer Blütenbestandteile.

① ▌▌ Untersuche eine Rapsblüte und eine Kirschblüte mit einer einfachen Lupe. Nutze dazu die Methode auf der linken Seite.

② **a)** ▌▌ Entscheide, welche Schemazeichnung in Bild 4 eine Rapsblüte und welche eine Kirschblüte zeigt.
b) ▌▌ Vergleiche die Blütenbestandteile der beiden Blüten. Erstelle dazu eine Tabelle.

③ ▌▌ Begründe, warum Blüten mit der Form der Rapsblüte auch „Kreuzblüten" heißen.

Ⓑ Die Struktur einer Wurzel untersuchen

Jede Blütenpflanze hat eine Wurzel. Ihr Aufbau, also ihre Struktur, erfüllt ganz spezielle Funktionen.

① ▌▌ Untersuche die Wurzel einer Blütenpflanze mit einer Stereolupe. Beschreibe ihre äußere Struktur.

② **a)** ▌▌ Nenne zwei Funktionen, die die Wurzel einer Pflanze hat.
b) ▌▌ Erläutere, wie die Struktur der Wurzel diese beiden Funktionen deiner Meinung nach erfüllen kann.

5 Eine Wurzel mit der Stereolupe betrachten

Digital+

WES-184000-057

Die Entwicklung einer Frucht

1 Eine Honigbiene bestäubt eine Kirschblüte.

Die Bestäubung

Die Blüten der Kirschbäume locken Insekten wie Bienen an. Auf der Suche nach Nahrung fliegt eine Biene von Blüte zu Blüte. Während sie den Nektar einer Blüte saugt, bleiben Pollenkörner an ihrem behaarten Körper hängen. Diese trägt die Biene zur nächsten Blüte. Dort streift sie die Pollenkörner an der klebrigen Narbe des Stempels ab. Dabei wird die Blüte bestäubt.
Die Übertragung von Pollen von einer Blüte auf eine andere Blüte derselben Art ist die **Bestäubung** (→ Bild 2).

Die Befruchtung

Aus jedem Pollenkorn auf der Narbe wächst ein Schlauch durch den Griffel bis in den Fruchtknoten. Ein Pollenschlauch wächst am schnellsten. Nur dieser dringt in die Samenanlage im Fruchtknoten ein.
Hier verschmilzt die männliche Geschlechtszelle, die Spermienzelle, mit der weiblichen Eizelle. Die Eizelle im Fruchtknoten ist jetzt befruchtet.
Das Verschmelzen von weiblicher Eizelle und männlicher Spermienzelle ist die **Befruchtung** (→ Bild 3).

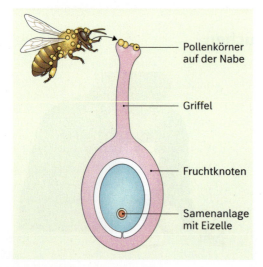

Pollenkörner auf der Nabe

Griffel

Fruchtknoten

Samenanlage mit Eizelle

2 Bestäubung (Schema)

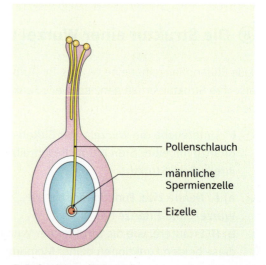

Pollenschlauch

männliche Spermienzelle

Eizelle

3 Befruchtung (Schema)

1 Beschreibe den Vorgang der Bestäubung einer Kirschblüte. Verwende die Begriffe: Biene – Pollenkörner – klebrige Narbe – Suche nach Nahrung

2 Beschreibe, was bei der Befruchtung passiert. Verwende die Begriffe: Pollenkorn – Pollenschlauch – Spermienzelle – Samenanlage – Eizelle

Die Entwicklung der Kirsche

Nach der Befruchtung verändert sich die Kirschblüte. Ihre Kronblätter werden braun und fallen ab. Die Kelchblätter, die Staubblätter, der Griffel und die Narbe vertrocknen. Der **Fruchtknoten** wird dicker und entwickelt sich zur **Frucht**, der reifen Kirsche. Die Wand des Fruchtknotens wird zur Fruchtwand. Sie besteht aus drei Schichten. Die glatte äußere Fruchtschale schützt das darunter liegende Fruchtfleisch. Innen wird das Fruchtfleisch von der harten Fruchtschale begrenzt. In der harten Schale hat sich aus der Samenanlage ein neuer **Samen** entwickelt. Aus diesem Samen kann später ein neuer Kirschbaum wachsen. Nach der Befruchtung entwickelt sich aus dem Fruchtknoten die Frucht. In der Frucht befindet sich der Samen (→ Bild 4).

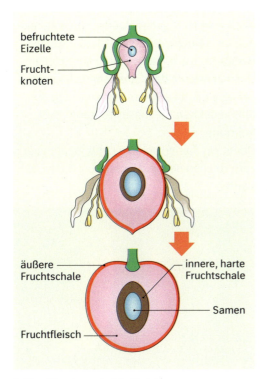

4 Eine Kirsche entwickelt sich.

ÜBEN UND ANWENDEN

Eine Kirsche entwickelt sich

Im Verlauf des Sommers entwickeln sich aus den Kirschblüten leckere Kirschen.

5 Entwicklungsstadien einer Kirsche

① **a)** ▌▌▌ Bringe die Bilder A–D aus Bild 5 in die richtige Reihenfolge.
b) ▌▌▌ Erstelle ein Flussdiagramm. Beschreibe darin jedes Entwicklungsstadium mit einem Satz.

② ▌▌▌ Erkläre die Funktion der Bienen bei den Blütenbesuchen.

③ ▌▌▌ Erkläre, welche Vorteile die Bienen von den Blütenbesuchen haben.

④ ▌▌▌ Stelle Vermutungen auf, warum eine Kirschfrucht Fruchtfleisch bildet und der Kirschkern eine dicke Wand hat.

❸ **a)** Beschreibe die Entwicklung einer Kirsche.
b) Nenne die Teile, die du als Kirschkern kennst.

Digital+

Die Entwicklung einer Pflanze

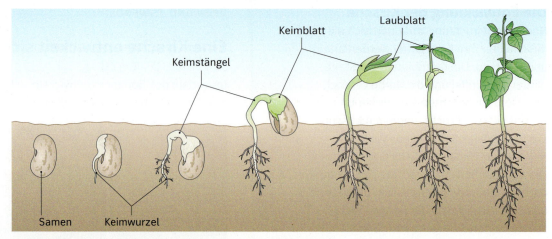

1 Die Entwicklung einer Bohnenpflanze im Verlauf einiger Tage

Der Bau eines Samens

Die Samen von Pflanzen sind trocken und hart. Sie können lange Zeit ohne Wasser überleben. Damit du den Bau eines Bohnensamens untersuchen kannst, legst du ihn einen Tag lang in Wasser. Dann kannst du ihn schälen und in zwei Hälften auseinanderklappen (→ Bild 2).

Im Inneren siehst du den **Keimling**. Der Keimling besteht aus zwei winzigen Laubblättern, der Keimwurzel, dem Keimstängel und den beiden Keimblättern. In den Keimblättern sind Nährstoffe für die Keimung gespeichert.

Der Samen keimt

Im Boden nimmt ein Samen Wasser auf. Er wird größer und schwerer. Dieser Vorgang heißt **Quellung**.

Nach einigen Tagen platzt die Samenschale auf. Die Keimwurzel zeigt sich und wächst. Bald bilden sich kleine Seitenwurzeln. Danach wächst der Keimstängel. Er zieht die Keimblätter aus der Samenschale der Bohne mit heraus. Dieser Vorgang heißt **Keimung**.

Damit ein Samen keimen kann, benötigt er zum Quellen neben Wasser auch Luft und Wärme.

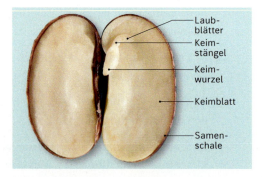

2 Aufgeklappter Samen einer Gartenbohne

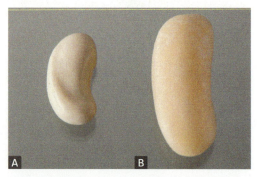

3 Bohnensamen: **A** trocken, **B** nach einem Tag im Wasser

1 a) Beschreibe das Innere eines Bohnensamens.
b) Beschreibe die Funktion der Keimblätter.

2 a) Betrachte Bild 3. Vergleiche und beschreibe die beiden Bohnensamen.
b) Erkläre, durch welchen Vorgang es zu der Veränderung gekommen ist.

Die Pflanze wächst

Nach wenigen Tagen durchbricht der Keimstängel die Oberfläche des Bodens (→ Bild 1). Die Keimung ist jetzt abgeschlossen. Die Keimblätter sterben ab.

Sobald die Pflanze grüne Laubblätter gebildet hat, kann sie Fotosynthese betreiben. Sie bildet dann die Nährstoffe für ihr weiteres Wachstum mithilfe von Sonnenlicht. Dazu benötigt sie Kohlenstoffdioxid aus der Luft und Wasser und Mineralsalze aus dem Boden. Das Wasser und die Mineralsalze gelangen aus der Erde über die Wurzel zu den Blättern.

Wenn es warm genug ist, wächst die Bohnenpflanze schnell und wird immer größer. Nach einigen Wochen blüht sie und bildet Früchte mit Samen (→ Bild 4).

Zum Wachsen benötigt eine Pflanze also Licht, Luft, Wasser, Erde und Wärme.

4 Eine Bohnenpflanze mit Blüten und Früchten

ÜBEN UND ANWENDEN

Die Entwicklung einer Bohnenpflanze

Das Wachstum einer Bohnenpflanze lässt sich in einem Diagramm darstellen.

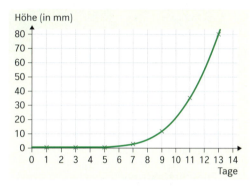

5 Wachstum einer Bohnenpflanze

① **a)** ▮▮ Beschreibe, was das Verlaufsdiagramm in Bild 5 zeigt.
b) ▮▮ Beschreibe, wie sich die Bohnenpflanze entwickelt.

② ▮▮ Ordne die Bilder 6 A und 6 B dem ungefähren Tag der Entwicklung der Pflanze zu. Begründe die Zuordnung.

③ ▮▮▮ Stelle eine begründete Vermutung darüber auf, wie sich die Pflanze ohne Luft entwickeln würde.

6 Bohnenpflanze: **A** Zeitpunkt A, **B** Zeitpunkt B

③ Begründe jeweils, warum die Pflanze Licht, Luft, Wasser, Erde, und Wärme zum Wachsen braucht. Erstelle dazu eine Tabelle.

Digital+

WES-184000-061

Versuche planen, durchführen und auswerten

1 Schülerinnen beim Experimentieren

Protokoll

Datum: 13.05.2024

Forschungsfrage: Brauchen Bohnensamen Wasser zur Keimung?

Vermutung (Hypothese): Samen brauchen Wasser zur Keimung.

Material: Bohnensamen, 2 Gläser, Blumenerde, Wasser

Durchführung: Die Gläser werden zur Hälfte mit trockener Blumenerde gefüllt. In die Erde werden jeweils drei Bohnensamen gedrückt. Glas 1 wird regelmäßig gegossen. Glas 2 wird zur Kontrolle nicht gegossen. Jeden Tag wird in einer Tabelle festgehalten, welche Samen keimen und welche nicht keimen.

Beobachtung: Die Samen in Glas 1 keimen nach sieben Tagen. Die Samen in Glas 2 keimen nicht.

Auswertung: Samen brauchen zur Keimung Wasser. Die Vermutung war richtig.

2 Versuchsprotokoll

Wissenschaftliche Versuche

Wissenschaftliche Versuche werden durchgeführt, um etwas über die Natur zu erfahren. Diese Versuche laufen immer nach einem bestimmten Schema ab.

Schritt 1:
Forschungsfrage
Formuliere die Frage, die mithilfe des Versuchs beantwortet werden soll.

Schritt 2:
Vermutung
Beschreibe kurz das Ergebnis, das du erwartest.

Schritt 3:
Planung und Durchführung
Überlege, welche Materialien du zur Durchführung des Versuchs brauchst und was du mit ihnen machen möchtest.
Führe den Versuch dann genau nach den Angaben durch.

Schritt 4:
Beobachtung und Protokoll
Der Ablauf des Versuchs wird in einem Protokoll beschrieben. Auch deine Beobachtungen hältst du darin fest. Du kannst sie beschreiben, zeichnen, fotografieren oder eine Tabelle anfertigen.
Mithilfe des Protokolls kannst du den Versuch jederzeit wiederholen und das Ergebnis nachprüfen.

Schritt 5:
Auswertung
Werte deine Beobachtungen aus und formuliere ein Ergebnis. Dazu beantwortest du deine Forschungsfrage. Du musst auch überprüfen, ob deine Vermutung richtig war.

1 Erkläre, warum Wissenschaftlerinnen und Wissenschaftler Versuche durchführen.

2 Überlege dir einen Versuch, mit dem du herausfinden kannst, ob Bohnensamen Erde zur Keimung benötigen. Beschreibe die einzelnen Schritte.

Ⓐ Welche Bedingungen brauchen Kressesamen zur Keimung?

Vermutung: Kressesamen brauchen Erde, Wasser, Luft, Licht und Wärme zur Keimung.

Material: Kressesamen, 6 Petrischalen, Blumenerde, Watte, Gefrierbeutel mit Verschlussgummi, Schuhkarton, Wasser, Stift zur Beschriftung

Durchführung: Plane mithilfe der Hinweise unten den Versuch und führe ihn durch.

Hinweise für die Planung des Versuchs:

- **Schale 1** ist mit feuchter Erde gefüllt. Darauf sind die Kressesamen ausgesät. Die Schale steht an einem warmen und hellen Ort und wird regelmäßig gegossen.
  In Schale 1 sind damit alle fünf Bedingungen erfüllt. Die Schale dient als Kontrollversuch. In allen weiteren Schalen wird jeweils eine Bedingung verändert.
- In **Schale 2** fehlt die Erde. Sie ist durch Watte ersetzt worden.
- In **Schale 3** fehlt das Wasser. Die Kresse ist auf trockener Erde ausgesät. Es wird nicht gegossen.
- In **Schale 4** fehlt die Luft. Die Schale steht in einem Gefrierbeutel, bei dem die Luft abgesaugt wurde und der fest verschlossen ist. Gießen ist nicht notwendig, da das Wasser in der Erde nicht verdunsten kann.
- In **Schale 5** fehlt das Licht. Die Schale steht unter einem Schuhkarton und wird nur kurz zum Gießen herausgenommen.
- In **Schale 6** fehlt die Wärme. Die Schale steht im Kühlschrank. Dort ist es kalt und dunkel. Deshalb muss diese Schale einmal am Tag mit Schale 5 verglichen werden. Nach einigen Tagen wird ein Unterschied deutlich. Dann lässt sich beantworten, ob Wärme zur Keimung notwendig ist.

3 Keimung von Kressesamen

Experiment	1. Tag	2. Tag	3. Tag	...	7. Tag
Schale 1					
Schale 2					
Schale 3					
Schale 4					
Schale 5					
Schale 6					
+ bedeutet „keimt" – bedeutet „keimt nicht"					

4 Vorschlag für eine Beobachtungstabelle

① ▌▌▌ Erstelle zu deinem Versuch ein Versuchsprotokoll. Nimm die Methode „Versuche planen, durchführen und auswerten" auf der linken Seite zu Hilfe.

② ▌▌▌ Erkläre, welche Funktion Schale 1 in diesem Versuch hat.

③ ▌▌ Plane mit einer Mitschülerin oder einem Mitschüler einen weiteren Versuch. Mit diesem solltet ihr überprüfen können, welche Bedingungen die Pflanzen der Kresse zum weiteren Wachstum benötigen. Formuliert dazu auch die Forschungsfrage.

Digital+

WES-184000-063

Fortpflanzung bei Pflanzen

1 Fortpflanzung bei der Erdbeere: **A** geschlechtlich, **B** ungeschlechtlich

Geschlechtliche Fortpflanzung

Pflanzen wie Kirschbäume, Bohnenpflanzen oder Erdbeerpflanzen können sich über die Bildung von **Samen** fortpflanzen. Die Erdbeerpflanze bildet Sammelfrüchte mit außen sitzenden Samen (→ Bild 1 A).
Bei Blütenpflanzen entstehen die Samen nach der Bestäubung der Blüten durch Pollen.
Durch die Befruchtung von weiblichen Eizellen durch männliche Spermienzellen können sich die Samen entwickeln.Diese Art der Fortpflanzung wird **geschlechtliche Fortpflanzung** genannt.
Oft stammen die Eizelle und die Spermienzelle von unterschiedlichen Pflanzen. Deshalb hat die aus dem Samen heranwachsende Pflanze dann Eigenschaften von zwei Elternpflanzen.

Ungeschlechtliche Fortpflanzung

Manche Pflanzen können sich zusätzlich zur Fortpflanzung über Samen auch ohne Samen vermehren. Erdbeerpflanzen bilden zum Beispiel Ausläufer. Diese **Ausläufer** sind Seitentriebe, die von der Mutterpflanze weg wachsen (→ Bild 1 B).
Auf geeignetem Untergrund können die Ausläufer Wurzeln bilden. Sie können dann Wasser und Mineralstoffe aus dem Boden aufnehmen. So können sie sich zu eigenständigen Tochterpflanzen entwickeln.
Diese Form der Vermehrung heißt **ungeschlechtliche Fortpflanzung**. Sie wird auch **vegetative Vermehrung** genannt.
Es findet keine Bestäubung und Befruchtung statt. Deshalb erhalten die Tochterpflanzen ihre Eigenschaften immer nur von ihrer Mutterpflanze.

1 Beschreibe die geschlechtliche Fortpflanzung am Beispiel der Erdbeere.

2 Erkläre, wie sich die ungeschlechtliche von der geschlechtlichen Fortpflanzung bei Pflanzen unterscheidet.

Formen der Bestäubung bei geschlechtlicher Fortpflanzung

Viele Blüten werden von **Insekten** bestäubt. Dazu gehören die Kirsche oder auch die Kratzdistel (→ Bild 2 A). Ihre Blüten sind meist auffällig gefärbt und duftend.

Es gibt aber auch Pflanzen, die durch den **Wind** bestäubt werden. Zu diesen Pflanzen gehören Nadelbäume, viele Laubbäume und die Gräser (→ Bild 2 B). Die Blüten dieser Pflanzen sind unauffällig, nicht duftend und bilden sehr viele Pollenkörner.

Sogar das **Wasser** kann Pollenkörner verbreiten. Wasserpflanzen wie das Seegras bilden Blüten mit fadenförmigen Pollenkörnern. Sie treiben im Wasser (→ Bild 2 C).

2 Formen der Bestäubung: **A** durch Insekten, **B** durch Wind, **C** durch Wasser

ÜBEN UND ANWENDEN

Wie sich Pflanzen vermehren

Bei Pflanzen gibt es verschiedene Arten der Fortpflanzung.

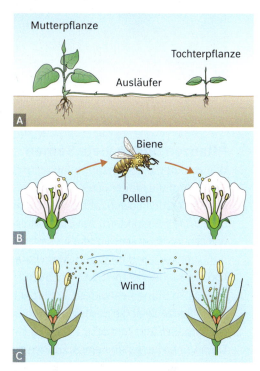

3 Fortpflanzung bei Pflanzen

① **a)** ▮▮▮ Ordne den Bildern 3 A - C die Begriffe „geschlechtliche Fortpflanzung" oder „ungeschlechtliche Fortpflanzung" zu.
b) ▮▮▮ Ordne den Bildern, die eine geschlechtliche Fortpflanzung zeigen, die Form der Bestäubung zu.

② ▮▮▮ Erstelle eine Tabelle, in der du die drei Arten der Fortpflanzung aus Bild 3 unter folgenden Aspekten vergleichst: Fortpflanzung durch – Menge Pollen – Anzahl Elternpflanzen – Vorteile für die Pflanze – Nachteile für die Pflanze

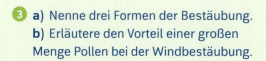

③ **a)** Nenne drei Formen der Bestäubung.
b) Erläutere den Vorteil einer großen Menge Pollen bei der Windbestäubung.

Die Verbreitung von Samen durch Früchte

1 Löwenzahn: **A** reifer Fruchtstand mit Flugfrüchten, **B** neue Pflanze

Pflanzen bilden viele Samen

Wie kommt die Löwenzahnpflanze in
Bild 1 B auf die Mauer einer Ruine?
Die Samen des Löwenzahns werden mit
dem Wind transportiert. Auf diese Weise
werden sie verbreitet und fallen schließlich
auf einen neuen Untergrund. Manchmal
können sie dort keimen und wachsen.
Aus vielen Samen entwickelt sich aber nie
eine Pflanze, weil die Samen nicht an einer
geeigneten Stelle landen.
Damit sich wenigstens einige Samen zu
Pflanzen entwickeln können, bilden die
meisten Pflanzen sehr viele Samen.
Samen sind immer Teile von Früchten. Die
Früchte helfen dabei, dass die Samen
verbreitet werden. Sie können ganz unterschiedlich aussehen.

Verbreitung durch den Wind

Der Wind verbreitet die Samen vieler
Pflanzen. Leichte **Flugfrüchte** mit Flugeinrichtungen tragen die Samen weiter. Die
Frucht des Löwenzahns hat einen Schirm.
Die Ahornfrucht hat Flügel (→ Bild 2). Solche
Flugeinrichtungen bewirken, dass die Frucht
nicht so schnell auf den Boden fällt. Dadurch haben sie bessere Chancen, von
einem Windstoß davongetragen zu werden.

Verbreitung durch das Wasser

Wasserpflanzen wie die Teichrosen haben
Samen mit Hohlräumen. In den Hohlräumen
befindet sich Luft. So können die Samen auf
dem Wasser schwimmen (→ Bild 3). Sie
werden mit der Strömung transportiert. Auch
Kokosnüsse sind solche **Schwimmfrüchte**.

2 Ahornfrüchte mit Flügeln

3 Schwimmfrucht der Teichrose

1 Erkläre, warum Pflanzen meistens
sehr viele Samen bilden.

2 **a)** Beschreibe, wie sich Flugfrüchte
und Schwimmfrüchte verbreiten.
b) Nenne jeweils ein Beispiel.

4 Springkraut mit Schleuderfrüchten

Selbstverbreitung

Pflanzen wie das Springkraut verbreiten sich von selbst. Wenn dessen **Schleuderfrüchte** reif sind, brechen die Hüllen auf und verdrehen sich (→ Bild 4). Die Samen werden dabei herausgeschleudert und landen in einiger Entfernung auf dem Boden. Dort können sie keimen und wachsen.

Verbreitung durch Tiere

Viele Pflanzen locken mit auffällig gefärbten **Lockfrüchten** und ihrem Fruchtfleisch unterschiedliche Tiere an. Amseln fressen zum Beispiel die Früchte der Vogelbeere (→ Bild 5). Sie scheiden die Samen mit dem Kot an anderen Orten wieder aus. Die Samen können dort keimen. Dann entstehen neue Pflanzen.

5 Amsel mit Vogelbeere

Tiere verbreiten Samen

Neben der Verbreitung von Pflanzensamen durch den Wind und das Wasser, spielen Tiere ebenfalls eine große Rolle.

① Die Frucht der **Himbeere** ist leuchtend rot und hat süßes Fruchtfleisch.

② Die kugelige Frucht der **Klette** hat Fortsätze mit starken Widerhaken an den Enden.

③ Die ovale Frucht der Eiche heißt **Eichel**. Die Nussfrucht hat eine harte, schützende Fruchtschale.

A

B

C

6 Beschreibungen und Bilder von Früchten

I. Sie verhaken sich im Fell von Tieren. Die Tiere verlieren sie an anderen Stellen wieder.

II. Tiere vergraben sie im Herbst als Wintervorrat. Einige werden nicht wiedergefunden.

III. ...

7 Beschreibungen von Verbreitungsarten

① Betrachte Bild 6.
   a) ▌▌ Ordne den Beschreibungen ① bis ③ die Bilder A bis C zu.
   b) ▌▌ Ordne ihnen dann die beiden Verbreitungsarten aus Bild 7 zu.
   c) ▌▌ Erstelle für die dritte Frucht eine eigene Beschreibung der Verbreitungsart.

③ Vergleiche den Aufbau und die Funktion von Schleuderfrüchten und Lockfrüchten.

Eine Sachzeichnung anfertigen

1 Die Zeichnung vorbereiten

2 Sachzeichnung eines Klatschmohns

Genaues Betrachten üben

Gegenstände oder Lebewesen kannst du mit Worten beschreiben oder davon eine Zeichnung anfertigen.

Wenn du etwas zeichnen möchtest, musst du den Gegenstand sehr gut anschauen. Zeichne dann möglichst genau, was du siehst.

Schritt 1:
Material bereitstellen

Du benötigst einen spitzen Bleistift, Buntstifte, ein Lineal, einen Radiergummi und unliniertes weißes Papier (DIN A4).

Schritt 2:
Grobe Vorplanung

Plane für deine Zeichnung mindestens eine halbe DIN-A4-Seite ein. Lege fest, wo und wie groß auf dem Blatt du deine Zeichnung platzieren möchtest.

Überlege dir eine Überschrift und schreibe sie oben auf das Blatt. Notiere auch das Datum und deinen Namen.

Schritt 3:
Die Zeichnung erstellen

Zeichne mit dem Bleistift erst die Umrisse und dann die Feinheiten deines Zeichenobjektes. Achte auf die Form und die Lage der Teile sowie die Größenverhältnisse. Male farbige Elemente deines Zeichenobjektes mit Buntstiften aus.

Schritt 4:
Die Zeichnung beschriften

Beschrifte deine Zeichnung. Verbinde die Begriffe und die Einzelheiten in der Zeichnung mit geraden Linien. Nutze dazu ein Lineal.

1 Erstelle eine Sachzeichnung einer Blütenpflanze deiner Wahl.
Gehe dabei schrittweise, wie oben gezeigt, vor.

2 **a)** Erstellt Kriterien zur Bewertung einer Sachzeichnung.
b) Bewertet mithilfe der Kriterien eure Zeichnungen.

Ⓐ Einen Längsschnitt durch eine Blüte zeichnen

Die Blüten aller Blütenpflanzen haben den gleichen Grundbauplan. Die einzelnen Strukturen kannst du in einer Zeichnung darstellen und anschließend beschriften.

① ▮▮ Erstelle eine Sachzeichnung von einer längs durchgeschnittenen Blüte. Orientiere dich bei der Beschriftung an Bild 3.

Tipp: Wenn du Schwierigkeiten bei der Beschriftung deiner Blüte hast, kannst du dazu auch im Internet recherchieren. Ein geeigneter Suchbegriff ist zum Beispiel: „Beschriftung Blüte xxx".

② ▮▮ Bewertet eure Sachzeichnungen nach euren zuvor aufgestellten Kriterien.

Ben Fischer   22.04.2025

Längsschnitt durch eine Kirschblüte

Stempel — Staubblatt — Kronblatt — Kelchblatt — Samenanlage — Fruchtknoten

3 Sachzeichnung einer Kirschblüte

Ⓑ Die Flugfrucht eines Löwenzahns zeichnen

Den Bau einer Flugfrucht eines Löwenzahns kannst du gut mit einer Lupe betrachten. Alternativ kannst du auch Bild 4 nutzen, um die folgenden Aufgaben zu bearbeiten.

① a) ▮ Zeichne und beschrifte die Flugfrucht eines Löwenzahns.
b) ▮▮ Tausche deine Zeichnung mit deiner Sitznachbarin oder deinem Sitznachbarn. Bewertet eure Zeichnungen gegenseitig.

② ▮▮ Beschreibe die jeweilige Funktion der einzelnen Teile. Lege dazu eine Tabelle an.

③ a) ▮▮ Beschreibe das Aussehen der Oberfläche des unteren Teils der Flugfrucht.
b) ▮▮ Stelle eine begründete Vermutung darüber auf, welche Funktion die Struktur dieser Oberfläche hat.

4 Flugfrucht vom Löwenzahn

Digital+

WES-184000-069

Die Fotosynthese ermöglicht Leben

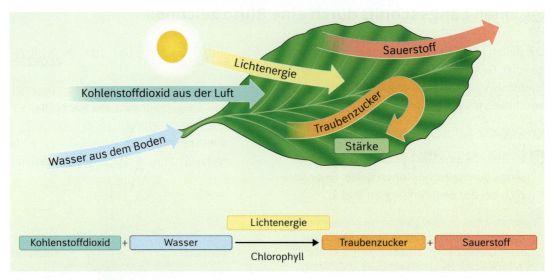

1 Der Vorgang der Fotosynthese

Was ist Fotosynthese?

Die **Fotosynthese** ist ein Vorgang, durch den Pflanzen Nährstoffe und Sauerstoff bilden. Ohne die Fotosynthese könnten Pflanzen, Tiere und Menschen nicht leben. Bei der Fotosynthese nutzen die Pflanzen die Energie des Sonnenlichts zum Aufbau von energiereichen Nährstoffen. Außerdem entsteht Sauerstoff.

2 Fotosynthese findet in grünen Blättern statt.

Was zur Fotosynthese nötig ist

Die Pflanze benötigt für die Fotosynthese die **Energie des Sonnenlichts**. Zusätzlich sind als Ausgangstoffe Wasser und Kohlenstoffdioxid nötig.
Kohlenstoffdioxid ist ein Gas in der Luft. Die Pflanze nimmt es über die Spaltöffnungen an der Blattunterseite auf.
Das **Wasser** gelangt über die Wurzel in die Pflanze. Es wird durch die Leitungsbahnen bis in die Blätter transportiert. Die Leitungsbahnen sind als Blattadern in den Blättern deutlich zu sehen (→ Bild 2).

Der Ort der Fotosynthese

Die Fotosynthese findet in den grünen Blättern der Pflanzen statt. Die Blätter enthalten den grünen Farbstoff **Chlorophyll**. Mithilfe des Chlorophylls kann die Pflanze die Energie des Sonnenlichts aufnehmen. Diese Energie wird durch die Fotosynthese für die Pflanzen nutzbar gemacht.

1 Nenne eine Gruppe von Lebewesen, die Fotosynthese betreiben kann.

2 **a)** Nenne die Ausgangsstoffe für die Fotosynthese.
b) Beschreibe, was außer den Ausgangsstoffen noch benötigt wird.
c) Beschreibe, wo der Vorgang abläuft.

3 Produkte der Fotosynthese: **A** Weintrauben mit Zucker, **B** Maiskolben mit Stärke

Nährstoffe entstehen

Die Pflanze baut bei der Fotosynthese **Traubenzucker** auf. Aus dem Traubenzucker gewinnt sie Energie für ihr Wachstum. Außerdem kann die Pflanze mithilfe der Energie weitere Stoffe wie Fruchtzucker herstellen. Weintrauben sind zum Beispiel solche Früchte mit Fruchtzucker (→ Bild 3 A). Viele Pflanzen bauen aus Traubenzucker auch **Stärke** auf. Stärke ist ein Reservestoff. Er wird in Wurzeln, Knollen oder Samen gespeichert. Ein Beispiel sind Maiskörner (→ Bild 3 B). Tiere und Menschen ernähren sich von den Nährstoffen in den Pflanzen.

Sauerstoff entsteht

Als weiteres Produkt der Fotosynthese entsteht das Gas **Sauerstoff**. Einen kleinen Teil des Sauerstoffs benötigt die Pflanze für sich selbst. Den größten Teil gibt die Pflanze an die Luft ab. Den Sauerstoff benötigen Tiere und Menschen zum Atmen.

3 **a)** Nenne die Produkte der Fotosynthese.
b) Nenne den Reservestoff, den einige Pflanzen aus dem Nährstoff bilden.

ÜBEN UND ANWENDEN

Wie sich Pflanzen ernähren

Tiere nehmen ihre Nährstoffe, die sie zum Wachsen brauchen, über die Nahrung auf. Zur Beantwortung der Frage, wie sich Pflanzen ernähren, ist in Bild 4 ein einfacher Versuch dargestellt.

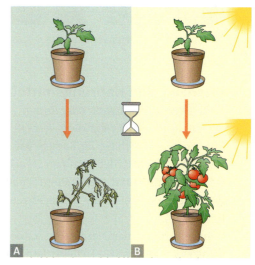

4 Versuch zum Wachstum von Pflanzen

① **a)** ▌▐▌ Beschreibe die Durchführung des Versuchs aus Bild 4. Nenne dabei den Unterschied der beiden Teilversuche.
b) ▌▐▌ Formuliere die Forschungsfrage zu diesem Versuch.
c) ▌▐ Beschreibe das Versuchsergebnis.

② ▌▐▌ Erläutere, warum die Pflanzen während des Versuchs genügend Wasser zur Verfügung haben müssen.

③ ▌▐ Entwickle einen Versuch, mit dem du nachweisen könntest, dass Pflanzen Kohlenstoffdioxid zum Wachsen benötigen.

Digital+

Was Pflanzen für uns bedeuten

1 Pflanzliche Nahrungsmittel

Pflanzen sind Nahrungsmittel

Obst, Gemüse, Kartoffeln oder Rüben dienen uns direkt als **Nahrung**. Andere Pflanzenteile, Früchte oder Samen, wie zum Beispiel Getreidekörner, kommen verarbeitet auf unsere Tische. Viele unserer Lebensmittel bestehen ganz oder teilweise aus Pflanzen.

Pflanzen können die Energie des Sonnenlichts einfangen und sie mithilfe der Fotosynthese in Form von chemischen Stoffen speichern. Wir können diese Stoffe dann als Nährstoffe nutzen.

Pflanzen sind mehr

Pflanzen oder Pflanzenteile werden von uns aber nicht nur als Nahrungsmittel genutzt. Pflanzen liefern auch Energie zum Heizen oder als Kraftstoffe zum Autofahren. Pflanzen sind auch Baustoffe. Überall begegnen uns zum Beispiel Gegenstände aus Holz, bis hin zu ganzen Gebäuden. Pflanzen werden zur Herstellung von Kosmetikprodukten, Kleidung, Papier oder auch für Arzneimittel verwendet. Außerdem freuen sich viele Menschen über schöne Pflanzen im Garten oder in der Wohnung.

2 Verschiedene Nutzungsmöglichkeiten von Pflanzen

1 Nenne Pflanzen und aus ihnen hergestellte Lebensmittel, die du häufig isst.

2 Erstelle eine Mindmap „Wie wir Pflanzen nutzen" mithilfe von Bild 2 und eigenen Ideen.

Ⓐ Pflanzen liefern Ideen

Manchmal schauen wir Menschen uns etwas aus der Natur ab und übertragen es auf technische Geräte, Gegenstände oder Bauwerke. Das nennt man **Bionik**.
Das Wort „Bionik" ist eine Kombination aus den Begriffen „Biologie" und „Technik".

3 Bionische Hallendachkonstruktion

Gebäude wie gewachsen

Äste sind unten dicker als oben. Pflanzen verstärken die Äste dort, wo sie stark belastet sind. Beim Bau von Gebäuden hilft diese Regel, stabile Gebäude mit weniger Bau-material zu bauen. Die Gebäude sehen dann ein wenig wie Pflanzen aus.

4 Klettverschluss: **A** im Fell, **B** an einer Zielscheibe

5 Lotuseffekt: **A** auf einem Blatt, **B** auf Kleidung

Der Lotuseffekt

Lotuspflanzen sind Wasserpflanzen. Wasser-tropfen perlen von ihren schwimmenden Blättern ab. So werden diese nicht zu schwer, bleiben sauber und die Fotosynthese kann gut funktionieren. Forscherinnen und Forscher fanden heraus, dass extrem kleine Hügelchen auf der Blattoberseite dafür sorgen, dass das Wasser abperlt. Ähnliche Strukturen werden heute künstlich hergestellt. So entstehen zum Beispiel spezielle Textilien, Autolacke oder Badezimmerfliesen, die besonders gut Wasser und Schmutz abweisen.

Der Klettverschluss

Kletten sind Pflanzen, deren Früchte im Fell von Tieren hängen bleiben. Die Tiere tragen die Früchte dann weg und verlieren sie später an anderen Stellen. So werden die Samen der Pflanze verbreitet.
Ein Ingenieur untersuchte die Früchte. Er ent-deckte winzige elastische Häkchen. Er bildete diese Häkchen und das Tierfell aus Kunststoff nach und erfand so den Klettverschluss.

① ▮▮▮ Beschreibe den Begriff „Bionik" anhand der Beispiele.

② ▮▮▮ Recherchiere weitere Beispiele und berichte in der Klasse darüber.

Digital+

WES-184000-073

Die Kartoffel ist eine Nutzpflanze

1 Kartoffelacker im Frühsommer

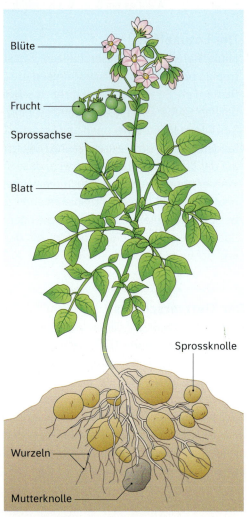

Blüte

Frucht

Sprossachse

Blatt

Sprossknolle

Wurzeln

Mutterknolle

2 Kartoffelpflanze (Schema)

Die Bedeutung der Kartoffel

Heute gehören Kartoffeln bei uns zu den am meisten gegessenen Nahrungsmitteln. Sie werden gekocht, frittiert, gebacken oder als Chips gegessen. Kartoffeln enthalten viel Stärke, die in Puddings oder Kuchen verwendet wird. Aus Kartoffelstärke lassen sich auch Papier oder Kunststoffe herstellen.

Die Kartoffelpflanze

Die Kartoffelpflanze hat weiße oder violette Blüten. Aus ihnen entwickeln sich kleine, giftige Früchte mit Samen. Im Boden bilden sich im Laufe des Sommers aus dem Spross mehrere Knollen. In diesen essbaren **Sprossknollen** speichert die Pflanze Stärke. Umgangssprachlich werden diese Sprossknollen „Kartoffeln" genannt.
Im Herbst sterben die oberirdischen Teile der Pflanze ab. Die Sprossknollen bleiben im Boden zurück. Im Frühjahr können aus den Sprossknollen neue Pflanzen wachsen. Die Sprossknollen werden dann zu **Mutterknollen**. Die Mutterknollen versorgen die neuen Pflanzen so lange mit Nährstoffen, bis die Pflanzen grüne Blätter gebildet haben. Dann stellen die Pflanzen mithilfe der Fotosynthese selbst Nährstoffe her.

1 **a)** Beschreibe den Aufbau einer Kartoffelpflanze.
b) Nenne mehrere essbare Produkte aus Kartoffeln.

2 Nenne die Funktionen der Blüte, der Mutterknolle und der Blätter einer Kartoffelpflanze.

3 Kartoffelacker im Herbst

Der Kartoffelanbau

Kartoffelknollen werden im Sommer und im Herbst geerntet. (→ Bild 3). Im Frühjahr werden sie als neue Mutterknollen in die Erde gelegt. Mithilfe der Stärke in den Knollen treiben Sprosse aus und wachsen zu neuen Pflanzen heran.

Bei dieser **ungeschlechtlichen Vermehrung** haben die neuen Kartoffelpflanzen die gleichen Eigenschaften wie die Mutterpflanze. Eine gleichbleibende Qualität der Kartoffeln ist dadurch recht wahrscheinlich.

Neue Kartoffelsorten

Wenn neue Kartoffelsorten gezüchtet werden sollen, werden die Samen aus den Früchten der Kartoffel ausgesät. Die Samen keimen und es wachsen daraus neue Pflanzen. Durch diese **geschlechtliche Vermehrung** haben die neuen Kartoffelpflanzen Eigenschaften von beiden Elternpflanzen. Aus der Kombination dieser Eigenschaften entstehen neue Eigenschaften bei den Tochterpflanzen.

Entstehen dabei geeignete neue Pflanzen, können ihre Knollen wieder als Mutterknollen eingesetzt werden. So kann eine neue Kartoffelsorte gezüchtet werden.

ÜBEN UND ANWENDEN

Wie sich Kartoffeln entwickeln

Kartoffeln sind einjährige Blütenpflanzen. Die oberirdischen Pflanzenteile sterben im Herbst ab. Im Frühjahr wachsen an den gleichen Stellen dennoch wieder neue Kartoffelpflanzen.

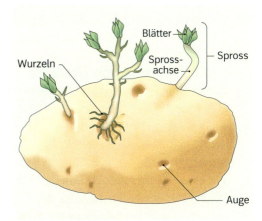

4 Austreibende Mutterknolle

① **a)** ▮▮▮ Beschreibe Bild 4.
b) ▮▮▮ Nenne die Vermehrungsform der Kartoffelpflanze, die in Bild 4 dargestellt ist. Begründe deine Zuordnung.

② ▮▮▮ Beschreibe, wie sich aus einer Kartoffelknolle im Laufe eines Sommers viele neue Kartoffeln entwickeln. Nutze dazu Bild 4 und Bild 2.

③ **a)** ▮▮ Erkläre, wie sich die Kartoffelpflanze beim ersten Austreiben aus der Mutterknolle ernährt.
b) ▮▮ Erkläre, wie sich die Kartoffelpflanze im Laufe des Sommers zur Bildung neuer Tochterknollen ernährt.

❸ **a)** Beschreibe die beiden Vermehrungsformen bei Kartoffeln.
b) Erkläre den Vorteil der jeweiligen Vermehrungsform.

 **Digital+**

Das Getreide

1 Getreidearten: Roggen, Weizen, Hafer, Gerste (von links nach rechts)

Die Bedeutung von Getreide

Auf unseren Feldern wird oft Getreide angebaut. Wichtige Getreidearten sind Hafer, Weizen, Roggen und Gerste.
Auch Mais, Reis und Hirse sind Getreidearten.
Wir essen häufig Produkte aus Getreide. Weizenkörner werden meist zu Mehl gemahlen. Aus dem Mehl werden zum Beispiel Brot, Nudeln oder Kuchen gemacht.

Getreidepflanzen sind Blütenpflanzen

Alle Getreidearten sind **Gräser**. Diese gehören zu den Blütenpflanzen. Die Blüten sind klein und unscheinbar. Beim Weizen stehen die Blüten in Blütenständen, den Ähren, zusammen. Die Blüten werden durch den Wind bestäubt.

Entwicklung der Getreidepflanze

Das Korn ist der Samen der Getreidepflanze. Wird ein Getreidekorn in den feuchten Boden gelegt, nimmt es Wasser auf und quillt. Nach ein paar Tagen wächst die Wurzel. Danach werden der Spross und die Blätter sichtbar. Der Samen ist gekeimt. Der Keimling wächst mithilfe der im Korn gespeicherten Stärke. Später bildet die Pflanze grüne Blätter und stellt dann selbst Nährstoffe her (→ Bild 2).

ausgesätes Korn

Wurzeln

2 Die Entwicklung einer Weizenpflanze

1 Nenne Nahrungsmittel aus Getreide.

2 Beschreibe, wie die Blüten von Getreide bestäubt werden.

3 Beschreibe die Entwicklung einer Getreidepflanze aus einem Getreidekorn.

Bau der Getreidepflanze

Die Wurzeln der Getreidepflanze wachsen oft über einen Meter tief in den Boden. Die Sprossachse der Getreidepflanze ist rund und hohl. Sie wird auch **Halm** genannt. Verdickte Knoten unterteilen den Halm in kleinere Abschnitte (→ Bild 3). So ist er besonders stabil. Außerdem ist der Halm biegsam, sodass er nicht so schnell umknickt. So kann er die schwere Ähre mit den Körnern und den Grannen tragen.

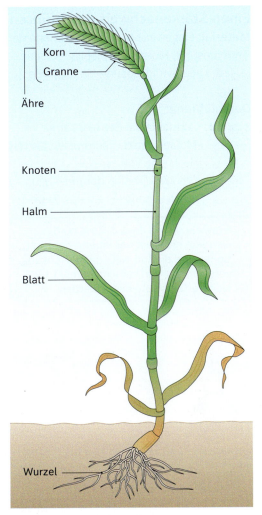

3 Der Bau einer Weizenpflanze

ÜBEN UND ANWENDEN

Getreide erkennen

Die unterschiedlichen Getreidearten lassen sich mithilfe der Ähren, der Körner und der Grannen auseinanderhalten.

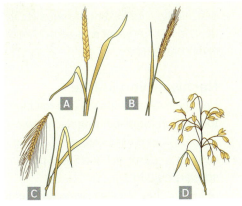

4 Verschiedene Getreidearten

Weizen: aufrechte Ähren mit dicken Körnern und wenigen, kurzen Grannen

Hafer: Körner hängen an stark verzweigten dünnen Stielen

Gerste: schlanke hängende Ähren mit langen Grannen

Roggen: schlanke, vierkantige Ähren mit mittellangen Grannen

4 Beschreibungen der Getreidearten

① ▮▮▮ Ordne die Beschreibungen aus Bild 5 den Getreidearten aus Bild 4 zu.

② ▮▮▮ Mais ist auch ein Getreide. Recherchiere und vergleiche, wie sich Mais von den Arten in Bild 4 unterscheidet.

④ Erkläre den Zusammenhang zwischen Aufbau und Funktion am Beispiel des Getreidehalmes.

Digital+

WES-184000-077

Stärke in Pflanzenteilen nachweisen

Die Nachweis-Reaktion

Pflanzenteile können bestimmte Stoffe enthalten. Um dies nachzuweisen, kann eine sogenannte **Nachweis-Reaktion** durchgeführt werden.

Dazu wird die zu untersuchende Probe mit einer bestimmten Chemikalie behandelt. Ist der gesuchte Stoff in der Probe vorhanden, erfolgt eine bestimmte chemische Reaktion. Diese weist den gesuchten Stoff in der Probe nach.

Nachweis von Stärke

Der Speicherstoff Stärke kann mit einer **Iod-Kaliumiodid-Lösung** nachgewiesen werden. Wird diese Lösung auf Stärke getropft, verfärbt sich die Stelle blau-schwarz (→ Bild 1).

Je mehr Stärke vorliegt, desto dunkler ist die Verfärbung bis hin zu schwarz. Die Lösung wird auch Lugolsche Lösung genannt.

Stärke in Getreidekörnern

Getreidepflanzen speichern Stärke in ihren Samen, den Getreidekörnern. Die Samen nutzen die Stärke zum Keimen.

Du kannst den Stärke-Nachweis mit Getreide selbst durchführen.

2 Weizenmehl und Weizenkörner

Einen Stärkenachweis durchführen

Material: eingeweichte Getreidekörner einer Getreidesorte, Mörser mit Pistill, Petrischale, Iod-Kaliumiodid-Lösung, Schutzbrille

Durchführung:

Schritt 1: Zermahle die Getreidekörner im Mörser. Gib das zerdrückte Getreide in eine Petrischale.

Schritt 2: Gib zwei Tropfen der Iod-Kaliumiodid-Lösung auf das Getreide.

> **Hinweis:** Achte darauf, dass du das Getreide nicht mit der Pipette berührst. Sonst wird die Iod-Kaliumiodid-Lösung verschmutzt und kann nicht mehr für weitere Tests verwendet werden.

1 Farbveränderung beim Stärkenachweis

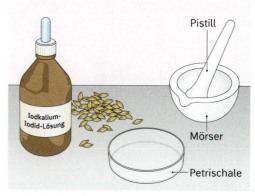

3 Versuchsmaterial

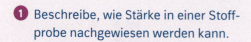

1 Beschreibe, wie Stärke in einer Stoffprobe nachgewiesen werden kann.

2 **a)** Führe den Versuch durch.
b) Schreibe ein Versuchsprotokoll mithilfe der Methode im Schulbuch.

Ⓐ Enthalten nur Kartoffeln Stärke?

Material: Kartoffeln, Gemüse (z. B. Möhre, Tomate, Gurke, Süßkartoffel), Obst (z. B. Banane, Apfel, Weintraube), Messer, Iod-Kaliumiodid-Lösung, Petrischale, Schutzbrille

4 Versuchsmaterial

Durchführung:

Schritt 1: Schneide eine Scheibe von einer Kartoffel ab. Lege sie in die Petrischale.

Schritt 2: Gib einen Tropfen Iod-Kaliumiodid-Lösung auf die Schnittfläche.

Schritt 3: Führe den Stärketest auch bei den anderen Gemüsesorten und den Obstsorten durch.

① a) ▐▐▐ Notiere deine Beobachtungen.
　 b) ▐▐▐ Formuliere ein Versuchsergebnis.

Ⓑ Stärke aus Kartoffeln gewinnen

5 Ablauf der Stärkegewinnung

Material: Kartoffeln, Sparschäler, Küchenreibe, Spatel, Trichter, Filterpapier, Petrischale, Wasser, 3 Bechergläser, Material für Stärketest, Schutzbrille

① ▐▐▐ Beschreibe die Eigenschaften des Rückstands.

② a) ▐▐▐ Erkläre, wie du überprüfen kannst, ob es sich bei dem Rückstand um Stärke handelt.
　 b) ▐▐▐ Führe den Test mit einer kleinen Menge des Rückstands durch.

Durchführung:

Schritt 1: Wasche und schäle eine große Kartoffel.

Schritt 2: Reibe die Kartoffel mit der Küchenreibe.

Schritt 3: Gib zu der geriebenen Kartoffel etwa 150 ml Wasser und rühre gut um.

Schritt 4: Gieße das Gemisch durch einen Filter. Fange das Kartoffelwasser in einem Becherglas auf.

Schritt 5: Lass das Kartoffelwasser einige Zeit stehen.

Schritt 6: Gieße das Wasser ab und trockne den Rückstand in der Petrischale.

  Digital+

WES-184000-079

Vom Acker auf den Tisch

1 Die Energie für das Getreide kommt von der Sonne.

Kein Leben ohne die Sonne

Ohne das Licht der Sonne wäre kein Leben auf der Erde möglich. Die Sonne ist die größte Energiequelle für die Erde. Sie liefert allen Pflanzen Energie in Form von Licht und Wärme.

Die Pflanzen nutzen die Lichtenergie für die Fotosynthese. Bei der Fotosynthese bauen die Pflanzen energiereiche Nährstoffe auf. Mit diesen Nährstoffen können sie wachsen und sich entwickeln. Auch die Pflanzen auf den Feldern und Wiesen wachsen und entwickeln sich so.

Pflanzen speichern Energie

Die Pflanzen nutzen die Energie der Sonne nicht nur zum Wachsen. Sie speichern sie zum Beispiel auch in den Samen und Früchten. Mit der Nahrung nehmen Menschen und Tiere die in den Pflanzen gespeicherte Energie auf und verwerten sie für sich weiter.

Die Sonne liefert Energie in Form von Licht. Pflanzen können die Lichtenergie umwandeln und speichern. Diese gespeicherte Energie kann von Tieren und Menschen genutzt werden.

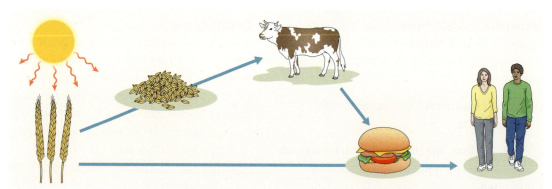

2 Die Energie der Sonne wird weitergegeben.

1 Beschreibe, woher Pflanzen ihre Nährstoffe und die darin enthaltene Energie bekommen.

2 Nutze Bild 2 und beschreibe den Weg der Energie von der Sonne bis zum Menschen.

Ⓐ Vom Korn zum Mehl

Viele Menschen essen häufig Brot. Brot wird aus Mehl gemacht, für das Getreidekörner gemahlen werden. Je nachdem, welche Teile der Körner mitgemahlen werden, entstehen unterschiedliche Mehlsorten.

① ⦀ Beschreibe die Lage der Bestandteile eines Weizenkorns mithilfe von Bild 3.

② **a)** ⦀ Bei Vollkornmehl wird das ganze Korn gemahlen. Nenne die Inhaltsstoffe eines Vollkornmehls mithilfe von Bild 3.
b) ⦀ Für weißes Auszugsmehl wird nur der Mehlkörper gemahlen. Vergleiche die Inhaltsstoffe dieses Mehls mit denen von Vollkornmehl.

③ ⦀ Eine hohe Type-Bezeichnung eines Mehls gibt an, dass es viele Mineralstoffe enthält. Ordne Bild 4 A und 4 B die Begriffe „Auszugsmehl" und „Vollkornmehl" zu.

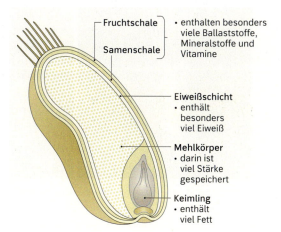

3 Bestandteile eines Weizenkorns

4 Mehlsorten

Ⓑ Wozu wir Getreide nutzen

Auf unseren Feldern wird häufig Getreide angebaut. Wir nutzen die unterschiedlichen Getreidearten nicht nur als Nahrungsmittel.

① ⦀ Erläutere, was die Grafik in Bild 5 zeigt.

② ⦀ Formuliere eine begründete Vermutung, warum das meiste Getreide als Tierfutter genutzt wird.

③ ⦀ Begründe, warum nicht ausschließlich Heu und Gras als Tierfutter genutzt werden.

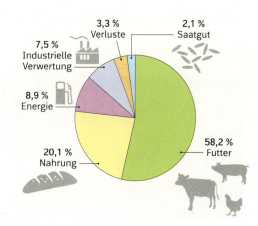

5 Getreidenutzung in Deutschland 2021/2022

Menschen züchten Nutzpflanzen

1 Getreide: **A** wilder Emmer, **B** wildes Einkorn, **C** heutiger Zucht-Weizen

Getreide wird genutzt

Viele unserer Nahrungsmittel wie Nudeln und Brot enthalten Weizen. Dieser hat eine lange Geschichte. In der Steinzeit waren die Vorfahren des heutigen Weizens wilde Pflanzen wie Wild-Emmer und Einkorn (→ Bild 1). Ihre Samenkörner wurden mühsam von den Menschen gesammelt, gelagert und zubereitet. Auch in der Steinzeit wurde schon Brot gebacken oder Körnerbrei gegessen.

Irgendwann fingen die Steinzeitmenschen dann an, einige Samenkörner zurückzubehalten. Sie säten sie wieder aus und konnten dann im nächsten Sommer eine viel größere Menge Samen ernten und verwenden.

2 Mühsame Ernte in der Steinzeit

Der Weizen wird gezüchtet

Die Samenkörner von Emmer und Einkorn waren schwer zu ernten (→ Bild 2). Viele Körner fielen auf den Boden, bevor sie reif waren. Außerdem hatten die Pflanzen nur wenige und kleine Körner.

Die Menschen der Steinzeit entdeckten, dass aus größeren Samenkörnern auch wieder Pflanzen mit großen Samenkörnern wuchsen. Daher aßen sie die kleineren Körner und säten die größten Samenkörner wieder aus. Die neuen Pflanzen hatten dann meistens größere Samenkörner. So konnten die Menschen nach und nach immer größere Körner ernten.

Weitere Züchtung

In der weiteren Zucht des Weizens wurden sogar verschiedene Arten miteinander gekreuzt. Der heutige Weizen ist aus vielen Kreuzungen verschiedener Gräser wie Emmer und Einkorn entstanden. Noch heute wird durch **Züchtung** der Ertrag der Getreidepflanzen immer weiter gesteigert. Außerdem werden Pflanzen gezüchtet, die nicht mehr so stark von bestimmten Krankheiten und Schädlingen befallen werden.

1 Beschreibe am Beispiel des Getreides, wie die Steinzeitmenschen begannen, Getreide zu nutzen.

2 Erkläre, wie im Laufe der Zeit der Ertrag der Getreidepflanzen gesteigert wurde.

Ⓐ Züchtung verschiedener Kohlsorten

Wildkohl
(Brassica oleracea)

Kohlsorte	Kohlrabi	Grünkohl	Brokkoli	Rosenkohl	Weißkohl	Blumenkohl
Pflanzenorgan	Stängel	Blätter	Blüten und Stängel	Seitentriebe	Endknospe	Blüten

3 Unsere Kohlsorten sind das Ergebnis von gezielter Züchtung.

Heute gibt es viele verschiedene Kohlsorten wie Blumenkohl, Rosenkohl oder Weißkohl. Alle diese Kohlsorten stammen vom Wildkohl ab. Durch Züchtung wurden einzelne Pflanzenteile gezielt so verändert, dass die verschiedenen Kohlsorten daraus entstanden.

① ❙❙❙ Nenne für jede Kohlsorte in Bild 3 die jeweils weitergezüchteten Organe.

② ❙❙ Erkläre an einem Beispiel aus Bild 3, wie du bei der Züchtung einer Kohlsorte aus dem Wildkohl vorgehen würdest.

Ⓑ Hülsenfrüchte

Erbsen und Sojabohnen gehören zu den Hülsenfrüchten. Sie sind ein wertvoller Bestandteil unserer Ernährung.

① ❙❙❙ Sucht nach Rezepten mit Hülsenfrüchten. Erstellt in der Klasse eure „Hitliste".

② **a)** ❙❙❙ Beschreibe mithilfe von Bild 4 wie sich die Erntemengen von Erbsen und Sojabohnen in Deutschland verändert haben.
b) ❙❙❙ Stelle Vermutungen auf, warum sich die Erntemengen so verändert haben.

③ **a)** ❙❙ Es gibt Zuckererbsen und Markerbsen (→ Bild 5). Recherchiere und beschreibe, wofür sich die einzelnen Sorten eignen.
b) ❙❙❙ Beschreibe mindestens ein Merkmal der Zuckererbsen, das durch gezielte Züchtung verbessert werden konnte.

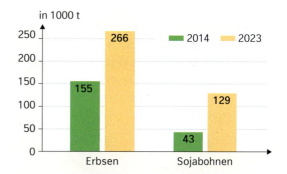

4 Erntemengen 2014 und 2023 im Vergleich

5 Erbsensorten: **A** Zuckererbsen, **B** Markerbsen

Pflanzen lassen sich ordnen

1 Raps

3 Erbse

Kreuzblütengewächse

Die Kelchblätter, die Kronblätter und die Staubblätter sind beim Raps wie ein Kreuz angeordnet (→ Bild 1 B). Deshalb gehört der Raps in die Pflanzenfamilie der **Kreuzblütengewächse**. Als Früchte bilden die Kreuzblütengewächse **Schoten** aus. Bei Schoten umschließen zwei Fruchtwände eine Mittelwand. An der Mittelwand sitzen die Samen (→ Bild 2).

Alle Pflanzen, die enger miteinander verwandt sind, gehören zu einer Pflanzenfamilie. Die Blüten und Früchte der Pflanzen einer **Pflanzenfamilie** haben immer den gleichen Grundbauplan.

Alle Kohlsorten wie Brokkoli oder Blumenkohl gehören zu den Kreuzblütengewächsen. Viele Arten dieser Pflanzenfamilie sind wichtige Nutzpflanzen.

Schmetterlingsblütengewächse

Die Blüten der Erbse bestehen aus fünf Kronblättern. Eines davon, die Fahne, ist nach oben gerichtet (→ Bild 3 B). Zwei weitere, die Flügel, stehen seitlich ab. Die beiden anderen Kronblätter bilden das Schiffchen. In ihm liegen zehn Staubblätter und der Stempel. Von vorne betrachtet sieht die Blüte wie ein sitzender Schmetterling aus. Deshalb gehört die Erbse zur Familie der **Schmetterlingsblütengewächse**.

Die Früchte der Schmetterlingsblütengewächse heißen **Hülsen**. Die Samen sind an den Fruchtwänden angewachsen (→ Bild 4). Zu den Schmetterlingsblütengewächsen gehören auch Bohnen, Linsen, Kichererbsen und Erdnüsse. Sie alle haben **Hülsenfrüchte**. Sie sind wichtige Eiweißlieferanten in der menschlichen Ernährung.

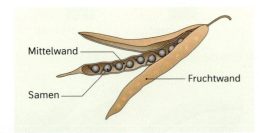

2 Frucht beim Raps: Schote

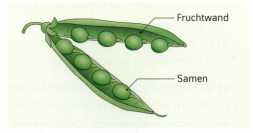

4 Frucht bei der Erbse: Hülse

1 Nenne zwei Kreuzblütengewächse.

2 Erkläre, wie es zu der Bezeichnung Kreuzblütengewächse gekommen ist.

3 Nenne zwei Schmetterlingsblütengewächse.

4 Erkläre den Unterschied zwischen Schoten und Hülsen.

5 Salbei

Lippenblütengewächse

Die Blüten vom Salbei bestehen aus fünf
Kronblättern. Zwei sind zur sogenannten
Oberlippe und drei zur sogenannten Unter-
lippe verwachsen (→ Bild 5 B). Von den vier
Staubblättern sind einige oft zurückgebildet.
Meistens bilden **Lippenblütengewächse**
wie der Salbei sogenannte **Spaltfrüchte**.
Sie zerfallen in reifem Zustand in vier Teile
(→ Bild 6). Die Samen des Mexikanischen
Salbei werden zum Beispiel als Chia-Sa-
men gegessen.
Die intensiv duftenden Blätter des Echten
Salbei werden als Tee und zum Würzen
unterschiedlicher Gerichte eingesetzt.
Außerdem hat Salbei auch eine Funktion als
Heilpflanze. Weitere Gewürzpflanzen aus
dieser Pflanzenfamilie sind Pfefferminze,
Thymian, Basilikum und Lavendel.

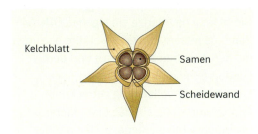

6 Frucht beim Salbei: Spaltfrucht

Pflanzen an ihren Blüten erkennen

Viele Pflanzen lassen sich anhand ihrer
Blüten einer bestimmten Pflanzenfamilie
zuordnen. Auch die Früchte und Samen
können Hinweise geben.

7 Blüten von Pflanzen aus unterschiedlichen
Pflanzenfamilien

① **a)** ❙❙❙ Ordne jede Pflanze in Bild 7 einer
Pflanzenfamilie zu.
b) ❙❙❙ Begründe deine Entscheidungen.

② **a)** ❙❙❙ Nenne zu jeder Pflanze die Art
ihrer Früchte.
b) ❙❙ Begründe, warum der Begriff
„Zuckerschoten" für Erbsen falsch
gewählt ist.

③ **a)** ❙❙ Recherchiere mindestens drei
Arten von Kreuzblütengewächsen, die
wichtige Nutzpflanzen sind.
b) ❙❙ Erstelle eine Tabelle zu den Arten
und der jeweiligen Nutzung.

5 Nenne zwei Lippenblütengewächse.

6 Beschreibe den Aufbau einer Blüte
eines Lippenblütengewächses.

Digital+

Ein Herbarium anlegen

1 Die Pflanzen bestimmen

2 Die Pflanzen zum Pressen vorbereiten

Pflanzenart: Gewöhnliches Hirtentäschel
Familie: Kreuzblütengewächse
Standort: Feldrand
Fundort: Bemerode
Datum: 30. 08. 2024
Name: Marit Meier

3 Eine gestaltete Seite in einem Herbarium

Die Pflanzensammlung

Ein **Herbarium** ist eine Sammlung von getrockneten Pflanzen oder Pflanzenteilen. Du kannst wie folgt vorgehen, wenn du ein Herbarium anlegen möchtest.

Schritt 1:
Bestimmen und sammeln

Bestimme die Pflanzen mithilfe eines Bestimmungsbuchs oder einer Handy-App, bevor du sie einsammelst. Schneide die Pflanzen dafür knapp über dem Boden ab. Notiere den Fundort und das Datum.

> Sammle nicht in Naturschutzgebieten. Nimm keine geschützten Pflanzen mit.

Schritt 2:
Pflanzen pressen

Presse die Pflanzen direkt nach dem Sammeln. Lege einzelne Pflanzen zwischen Zeitungspapier. Achte darauf, dass keine Pflanzenteile geknickt werden. Lege die Zeitungen mit den Pflanzen übereinander. Beschwere den Stapel mit Büchern oder anderen schweren Gegenständen. Tausche das Zeitungspapier immer wieder aus. Es dauert zwei bis vier Wochen, bis die Pflanzen ganz trocken sind.

Schritt 3:
Ein Pflanzenblatt anlegen

Nimm für jede Pflanze ein eigenes DIN-A4-Blatt aus festem Papier. Beschrifte es zuerst mit den Angaben zur Pflanze und dem Fundort (→ Bild 3).
Lege dann die vollständig getrocknete Pflanze vorsichtig auf das Blatt. Klebe sie mit durchsichtigen Klebestreifen auf das Blatt. Verwende keine Klarsichtfolien, da die Pflanzen darin leicht schimmeln. Ordne die einzelnen Blätter in einem Ordner.

❶ Stelle alle Angaben zusammen, die du für jede Pflanze machen möchtest.

❷ Lege ein Herbarium mit verschiedenen Pflanzenarten an.

Ⓐ Pflanzen bestimmen per App

Um die häufigsten Pflanzen in unserem Umfeld zu bestimmen, gibt es eine Vielzahl von Apps für das Smartphone.

① a) ▮▮ Recherchiert Informationen zu kostenlosen Bestimmungs-Apps.
b) ▮▮ Testet verschiedene Apps, indem ihr mithilfe dieser Apps die gleichen Pflanzen bestimmt.
c) ▮▮ Notiert Vorteile und Nachteile jeder App und beurteilt sie anschließend für eure Zwecke.

4 Beispiel für eine Bestimmungs-App

Ⓑ Digitales Herbarium

Ein digitales Herbarium kann von vielen Personen gleichzeitig genutzt werden. Dabei entfällt das Pressen und Trocknen der Pflanzen.
Die Pflanzen werden gesäubert und auf einem weißen Untergrund fotografiert.
Zusätzlich können auch Detailfotos von den Blättern, den Blüten, den Früchten oder weiterer Besonderheiten hinzugefügt werden.

① a) ▮▮ Vergleicht die Möglichkeiten, die ein digitales Herbarium bietet, mit denen eines klassischen Herbariums, wie es in der Methode vorgestellt wurde.
b) ▮▮ Bewertet beide Arten eines Herbariums.

② a) ▮▮ Erstellt gemeinsam Kriterien für ein digitales Herbarium.
b) ▮▮ Fertigt ein digitales Herbarium an, zu dem alle Schülerinnen und Schüler eine bestimmte Anzahl Pflanzen beisteuern.

Pflanzenart: Weiße Taubnessel
Familie: Lippenblütengewächse
Blüte
Stängel
Standort: Wiese
Fundort: Mehrum
Datum: 30.08.2025
Lebensraum

5 Eine mögliche Seite in einem digitalen Herbarium

Digital+

Pflanzen in unserem Leben

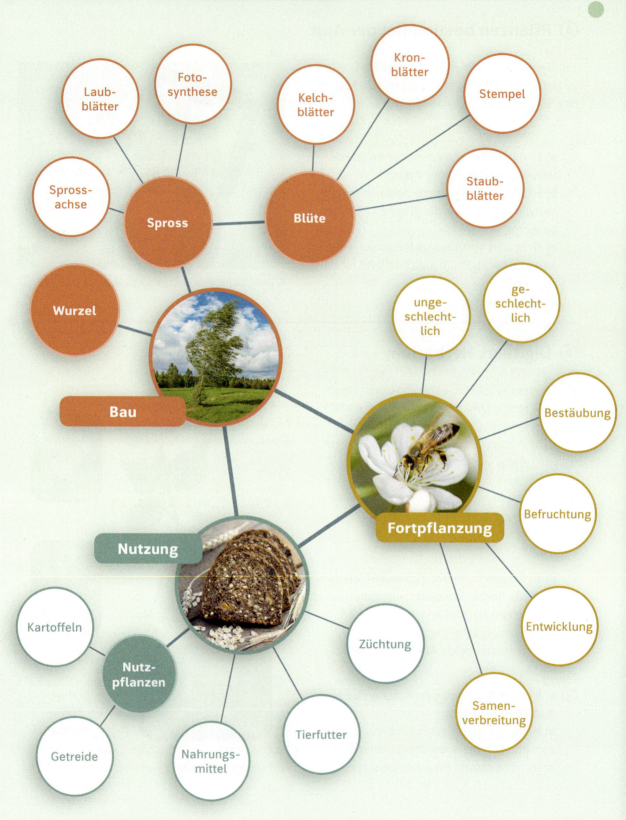

Laub-blätter

Foto-synthese

Spross-achse

Spross

Wurzel

Bau

Kelch-blätter

Kron-blätter

Stempel

Staub-blätter

Blüte

unge-schlecht-lich

ge-schlecht-lich

Bestäubung

Befruchtung

Fortpflanzung

Entwicklung

Nutzung

Kartoffeln

Nutz-pflanzen

Getreide

Nahrungs-mittel

Tierfutter

Züchtung

Samen-verbreitung

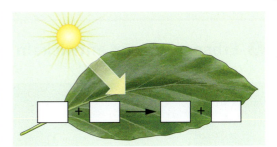

1 a) Zeichne und beschrifte eine Blüte.
b) Beschreibe die Funktionen der Teile.

2 a) Nenne die Teile, die außer der Blüte noch zu einer Blütenpflanze gehören.
b) Beschreibe ihre Funktionen.
c) Erläutere, welche Teile dazu beitragen, einen Baum im Wind aufrecht zu halten.

3 Beschreibe die Fotosynthese mithilfe des Bildes oben. Nenne dabei auch die Begriffe, die in den Kästen stehen müssen.

4 Erkläre an einem Beispiel, warum auch die Tiere und die Menschen von der Fotosynthese abhängig sind.

5 Beschreibe den Vorgang, der die Voraussetzung dafür ist, dass sich aus den Blüten einer Bohnenpflanze Samen entwickeln. Benutze dabei die Fachbegriffe.

6 a) Benenne den Vorgang, der in den Bildern A bis C dargestellt ist.
b) Beschreibe, wie sich die Pflanze in Bild D im Vergleich zu vorher (Bild A–C) verändert hat.
c) Erkläre, wie sich die Pflanze in den Bildern A–C und wie sie sich in Bild D ernährt.

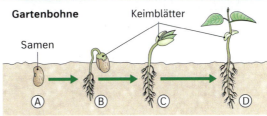

7 a) Nenne den Namen der abgebildeten Nutzpflanze.
b) Nenne die essbaren Teile der Nutzpflanze und den Hauptnährstoff, der darin gespeichert ist.
c) Erkläre die Funktion dieses Speicherstoffs für die Pflanze.

8 Beschreibe, wie zwei Nutzpflanzen aus der Familie der Gräser von den Menschen genutzt werden.

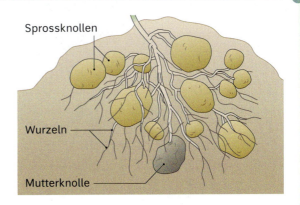

Eine Erbsenpflanze entwickelt sich

Ⓐ Erbsenpflanzen entwickeln sich

1 Die Erbsensamen werden vorbereitet.

Material: drei Erbsensamen, Trinkglas, Küchen-papier, Pinzette, Wasser, Lineal, Stift

Durchführung:

Schritt 1: Rolle etwas Küchenpapier auf und stelle es in ein durchsichtiges Glas.

Schritt 2: Gib etwas Wasser in das Glas, sodass das Papier feucht wird.

Schritt 3: Gib drei Erbsensamen nebeneinander zwischen die Glaswand und das Papier. Beschrifte das Glas (→ Bild 1).

Schritt 4: Beobachte die Entwicklung täglich über zehn Tage. Miss die Länge der Wurzeln und der Sprosse bei den drei Erbsen mithilfe eines Lineals. Halte das Papier in dieser Zeit feucht, aber nicht zu nass.

❶ a) ▍▍▍ Übertrage die Tabelle aus Bild 2 in dein Heft.
b) ▍▍▍ Ergänze jeden Tag die Eintragungen in der Tabelle.
c) ▍▍▍ Dokumentiere die Entwicklung der Pflanzen auch, indem du sie täglich mit der Kamera deines Smartphones fotografierst.

Tag	Länge Spross in mm	Länge Wurzel in mm	Beschreibung der Erbsen
0	Erbse 1: 0 Erbse 2: 0 Erbse 3: 0	Erbse 1: 0 Erbse 2: 0 Erbse 3: 0	Erbsen sind runzlig und geschlossen
1	...	...	...
...	...	...	...

2 Beobachtungstabelle

Ⓑ Einen gekeimten Erbsensamen zeichnen

3 Erbse betrachten und zeichnen

Material: weißes Blatt Papier, Bleistift, Bunt-stifte, Lineal, Lupe (Stereolupe)

Durchführung:

Schritt 1: Entnimm an Tag 4 einen Erbsensamen aus deinem Versuchsglas.

Schritt 2: Betrachte den Samen unter der Lupe.

❶ ▍▍▍ Erstelle eine Sachzeichnung deines Sa-mens. Nutze dazu auch die Methodenseite.

C Ergebnisse in Diagrammen darstellen

Um deine Ergebnisse bildlich darzustellen, kannst du einfache Diagramme zeichnen.

1 ▮▮ Zeichne mithilfe von Bild 4 ein Diagramm
a) von der Länge des Sprosses einer Erbse über die beobachtete Zeit.
b) von der Länge der Wurzel einer Erbse über die beobachtete Zeit.

> **Tipps:**
> • Übertrage die Vorlage für die Diagramme aus Bild 4 zweimal auf kariertes Papier.
> • Kreuze für jeden Tag die Länge an und verbinde die Kreuze anschließend miteinander.

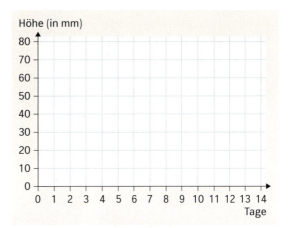

4 Vorlage für die Diagramme

D Präsentieren der Ergebnisse

Du kannst deine Ergebnisse auf unterschiedliche Weise präsentieren, zum Beispiel als Plakat oder als digitale Präsentation. Eine Möglichkeit ist es, deine Ergebnisse zusammenfassend anhand eines Zeitstrahls darzustellen.

> **Tipp:**
> • Stelle Abbildungen und Schrift gut lesbar und groß genug dar.

Durchführung:

Schritt 1: Fertige einen Zeitstrahl über die Beobachtungszeit an.

Schritt 2: Ordne deine Ergebnisse den entsprechenden Zeitpunkten zu.

1 **a)** ▮▮ Formuliere eine kurze Zusammenfassung deiner Beobachtungen.
b) ▮▮ Füge sie in deine Präsentation ein.

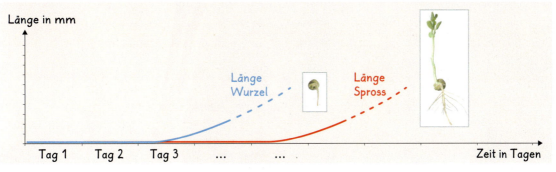

5 Präsentation der Ergebnisse anhand eines Zeitstrahls

Digital+

WES-184000-091

Lebensräume in unserem Umfeld

Kann eine Mauer ein Lebensraum sein?

Warum fressen manche Tiere andere Tiere?

Wie kann ein Schneeglöckchen schon blühen, wenn noch Schnee liegt?

Das Schulgelände ist ein Lebensraum

1 Welche Lebensräume gibt es auf dem Schulgelände?

Was ist ein Lebensraum?

Ein **Lebensraum** ist ein Gebiet mit Umweltbedingungen, die es Pflanzen oder Tieren
ermöglichen, dort zu leben. Zu diesen
Bedingungen gehören zum Beispiel die
Lichtstärke und die Temperatur. Diese
werden unter anderem durch die Sonnenstrahlung beeinflusst. Die Feuchtigkeit in
einem Lebensraum wird durch Regen
beeinflusst. Auch die Beschaffenheit des
Bodens ist eine Umweltbedingung.
Die Umweltbedingungen sind in den
Lebensräumen unterschiedlich. In jedem
Lebensraum leben deshalb nur bestimmte
Pflanzen und Tiere. Alle Lebewesen, die
gemeinsam in einem Lebensraum leben,
bilden eine **Lebensgemeinschaft**.
Auf einem Schulgelände gibt es unterschiedliche kleine Lebensräume, zum
Beispiel Pflasterritzen, Rasen, Hecken oder
begrünte Wände von Gebäuden.

Lebensraum Pflasterritze

Eine Ritze zwischen Pflastersteinen auf dem
Schulhof kann ein Lebensraum sein. Hier
wächst zum Beispiel der Löwenzahn
(→ Bild 2). Ameisen haben dort die Ein-
gänge zu ihren Nestern im Boden.
In Pflasterritzen gibt es wenig Wasser und
Mineralstoffe. Viele Pflanzen haben deshalb
tief in den Boden ragende Wurzeln. Die
Pflanzen sind starker Sonnenstrahlung
ausgesetzt und müssen Tritte aushalten.

2 Lebensraum Pflasterritze: Löwenzahn

1 Nenne vier Umweltbedingungen, durch
die sich Lebensräume voneinander
unterscheiden können.

2 Erkläre anhand eines Beispiels, wie
Pflanzen an den Lebensraum Pflasterritze angepasst sind.

3 Gänseblümchen und Marienkäfer auf einem Rasen

Lebensraum Rasen

Auf einem Rasen wachsen zum Beispiel Gänseblümchen. Dort suchen Marienkäfer nach Beute. Amseln ziehen Regenwürmer aus dem Boden. Allerdings wird ein Rasen oft gemäht, damit er gut begehbar ist. Nur sehr wenige Pflanzen schaffen es, schnell genug Blüten und Samen zu bilden. Außerdem bieten die kurz geschnittenen Pflanzen nur sehr kleinen Tieren Schutz.

Lebensraum begrünte Wände

Kletterpflanzen wie Efeu oder Rankgewächse wie die Clematis können an Wänden von Gebäuden hochwachsen (→ Bild 4). An einer so bewachsenen Wand jagen Spinnen nach Insekten. Vögel wie die Rotkehlchen oder Amseln nutzen den Bewuchs als Schlafplatz oder bauen dort ihre Nester.

4 Efeu rankt an einer Wand entlang.

Tiere auf dem Schulgelände

Auf dem Schulgelände gibt es viele kleine Lebensräume, in denen unterschiedliche Tiere leben. Oft nutzen die einzelnen Tiere auch mehrere dieser Lebensräume.

A Amsel   B Kreuzspinne
C Wegameise   D Regenwurm

5 Tiere in ihren Lebensräumen

① **III** Nenne jeweils den Lebensraum auf dem Schulgelände, in dem die einzelnen Tiere aus Bild 5 leben. Du kannst einem Tier auch mehrere Lebensräume zuordnen. Erstelle dazu eine Tabelle.

② **III** Beschreibe, warum Vögel wie die Amseln sowohl den Rasen als auch die begrünten Wände als Lebensraum nutzen können.

③ **II** Erkläre am Beispiel des Lebensraums Schulgelände den Begriff „Lebensgemeinschaft".

④ **III** Stelle eine Vermutung auf, warum Krähen Schulhöfe gern als Lebensraum nutzen.

---

③ Erläutere, welche Probleme die Lebewesen auf einem Rasen haben.

④ Beschreibe, wie Tiere begrünte Gebäudewände nutzen.

Digital+

Wirbellose Tiere

1 Verschiedene wirbellose Tiere: Honigbiene, Schnirkelschnecke, Kreuzspinne und Regenwurm

Tiere ohne Knochen

In den verschiedenen Lebensräumen auf unserer Erde leben die unterschiedlichsten Tiere. Einige haben ein Skelett aus Knochen. Solche Tiere sind Wirbeltiere.
Andere Tiere haben keine Knochen. Sie werden **wirbellose Tiere** genannt. Zu ihnen gehören etwa 95 % aller auf der Erde vorkommenden Tierarten. Viele von ihnen sind klein und leben versteckt.

Insekten

Die größte Gruppe der wirbellosen Tiere bilden die **Insekten**. Auf der ganzen Welt gibt es mehr als 1,5 Millionen Arten von Insekten. Zu ihnen gehören beispielsweise Honigbienen und Marienkäfer.
Insekten sehen sehr unterschiedlich aus. Trotzdem ist bei allen Arten der Körper in drei Teile gegliedert. Alle Insekten haben sechs Beine und einen schützenden Panzer aus Chitin. Viele Insekten können fliegen.

Weichtiere

Schnecken und Muscheln leben meist an feuchten Orten. Ihre Körper sind sehr weich. Sie zählen daher zu den **Weichtieren**.
Einige Arten wie Herzmuscheln oder Schnirkelschnecken besitzen ein schützende Kalkschalen.

Spinnentiere

Zu den **Spinnentieren** gehören Spinnen und Zecken. Spinnentiere haben acht Beine. Kreuzspinnen bauen Netze aus klebrigen Fäden. Dort verfangen sich Insekten, die sie dann fressen. Manche Spinnen bauen keine Netze. Sie jagen ihre Beute.

Ringelwürmer

Der Körper der **Ringelwürmer** ist aus vielen Ringen aufgebaut. Zu den Ringelwürmern gehören die Regenwürmer. Sie leben in der Erde und graben dort Gänge. Sie ernähren sich von Pflanzenresten.

1 Nenne eine Gemeinsamkeit aller wirbellosen Tiere.

2 Nenne drei Merkmale aller Insekten.

3 Nenne jeweils ein Beispiel aus den Gruppen Weichtiere, Spinnentiere und Ringelwürmer.

2 Steinläufer und Assel

Tausendfüßer

Die Gruppe der **Tausendfüßer** hat besonders viele Beine. Allerdings sind es nicht 1000. Einige Arten haben 16 Beine, andere bis zu 750 Beine. Der Körper der Tausendfüßer ist in gleichförmige Abschnitte gegliedert. Ein Beispiel ist der Steinläufer. Steinläufer leben unter Steinen. Sie jagen nachts nach kleinen Spinnen und Würmern.

Krebstiere

Die meisten **Krebstiere** leben im Wasser. Die Anzahl ihrer Beine ist von Art zu Art unterschiedlich. Auch ihre Körper sind sehr verschieden. Die meisten Krebstiere besitzen einen Panzer aus Chitin. Zu den Krebstieren gehören Krabben und Flusskrebse. Aber auch Asseln sind Krebstiere. Sie leben im Laub und unter Steinen. Ihre Vorfahren lebten im Wasser. Daher benötigen Asseln auch heute noch feuchte Lebensräume. Sie fressen Pflanzenreste und Tierreste.

Die Vielfalt der Wirbellosen

Es gibt sehr viele unterschiedliche Arten von wirbellosen Tieren.

3 Verschiedene wirbellose Tiere

Wattwurm	Schnurfüßer
Wespenspinne	Wegschnecke
Edelkrebs	Maikäfer

4 Verschiedene Namen wirbelloser Tiere

① **a)** ▮▮ Ordne jedem Tier aus Bild 3 seinen passenden Namen aus Bild 4 zu. Nutze dazu die Angaben im Text.
b) ▮▮ Ordne die Tiere den Gruppen der Wirbellosen zu.
c) ▮▮ Begründe deine Zuordnungen.

④ Begründe, warum die Bezeichnung „Tausendfüßer" irreführend ist.

⑤ Erkläre eine Besonderheit der Asseln.

▣ Digital+

WES-184000-097

Tiere beobachten

Eichelhäher · Smartphone mit Bestimmungs-App · Bestimmungsbuch · Federstahlpinzette · Pinsel · Becherlupe · Fernglas · Kescher

1 Material für Tierbeobachtungen

Tiere entdecken

Im Laufe eines Jahres könnt ihr viele Tiere beobachten. Vögel lassen sich das ganze Jahr entdecken. Insekten, Spinnen, Schnecken und andere wirbellose Tiere lassen sich besonders gut im Frühling, im Sommer und im Herbst beobachten.

Verhalten in der Natur

Für alle Beobachtungen gilt: Verhalte dich ruhig. Du darfst die Tiere nicht quälen oder töten. Setze die Tiere nach der Beobachtung in die Natur zurück.

Beobachtungsprotokoll
von: Julia Kuczmera
Datum: 15.6.2025
Uhrzeit: 11.20 Uhr
Ort: Söhrer Wald, Sorsum
beobachtetes Tier: Eichelhäher
Verhalten/Tätigkeit: hüpft kurze Zeit auf dem Boden, danach fliegt er in die Krone einer großen Rotbuche, macht dort laute Geräusche
Besonderes: Gefieder sehr farbenprächtig, teilweise auffällige Federn mit blauschwarzen Streifen

2 Protokollbogen für Tierbeobachtungen

Material: Fernglas, Lupe, Becherlupe, Kescher, Pinsel, Pinzette, Fotoapparat oder Smartphone, Klemmbrett, Stifte, Papier, Apps oder Bücher zur Bestimmung von Tieren

Schritt 1:
Tiere finden

Auf der Suche nach kleinen Tieren kannst du Steine und Blätter umdrehen. Mit dem Kescher streichst du mehrfach durch die Wiese oder den Rasen. Du kannst kleine Tiere von Sträuchern und Bäumen abschütteln oder absammeln.

Schritt 2:
Beobachten und Bestimmen

Betrachte die Tiere genau und bestimme sie. Verwende dafür Bestimmungsbücher. Auch Bestimmungs-Apps bieten gute Hilfen.

Schritt 3:
Dokumentieren und Präsentieren

Du kannst deine Beobachtungen auf Fotos, Videos, Zeichnungen, Plakaten oder in Beobachtungsprotokollen festhalten. Präsentiere deine Ergebnisse in der Klasse.

1 a) Nenne die Arbeitsmaterialien, die du für eine Tierbeobachtung benötigst.
b) Beschreibe jeweils, was du mit ihnen machen kannst.

2 Erkläre, auf was du besonders achten musst, wenn du Tiere beobachtest.

Ⓐ **Wirbellose Tiere bestimmen**

Wirbellose Tiere kommen in fast jedem Lebensraum in unserer Umgebung vor. Ihr könnt sie
zum Beispiel auf dem Schulgelände, auf einer
Wiese oder in einer Hecke beobachten.

Material: Kescher, weißes Tuch, Becherlupen,
Pinsel, Pinzette, Bestimmungsbücher, Schreibmaterial, Kamera oder Smartphone

Durchführung:

Schritt 1: Fangt die Tiere mithilfe von Pinsel und
Becherlupe zum Beispiel von Zweigen,
unter Steinen oder aus der Luft mithilfe
des Keschers.

Schritt 2: Sammelt die gefangenen Tiere auf
einem weißen Tuch.

Schritt 3: Untersucht die Tiere mit Becherlupen.
Macht Fotos oder kleine Filme.

Schritt 4: Lasst die Tiere an ihrem Fundort frei.

3 Wirbellose Tiere fangen und untersuchen

① **❚❚❚** Ordne die gefundenen Tiere den Tiergruppen in Bild 4 zu.

② **❚❚❚** Bestimme einige der gefundenen Tiere
mithilfe von Bestimmungsbüchern oder
Bestimmungs-Apps genauer.

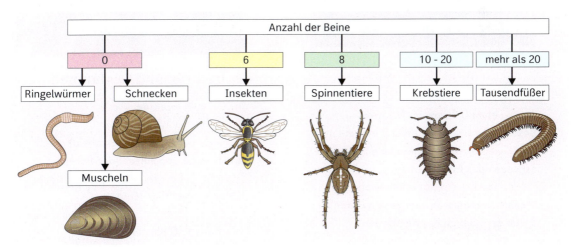

4 Wirbellose Tiere lassen sich ordnen.

Schädlinge und Nützlinge

Blattlaus

Tiergruppe: Insekten
Größe: wenige Millimeter
Ernährung: stechen mit ihrem Saugrüssel
Pflanzen an · saugen den Pflanzensaft wie
mit einem Trinkhalm auf
Folgen der Ernährung: Pflanzen werden
geschwächt · Pflanzenkrankheiten werden
übertragen

1 Steckbrief zur Blattlaus

Schädling oder Nützling?

Als **Schädlinge** werden Lebewesen bezeichnet, die dem Menschen Schaden
zufügen. Schädlinge fressen oder zerstören
zum Beispiel Nahrungspflanzen, Vorräte
oder auch Bauwerke der Menschen.
Als **Nützlinge** werden in der Regel Tiere
bezeichnet, die dem Menschen nützlich
sind. Sie vernichten Schädlinge, indem sie
diese zum Beispiel fressen.

Sichtweise der Menschen

Die Zuordnung der Lebewesen zu den
Kategorien „Schädling" oder „Nützling"
erfolgt also aus Sicht der Menschen.
Die Lebensweise der jeweiligen Tierart wird
danach bewertet, ob sie für den Menschen
nützlich oder schädlich ist. Die meisten
Lebewesen können nicht eindeutig einer
Kategorie zugeordnet werden.

Hausstaubmilbe

Tiergruppe: Spinnentiere
Größe: etwa 0,1 mm bis 0,5 mm
Besonderheit: werden etwa 3 Monate alt
Ernährung: fressen abgefallene Haut-
schuppen des Menschen
Folgen der Ernährung: relativ viele
Menschen reagieren allergisch auf den zu
Staub zerfallenen Kot der Milben

2 Steckbrief zur Hausstaubmilbe

Marienkäfer

Tiergruppe: Insekten
Größe: bis zu 1,2 cm
Besonderheit: Arten unterscheiden sich
durch Farbe und Anzahl der Punkte
Ernährung: Larven und ausgewachsene
Käfer fressen Blattläuse
Folgen der Ernährung: jeder Marienkäfer
frisst etwa 50 Blattläuse pro Tag

3 Steckbrief zum Marienkäfer

1 Begründe für jede der drei vorgestell-
ten Tierarten, ob es sich um einen
Nützling oder einen Schädling für den
Menschen handelt.

2 Auch Igel, Spechte und Fledermäuse
gelten als Nützlinge. Recherchiere, wie
sie jeweils dem Menschen nutzen.

Ⓐ Kleidermotten sind Materialschädlinge

Die Larven der Kleidermotte ernähren sich von Wolle, Federn, Haaren oder auch Hautschuppen. Die Weibchen legen 50–250 Eier direkt auf geeignete Futtermaterialien. In den Häusern der Menschen sind das beispielsweise Kleidung oder Wollteppiche.

Nach dem Schlüpfen fressen die Larven Teile der Futtermaterialien und entwickeln sich zu erwachsenen Faltern.

4 Kleidermotte: **A** Larven auf Stoff, **B** Falter

① ▮▮ Erkläre, warum die Larven der Kleidermotte von den Menschen als „Materialschädlinge" bezeichnet werden.

② ▮▮ In der Natur leben die Larven der Kleidermotten in den Nestern von Vögeln und Säugetieren. Erkläre, wie sie sich dort ernähren.

Ⓑ Die Honigbiene ist ein Nutztier

Bei schönem Wetter gehen die Honigbienen auf Nahrungssuche. Sie besuchen Tausende von Blüten. Dort sammeln sie Nektar und Pollen. Dabei bestäuben sie die Blüten.

Auch Obstbäume und andere Nutzpflanzen von uns Menschen sind auf die Bestäubung durch Insekten angewiesen. Bienen sind damit sehr wichtige Nutztiere für die Landwirtschaft.

5 Bienenstöcke auf einer Wiese mit Obstbäumen

① ▮▮▮ Erkläre, warum das Aufstellen von Bienenstöcken auf einer Obstbaumwiese sinnvoll ist (→ Bild 5).

② ▮▮ Bienen produzieren Honig. Informiert euch, warum sie das tun und wie wir Menschen den Honig gewinnen. Erstellt Plakate.

Der Baum als Lebensraum

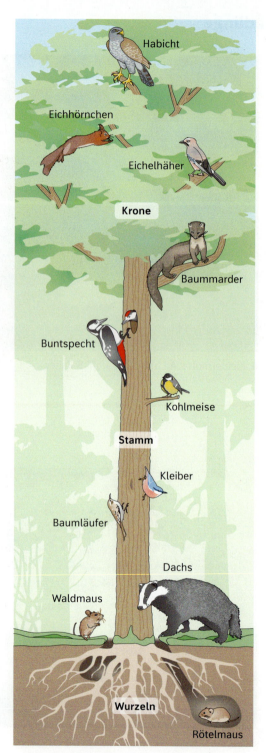

1 Lebensraum Baum

Bildbeschriftung:
Habicht
Eichhörnchen
Eichelhäher
Krone
Baummarder
Buntspecht
Kohlmeise
Stamm
Kleiber
Baumläufer
Dachs
Waldmaus
Wurzeln
Rötelmaus

Ein vielfältiger Lebensraum

Jeder Baum ist ein Lebensraum für viele Tiere. In jedem Bereich des Baumes finden unterschiedliche Tiere Nahrung und Schutz. Manche Tiere ziehen dort ihre Jungen groß. Der Baum bietet den Tieren mit seiner Krone, dem Stamm und den Wurzeln unterschiedliche Lebensräume. Auch die Rinde, die den Stamm umschließt, bietet manchen Tieren einen Lebensraum.

Die Krone des Baumes

In der Krone des Baumes wachsen die Äste und Zweige mit den Laubblättern. Dazwischen können Vögel ihre Nester bauen. Zu den Vögeln, die in der Krone vorkommen, gehören der Habicht und der Eichelhäher. Viele Insekten und ihre Larven ernähren sich von den Blättern der Baumkrone. Spinnen bauen dort ihre Netze. Eichhörnchen bauen zwischen den Ästen ihre Nester, die sogenannten Kobel. Baummarder gehen in den Baumkronen auf die Jagd.

Der Stamm des Baumes

Der Stamm des Baumes trägt die Äste und die Zweige. Der Buntspecht, der Kleiber und die Kohlmeise brüten dort in Baumhöhlen. Der Baumläufer nutzt Spalten hinter der aufgerissenen Rinde als Nistplatz. Viele Käfer und andere Insekten legen Eier unter die Rinde. Dort entwickeln sich die Larven.

Die Wurzel des Baumes

Die Wurzel verankert den Baum im Boden. Zwischen den Wurzeln legen beispielsweise die Waldmaus, die Rötelmaus und der Dachs ihre Bauten an. Von den Wurzeln ernähren sich Insektenlarven, andere kleine Tiere und sogar Pilze.

---

1 Ein Baum besteht aus drei Bereichen. Ordne jedem Bereich mindestens zwei Tiere zu, die dort leben.

2 Beschreibe anhand von Beispielen jeweils zwei Funktionen, die der Baum den dort lebenden Tieren bietet.

2 Ein Habicht sitzt bei den Jungvögeln am Nest.

Der Habicht nutzt die Krone

Der Habicht baut in den Baumkronen sein Nest. Er nutzt den Baum auch zur Aussicht. Von dort jagt er kleinere Vögel und Säugetiere. Krähen, Waschbären und Uhus sind die Feinde des Habichts.

Der Buntspecht nutzt den Stamm

Der Buntspecht baut im Baumstamm seine Bruthöhle. Unter der Rinde findet er Käfer und Larven. Manchmal trommelt ein Buntspecht mit dem Schnabel an den Stamm. So markiert er sein Revier und lockt Weibchen an. Marder, Habichte und Uhus sind die Feinde des Buntspechts.

Die Waldmaus nutzt die Wurzel

Zwischen den Wurzeln der Bäume lebt die Waldmaus. Sie baut dort ihr Nest. Außerdem findet sie dort Nahrung und Schutz. Die Waldmaus frisst Samen, Früchte und kleine Tiere. Greifvögel, Eulen und Marder sind die Feinde der Waldmaus.

3 Eine Waldmaus frisst eine Brombeere.

ÜBEN UND ANWENDEN

Körpermerkmale des Buntspechts

Der Buntspecht ist gut an das Leben auf Bäumen angepasst.

lange, dünne Zunge

keilförmiger, harter Schnabel

Kletterfüße mit Krallen

Schwanz aus stabilen Federn

4 Körpermerkmale des Buntspechts

(A) Abhacken von Baumrinde und Holzsplittern des Stammes
(B) Abstützen am Stamm beim Trommeln oder beim Bau der Bruthöhle
(C) Festhalten am Stamm
(D) Herausholen von Insekten aus Gängen unter der Baumrinde

5 Funktionen der Körpermerkmale

① **a)** I Ordne jedem Körpermerkmal aus Bild 4 eine Funktion aus Bild 5 zu.
b) I Beschreibe zwei der Körpermerkmale genauer und erläutere ihre Funktionen.

② I Im Frühling kannst du häufig hören, wie Spechte an Baumstämmen trommeln. Begründe dieses Verhalten.

③ III Stelle eine begründete Vermutung auf, warum der Buntspecht als Nützling gilt, obwohl er die Baumrinde abhackt.

❸ Erstelle eine Tabelle, in der du jeweils die Nahrung und die Feinde von Habicht, Buntspecht und Waldmaus auflistest.

Digital+

WES-184000-103

Nahrungsbeziehungen im Lebensraum Hecke

1 Lebensraum Hecke

Hecken haben viele Funktionen

Viele Hecken befinden sich an Feldrändern und Wegen. Andere Hecken sind Begrenzungen von Grundstücken. Sie bilden dort einen Sichtschutz. Alle Hecken schützen vor Lärm und Wind. Außerdem filtern sie die Abgase von Fahrzeugen.

Hecken sind wichtige Lebensräume für viele Pflanzen und Tiere. Die dichten Zweige von Hecken bieten Tieren wie Vögeln, Igeln und Erdkröten einen guten Sichtschutz vor Fressfeinden. Die Stacheln einiger Pflanzenarten schützen die Tiere zusätzlich. Viele Tiere nutzen Hecken auch als Schutz vor Wind, Hitze, Schnee und Kälte.

Nahrungskette

Heckenpflanzen liefern Nahrung für viele Tiere. Käfer und andere Insekten finden Nahrung in den Blüten und Blättern der Heckenpflanzen. Vögel wie Amseln und Stare ernähren sich von den Früchten. Die Hasel ist eine Heckenpflanze. Ihre Laubblätter werden vom Haselnussbohrer, einem Käfer, gefressen. Der Haselnussbohrer ist eine Nahrung des Buchfinks. So bildet sich eine **Nahrungskette** (→ Bild 2).

Alle Nahrungsketten beginnen mit Pflanzen. Von ihnen ernähren sich pflanzenfressende Tiere. Diese Tiere werden von anderen Tieren gefressen.

Hasel

wird
gefressen
von

Haselnussbohrer

wird
gefressen
von

Buchfink

2 Eine Nahrungskette in einer Hecke

1 Nenne mindestens drei Bedeutungen einer Hecke
a) für den Menschen,
b) für Tiere.

2 Ordne die folgenden Begriffe in einer sinnvollen Nahrungskette an:
pflanzenfressendes Tier – Pflanze – tierfressendes Tier

Nahrungsnetz

In jedem Lebensraum gibt es verschiedene Nahrungsketten. Die Anzahl ist davon abhängig, wie viele Arten von Pflanzen und Tieren in dem Lebensraum leben. So werden die Laubblätter der Hasel und die Haselnüsse nicht nur vom Haselnussbohrer, sondern auch von anderen Tieren gefressen. Diese Tiere haben ebenfalls Fressfeinde. So bildet sich aus vielen Nahrungsketten in der Hecke ein sogenanntes **Nahrungsnetz** (→ Bild 3).

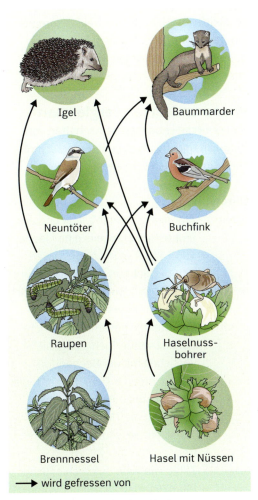

wird gefressen von

3 Ein Nahrungsnetz in einer Hecke

ÜBEN UND ANWENDEN

Nahrungsketten in einer Hecke

Viele Heckenpflanzen bilden im Herbst Früchte. Durch sie werden Tiere wie Vögel angelockt, die sie als Nahrung nutzen.

4 Ein Star frisst die Früchte eines Holunders.

① **a)** ▌▌▌ Erstelle das Schema einer Nahrungskette für Bild 4. Ergänze dabei einen Habicht, der ein Fressfeind vom Star ist.
b) ▌▌▌ Erläutere an diesem Beispiel, welche Lebewesen immer am Anfang und welche Lebewesen immer am Ende einer Nahrungskette stehen.

② **a)** ▌▌ Erweitere die Nahrungskette aus Aufgabe 1 zu einem kleinen Nahrungsnetz. Füge dazu mithilfe des Textes die Amsel ein.
b) ▌▌ Erläutere, warum dieses Nahrungsnetz nur einen Teil der Wirklichkeit darstellt.

③ ▌▌▌ Die Früchte der Heckenpflanzen dienen der Verbreitung der Pflanzen. Erkläre, welche Rolle die Vögel dabei haben.

③ Erstelle mithilfe von Bild 3 mindestens zwei unterschiedliche Nahrungsketten.

🔲 **Digital+**

WES-184000-105

Lebensräume vergleichen

1 Grünflächen: **A** naturnahe Wiese, **B** Rasen

Material: Kescher, weißes Tuch, Becherlupen, Pinsel, Pinzette, Bestimmungsbücher, Schreibmaterial, 8 Stöcke, Schnur, Metermaß, Kamera oder Smartphone

2 Material für die Untersuchung

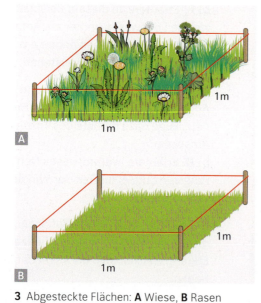

3 Abgesteckte Flächen: **A** Wiese, **B** Rasen

Lebensraum Wiese

Auf einer Wiese leben viele verschiedene Pflanzen und Tiere. Eine häufige Pflanze ist der Wiesen-Salbei. Insekten wie die Hummel finden dort Nahrung.
Eine Wiese wird nur zwei bis drei Mal im Jahr gemäht. Dadurch haben viele Pflanzen Zeit zu blühen und Samen zu bilden.

Lebensraum Rasen

Auf einem Rasen leben nur wenige verschiedene Pflanzen und Tiere. Dort wachsen zum Beispiel Dort wächst zum Beispiel Weißklee, auf dem Bienen Nektar sammeln. Ein Rasen wird sehr häufig gemäht. Dadurch haben die meisten Pflanzen nicht genug Zeit, Blüten und Samen zu bilden.

Wiese und Rasen vergleichen

Ihr könnt die Lebensgemeinschaften von Pflanzen und Tieren auf den unterschiedlichen Grünflächen vergleichen.

Durchführung:

Schritt 1: Markiert auf einer Wiese und auf einem Rasen jeweils eine Fläche von 1 m x 1 m mit den Stöcken und der Schnur.

Schritt 2: Streicht mit dem Kescher mehrfach durch die Untersuchungsfläche.

Schritt 3: Schüttet die gesammelten Tiere auf das weiße Tuch. Fangt sie vorsichtig mit der Becherlupe.

Schritt 4: Beobachtet die Tiere mit der Lupe. Macht Fotos oder kurze Filme.

Schritt 5: Bestimmt die Tiergruppen oder Tierarten. Lasst die Tiere wieder frei.

Schritt 6: Zählt, wie viele unterschiedliche Pflanzenarten ihr auf der Wiesenfläche und auf der Rasenfläche gefunden habt.

❶ Vergleicht die Anzahl der Pflanzenarten und Tierarten, die ihr auf der Wiese und auf dem Rasen gefunden habt.

❷ a) Erklärt die unterschiedliche Artenvielfalt auf Wiese und Rasen.
b) Präsentiert eure Ergebnisse.

Ⓐ Tiere in der Hecke

Naturnahe Hecken

Wilder Liguster wächst in naturnahen Hecken zusammen mit vielen anderen Heckenpflanzen. Diese Hecken werden vom Menschen nicht geschnitten. Die Heckenpflanzen können Blüten und Beeren bilden.

Geschnittene Hecken

Hecken in Parks, Gärten oder auf privaten Grundstücken werden oft vom Menschen in Form geschnitten. Das sieht ordentlich aus und begrenzt das Wachstum der Heckensträucher. Die Pflanzen bilden dann aber häufig keine Blüten und Beeren. Meist besteht eine solche Hecke nur aus einer Pflanzenart.

Hecken vergleichen

Bevor du deine Untersuchungen beginnst, vergewissere dich, dass in der Hecke keine Vögel brüten. Prüfe auch vorsichtig, ob Wespen, Bienen oder Hornissen Nester gebaut haben. Solltest du bewohnte Nester dieser Tiere finden, führe die Untersuchung an einer anderen Stelle durch!

Durchführung:

Schritt 1: Spannt den Regenschirm am Rand der Hecke auf. Dreht den Schirm um. Schüttelt kleine Tiere so wie in Bild 6 gezeigt in den Schirm.

Schritt 2: Sammelt die gefangenen Tiere auf einem weißen Tuch.

Schritt 3: Untersucht die Tiere mit Becherlupen. Macht Fotos oder kleine Filme.

Schritt 4: Bestimmt die Tiergruppen oder Tierarten. Lasst die Tiere wieder frei.

① a) ▮▮▮ Vergleicht die Anzahl der Tierarten in einer naturnahen und einer geschnittenen Hecke.
b) ▮▮▮ Erklärt eure Ergebnisse.

4 Hecke mit Liguster: **A** naturnah, **B** geschnitten

Material: Regenschirm, Becherlupen, weißes Tuch, Pinsel, Pinzette, Bestimmungsbücher, Schreibzeug, Kamera oder Smartphone

5 Material für die Untersuchung

6 Vorsichtig Tiere aus einer Hecke schütteln

Kreisläufe in Lebensräumen

Erzeuger

Verbraucher

Zersetzer

— Nährstoffe + Mineralstoffe
— Mineralstoffe

1 Ein Stoffkreislauf auf einer Wiese

Pflanzen sind Erzeuger

Der Löwenzahn ist eine Pflanze, die auf vielen Wiesen bei uns wächst. Er betreibt wie alle Pflanzen Fotosynthese. Dazu nimmt der Löwenzahn Wasser aus dem Boden und Kohlenstoffdioxid aus der Luft auf. Daraus erzeugt er Traubenzucker und Sauerstoff. Die dazu benötigte Energie liefert die Sonne.
Alle Pflanzen, Tiere und Menschen benötigen Nährstoffe zum Leben. Weil die Pflanzen Nährstoffe selbst erzeugen können, werden sie **Erzeuger** genannt.
Pflanzen brauchen auch Mineralstoffe. Sie nehmen diese über die Wurzeln aus dem Boden auf.

Tiere sind Verbraucher

Der Löwenzahn wird vom Wildkaninchen gefressen. Das Kaninchen braucht Nährstoffe zum Leben. Es kann diese Nährstoffe nicht selbst erzeugen. Das Kaninchen frisst deshalb Pflanzen. Tiere, die sich von anderen Lebewesen ernähren, werden **Verbraucher** genannt.
Die Mineralstoffe in der pflanzlichen Nahrung nutzen die Tiere für ihren Körper oder scheiden sie mit dem Kot wieder aus.

Bodenlebewesen sind Zersetzer

Der Regenwurm ernährt sich von den abgestorbenen Teilen des Löwenzahns. Winzige Bodenbakterien ernähren sich von anderen Überresten, zum Beispiel von Kaninchenkot. Sie zersetzen die Überreste. Sie sind **Zersetzer**.
Bei der Arbeit der Zersetzer werden Mineralstoffe freigesetzt. Die Pflanzen nehmen diese Mineralstoffe wieder auf. Ein **Stoffkreislauf** ist entstanden (→ Bild 1).

❶ **a)** Nenne jeweils zwei Lebewesen aus den Gruppen Erzeuger, Verbraucher und Zersetzer.
b) Nenne die Stoffe, die einen Kreislauf bilden.

❷ **a)** Erkläre, warum nur Pflanzen Erzeuger sein können.
b) Zeichne einen Stoffkreislauf mit den Lebewesen Reh, Aaskäfer, Gras.

Störungen des Kreislaufs

Der Mensch greift oft in die natürlichen Kreisläufe in einem Lebensraum ein. Ein Beispiel dafür ist der Anbau von Getreide. Wenn die Körner reif sind, werden die Getreidepflanzen abgeerntet und vom Feld entfernt. Die Getreidepflanzen können in diesem Lebensraum keine Verbraucher und Zersetzer ernähren. Die in den Pflanzen gespeicherten Mineralstoffe können nicht wieder in den Boden gelangen. Sie stehen damit neuen Erzeugern nicht zur Verfügung. Der Kreislauf ist unterbrochen.

Damit neue Getreidepflanzen wachsen können, müssen durch Düngung neue Mineralstoffe auf das Feld gebracht werden.

2 Getreideanbau: **A** Ein Feld wird abgeerntet. **B** Ein Feld wird gedüngt.

❸ Erkläre, wie der Mensch durch das Ernten von Getreide in den Kreislauf der Mineralstoffe auf einem Feld eingreift.

ÜBEN UND ANWENDEN

Kreisläufe in einer Hecke

In Hecken wachsen beispielsweise Heckenrosen und Haselsträucher. Die Pflanzen und ihre Früchte werden von Tieren wie Mäusen und Käfern gefressen. Die Käfer werden von anderen Tieren gefressen, zum Beispiel von Haselmäusen. Aaskäfer fressen tote Tiere. Bakterien zersetzen abgestorbene Pflanzenteile, Reste von toten Tieren und Kot.

3 Lebewesen im Lebensraum Hecke

① **a)** ▮▮▮ Erstelle einen Stoffkreislauf mit den drei Begriffen „Erzeuger", „Verbraucher" und „Zersetzer".
b) ▮▮▮ Ordne die Lebewesen aus Bild 3 den drei Begriffen im Stoffkreislauf zu.
c) ▮▮ Beschreibe den Weg der Mineralstoffe im Stoffkreislauf.

  Digital+

WES-184000-109

Die Natur im Frühling und im Sommer

1 Schneeglöckchen: **A** in einem Laubwald, **B** Aufbau (Schema)

Die ersten Blüten im Frühling

Schon Ende Januar sind in Wäldern und Gärten Schneeglöckchen zu sehen. Wenig später blühen auch die Krokusse, das Scharbockskraut und die Buschwindröschen. Sie alle sind **Frühblüher**.
Noch ist es kalt und die Sonne scheint nur wenige Stunden am Tag. Die Pflanzen können deshalb nur wenig Fotosynthese betreiben. Dennoch haben die Frühblüher ausreichend Energie für ihr Wachstum und um Blüten und Samen zu bilden. Wie ist das möglich?

Speicherorgane von Frühblühern

Schneeglöckchen überdauern den Sommer, Herbst und Winter als Zwiebeln im Boden. Zwiebeln sind **Speicherorgane**. Sie liefern den Schneeglöckchen die Energie für das frühe Wachstum. Beim Wachsen werden die gespeicherten Nährstoffe genutzt. Frühblüher haben unterschiedliche Speicherorgane (→ Bild 2). Krokusse bildet rundliche Sprossknollen. Das Scharbockskraut hat keulenförmige Wurzelknollen. Bei Buschwindröschen ist das Speicherorgan ein unterirdischer Erdspross.

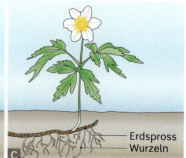

2 Frühblüher mit Speicherorganen: **A** Krokus, **B** Scharbockskraut, **C** Buschwindröschen

1 a) Erkläre den Begriff „Frühblüher".
b) Nenne Beispiele für Frühblüher.

2 Erkläre, warum die Schneeglöckchen und andere Frühblüher sehr früh im Jahr blühen können.

Ein Kreislauf

Zu Beginn des Frühlings haben die Laubbäume und die Sträucher noch keine Blätter. Viel Sonnenlicht erreicht den Boden. Die Frühblüher nutzen dieses Licht. Sie bilden mithilfe ihrer grünen Blätter neue Nährstoffe, um zu wachsen. Überschüssige Nährstoffe werden in einer neuen Zwiebel gespeichert.

Ab April entwickeln die Bäume und Sträucher ein dichtes Blätterdach. Immer weniger Licht erreicht den Boden. Die oberirdischen Teile der Frühblüher sterben schließlich ab. Sie verwelken. Die Speicherorgane überdauern den Winter in der Erde. Im nächsten Frühjahr treiben sie wieder aus und der Kreislauf beginnt erneut.

3 Frühblüher im Jahresverlauf

3 Beschreibe den Jahresverlauf eines Frühblühers mithilfe von Bild 3.

ÜBEN UND ANWENDEN

Lichtverhältnisse im Laubwald

Im Jahresverlauf verändert sich die Lichtmenge, die in einem Laubwald am Boden ankommt. Das hat Auswirkungen auf das Pflanzenwachstum am Waldboden.

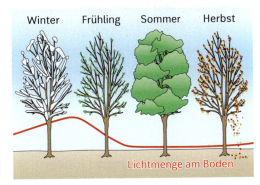

4 Lichtmenge am Boden eines Laubwaldes

① **a)** ❙❙ Beschreibe die Veränderungen der Bäume im Laubwald im Jahresverlauf. Nutze dazu Bild 4.
b) ❙❙ Beschreibe die Veränderungen der Lichtverhältnisse am Boden des Laubwaldes im Jahresverlauf.

② ❙❙ Erläutere, warum nur die Frühblüher die hohe Lichtmenge zu Beginn des Frühlings nutzen können, andere Pflanzen aber nicht.

③ ❙❙ Erläutere mithilfe des Textes und von Bild 4, warum am Waldboden im Sommer weniger Pflanzen wachsen als im Frühling.

④ ❙❙❙ Frühblüher benötigen zum Austreiben neben der Energie aus den Speicherorganen auch Wasser und Wärme. Erläutere, wie sich diese Voraussetzungen am Ende des Winters ändern.

 **Digital+**

WES-184000-111

Die Natur im Herbst und im Winter

1 Im Herbst werden die Blätter der Laubbäume bunt.

Es wird dunkler und kälter

Im Herbst werden die Tage immer kürzer. Jeden Tag geht die Sonne etwas später auf und etwas früher unter. Sie steigt auch nicht mehr so hoch. Die Schatten werden länger (→ Bild 2).
Dadurch nimmt die Stärke der Sonneneinstrahlung deutlich ab. So kommen weniger Licht und Wärme am Boden an. In der Natur wird es dunkler und kälter.

Laubwälder werden bunt

Die Blätter der Laubbäume und Sträucher verändern im Herbst ihre Farbe. Der grüne Blattfarbstoff wird im Herbst abgebaut. Jetzt sind die gelben und roten Farbstoffe zu sehen. Sie waren schon im Sommer in den Blättern, wurden aber vom grünen Blattfarbstoff überdeckt. Im Spätherbst fallen alle Blätter ab. Wenn sie auf dem Waldboden liegen, werden sie braun.

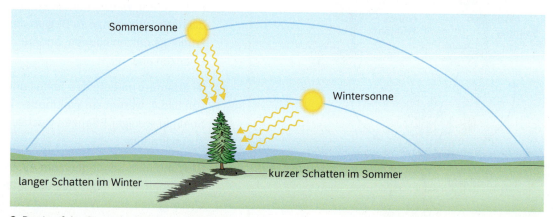

2 Der Lauf der Sonne im Sommer und im Winter

1 Nenne Veränderungen, die im Herbst in der Natur stattfinden.

2 Beschreibe, wie sich die Blätter der Laubbäume im Herbst verändern.

Die Blätter fallen ab

Im Winter brauchen die Laubbäume keine Blätter mehr, da das Licht für die Fotosynthese nicht mehr ausreicht. Außerdem wären Blätter im Winter lebensgefährlich. Aus dem gefrorenen Boden können Pflanzen kein Wasser aufnehmen. Gleichzeitig würde aber weiterhin Wasser über die Blätter verdunsten. Die Pflanzen würden dann austrocknen und sterben. Außerdem würde das Wasser in den Blättern gefrieren und die Pflanzenzellen zerstören. Darum fallen die Blätter im Herbst ab.

Wo vorher das Blatt am Zweig saß, bleibt eine **Blattnarbe** (→ Bild 3). Darüber wächst eine Korkschicht. Sie schützt den Baum vor Wasserverlust und Krankheiten.

Die Winterruhe der Bäume

Nach dem Laubfall beginnt bei den Laubbäumen und Sträuchern die **Winterruhe**. An den Zweigen haben sich schon Knospen gebildet. Sie enthalten Anlagen für die Blätter und Blüten für das nächste Frühjahr. Die harten Knospenschuppen bieten Schutz vor Austrocknung, Nässe und Krankheiten. Im Inneren sorgen haarige Fasern für Schutz vor Kälte.

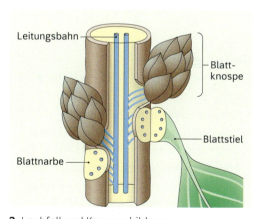

3 Laubfall und Knospenbildung

Knospen

Bereits im Herbst bilden Bäume und Sträucher Knospen mit den Anlagen für Blätter und Blüten für das kommende Jahr aus.

4 Kastanienknospe: **A** an Zweigen im Winter, **B** von außen, **C** Längsschnitt

① ▌▌▌ Erkläre mithilfe von Bild 4 A, warum die Anlagen für Blätter und Blüten Schutz brauchen.

② **a)** ▌▌▌ Betrachte Bild 4 B und C. Nenne die beiden Baumerkmale der Knospen, die dem Schutz der Blütenanlage und der Blattanlage dienen.
b) ▌▌▌ Erkläre, wovor die beiden Merkmale jeweils schützen.

③ ▌▌▌ Erläutere, welche Vorteile ein Baum oder Strauch hat, wenn die Anlagen für seine Blüten und Blätter im Frühjahr bereits vorhanden sind.

③ **a)** Erkläre, warum Laubbäume im Herbst die Blätter abwerfen.
b) Beschreibe, wie die Knospen der Bäume im Winter geschützt sind.

 Digital+

WES-184000-113

Eine Sachmappe erstellen

1 Ein Deckblatt und ein Inhaltsverzeichnis

Was ist eine Sachmappe?

In einer Sachmappe sammelst du möglichst verschiedene, interessante Materialien zu einem bestimmten Thema. Das kann zum Beispiel das Thema „Frühblüher" sein. Eine gut sortierte Sachmappe ist anschließend ein kleines Nachschlagewerk.

In einer Sachmappe können beispielsweise Fotos, selbst geschriebene Texte, gesammelte Zeitungsausschnitte, Diagramme, Schaubilder und Zeichnungen verwendet werden. Für eine Sachmappe zum Thema Pflanzen kannst du auch gepresste Pflanzenteile wie Blüten, Blätter oder Samen einkleben.

Schritt 1:
Deckblatt erstellen

Gestalte ein Deckblatt passend zu deinem Thema. Das Deckblatt ist das erste Blatt in deiner Sachmappe.

Schritt 2:
Inhaltsverzeichnis anlegen

Lege ein Inhaltsverzeichnis für deine Sachmappe an. Es sollte Platz bieten für
- die Seitenzahl
- die Überschrift jeder Seite
- das Datum, an dem die Seite erstellt wurde.

2 Eine Innenseite der Sachmappe gestalten

Schritt 3:
Seiten gestalten

- Lass bei jedem Blatt links einen Rand zum Abheften frei.
- Gib jeder Seite eine Überschrift.
- Benutze zum Unterstreichen ein Lineal.
- Zeichne mit Bleistift und Buntstiften.
- Erstelle deine Zeichnungen ausreichend groß. Sie sollten mindestens eine halbe DIN-A4-Seite einnehmen.
- Achte auf Sauberkeit und Ordnung.

1 Beschreibe, wie du bei der Erstellung einer Sachmappe vorgehst.

2 Ⅱ Erkläre die Vorteile einer selbst erstellten Sachmappe gegenüber einem Buch.

Ⓐ Ein Naturtagebuch über einen Baum führen

3 Die vier Jahreszeiten: **A** Sommer, **B** Frühling, **C** Herbst, **D** Winter

Ein Naturtagebuch ist eine Sachmappe, in der du Veränderungen der Natur über einen längeren Zeitraum darstellst. Du kannst zum Beispiel einen Baum für einige Wochen beobachten und deine Beobachtungen dort sammeln.

Informationen zu einem Baum

- Fotos des Baumes in verschiedenen Jahreszeiten
- Artname des Baumes
- Standort des Baumes
- gepresste, gezeichnete oder fotografierte Blätter
- Zeichnung oder Foto zum Aussehen der Rinde
- Monat, in dem die Laubbildung beginnt
- die Dauer der Blütezeit (Monate)
- eine Beschreibung der Entwicklung von der Blüte zur Frucht
- das Aussehen der Früchte
- Informationen über Tiere am Baum
- evtl. besondere Wetterbeobachtungen

4 Mögliche Informationen zu einem Baum

5 Daten für ein Naturtagebuch sammeln

① **a)** ❚❙❙ Wähle einen Baum in deiner Umgebung aus. Besuche ihn mindestens einmal in der Woche.
b) ❚❙❙ Notiere alle Beobachtungen in dein Naturtagebuch.

② ❚❚❙ Übertrage deine Daten aus dem Naturtagebuch sauber in eine Sachmappe. Nutze dazu die Methode auf der linken Buchseite.

③ ❚❙❙ Informiert euch über den „Wettbewerb Naturtagebuch" der BUNDjugend. Diskutiert über eine mögliche Teilnahme.

🔲 **Digital+**

WES-184000-115

Naturschutz ist wichtig

1 Der Bestand der Fischotter ist in Deutschland gefährdet.

Bedrohte Arten

Auerhühner, Luchse und Fischotter sind interessante Tiere. Doch leider gibt es immer weniger Tiere dieser Arten. Manche Arten sind gefährdet oder bereits vom Aussterben bedroht. Auch Pflanzen wie die Schlüsselblume oder der wilde Krokus verschwinden. Diese Lebewesen stehen deshalb unter Naturschutz. Pflanzen von bedrohten Arten dürfen nicht gepflückt werden. Geschützte Tiere dürfen nicht gefangen oder gejagt werden. Alle Lebewesen, die gefährdet und weltweit vom Aussterben bedroht sind, stehen auf der sogenannten **Roten Liste.**

Lebensräume in Gefahr

Wir Menschen greifen mit unserer Lebensweise stark in die Natur ein. Wir bauen Städte und Straßen und holzen Wälder ab. Wir legen Moore trocken und verändern Bachläufe. Wir verschmutzen die Umwelt. Dadurch werden diese Lebensräume verändert oder zerstört. Dies wirkt sich auf die Lebewesen aus, die dort leben.

Naturschutz

Um bedrohte Tiere und Pflanzen zu erhalten, werden besondere Schutzgebiete eingerichtet. Dazu zählen Naturschutzgebiete, Nationalparks oder Naturparks.
In solchen Gebieten gelten strenge Regeln, damit die Lebewesen ungestört sind.
Auch wir können durch unser eigenes Verhalten zum Schutz der Natur beitragen. Jeder von uns hat Verantwortung für die Natur.

2 Naturschutzgebiet in Deutschland

1 Erkläre den Begriff „Rote Liste".

2 Nenne drei Beispiele, wie wir Menschen in die Natur eingreifen.

3 Begründe, warum Naturschutzgebiete und Naturparks eingerichtet werden.

3 Hochwasser in einer Stadt

Der Klimawandel

Das Klima hat sich auf der Erde schon immer verändert. Seit einigen Jahrzehnten stellen Forscherinnen und Forscher aber fest, dass es sehr schnell immer wärmer wird. Dadurch kommt es zu mehr **Naturka-tastrophen**. Es gibt häufiger Überschwem-mungen, Orkane oder große Trockenheiten. Verursacht wird der **Klimawandel** durch die Lebensweise von uns Menschen. Zum Bei-spiel verbrennen wir sehr viel Erdgas, Erdöl und Kohle. Dabei entsteht das Gas Kohlen-stoffdioxid. Zusammen mit anderen Gasen ist es für den Klimawandel verantwortlich.

Was wir tun können

Durch unser Verhalten können wir dazu beitragen, die Natur zu schützen. Statt mit dem Auto können wir mit dem Fahrrad fahren oder zu Fuß gehen. In Schutzgebie-ten halten wir uns an die Regeln.
Auch das aktive Mitwirken in einer Natur-schutzorganisation trägt zum Schutz der Natur bei. Ihr könnt zum Beispiel an einer Müllsammelaktion teilnehmen.

ÜBEN UND ANWENDEN

Verhaltensregeln im Wald

In einem Wald haben Spaziergänger das alte Schild entdeckt, das Bild 4 zeigt. Das Schild hängt dort an einer Schutzhütte.

Bitte!

Bitte, lärm nicht kreuz und quer
auf und ab im Wald umher.
Wozu gibt es sichere Wege?
Denk ans Wild und seine Hege!
Zugleich bitte ich ums eine:
Häng Dein Hündchen an die Leine!
Furchtbar ist des Feuers Macht,
darum gib aufs Zündholz acht!
Speisereste, Glas, Papier –
bitte, lass das doch nicht hier.
Zu Natur und Umweltschutz
passt kein Abfall und kein Schmutz!

Danke!
Die Jägerschaft

4 Altes Schild im Wald

① ▮▮▮ Übersetze die Regeln, die auf dem Schild stehen, in die heutige Sprache.

② ▮▮▮ Begründe mindestens zwei der Verhaltensregeln im Wald.

③ **a)** ▮▮▮ Formuliere weitere Regeln für ein verantwortungsvolles Verhalten im Wald.
b) ▮▮▮ Gestalte einen Entwurf für ein neues Schild.

4 **a)** Erkläre, warum das Klima auf der Erde immer wärmer wird.
b) Nenne Folgen des Klimawandels.
c) Erkläre den Zusammenhang von Energiesparen und Umweltschutz.

📱 **Digital+**

Umweltbewusst handeln und nachhaltiger leben

1 Umweltbewusst: **A** Einkaufen ohne Verpackung, **B** Reparieren anstatt neu kaufen

2 Nur so viel Holz fällen, wie auch nachwächst!

Umweltbewusst handeln

Die Art, wie wir heute leben, verursacht zahlreiche Umweltprobleme. Manche Auswirkungen unseres Handelns werden erst nach vielen Jahren sichtbar. Wir müssen daher heute dringend Beiträge leisten, damit auch unsere Kinder und Enkelkinder noch in einer intakten Umwelt leben können. Zum umweltbewussten Handeln können viele kleine Dinge beitragen. Einige Beispiele sind:

- Achtsam mit Wasser umgehen.
- Müll vermeiden.
- Lebensmittel aus der Region kaufen.
- Öffentliche Verkehrsmittel benutzen.
- Beim Kauf von Dingen überlegen, ob sie wirklich nötig sind.
- Strom sparen.
- Schulhefte aus Altpapier benutzen.

Nachhaltig leben

Der Begriff der **Nachhaltigkeit** kommt ursprünglich aus der Forstwirtschaft. In der Forstwirtschaft bedeutet Nachhaltigkeit, dass nur so viele Bäume gefällt werden, wie in der gleichen Zeit auch nachwachsen. Sonst sind irgendwann alle Bäume gefällt und die Menschen haben kein Holz mehr zum Bauen oder Heizen (→ Bild 2).
Heute bezieht sich der Begriff der Nachhaltigkeit auf alle Rohstoffe, die wir auf der Erde zur Verfügung haben, zum Beispiel Erdöl oder seltene Metalle. Mit diesen Rohstoffen müssen wir sorgfältig umgehen. Wir dürfen sie nicht verschwenden.
Wir sollten daran denken, dass auch unsere Kinder und Enkelkinder in Zukunft noch Rohstoffe brauchen und gut auf der Erde leben wollen.

1 Erweitere die Liste der Beispiele für umweltbewusstes Handeln um mindestens drei weitere Punkte.

2 Erkläre, warum wir unsere Umwelt schonen und nachhaltig leben sollten.

Ⓐ Äpfel essen

Das Essen von Äpfeln hat Auswirkungen auf die Umwelt. Im Supermarkt werden Äpfel aus verschiedenen Ländern wie zum Beispiel Deutschland und Neuseeland angeboten.
Aus Neuseeland müssen die Äpfel tausende Kilometer mit Schiffen und Lastwagen zu uns in den Supermarkt transportiert werden. Dabei wird viel Energie verbraucht. Dies ist bei den Äpfeln aus Deutschland nicht der Fall.
Wenn wir die deutschen Äpfel allerdings außerhalb ihrer Erntezeit kaufen, kommen die Äpfel aus Kühlhäusern. Bei der langen Kühlung wird dann auch viel Energie benötigt.

3 Äpfel im Supermarkt

① ▌▌▌ Beschreibe, wann du besser Äpfel aus Deutschland als Äpfel aus Neuseeland essen solltest.

② ▌▌▌ Erkläre, warum es nicht zu jeder Jahreszeit umweltbewusster ist, Äpfel aus Deutschland zu essen.

③ ▌▌ Beschreibe, wie du beim Einkaufen auch bei der Wahl der Verpackungen auf Nachhaltigkeit achten kannst.

Ⓑ Bäume pflanzen für die Umwelt

Unter dem Motto **#Einheitsbuddeln** wird seit 2019 jedes Jahr zum Tag der Deutschen Einheit dazu aufgerufen, dass jeder Bürger einen Baum pflanzt.
Das Ziel ist, unsere Wälder wieder aufzuforsten. Bäume liefern nicht nur den Rohstoff Holz.
Bäume helfen, das Gas Kohlenstoffdioxid aus der Atmosphäre zu entfernen. Dieses Gas verursacht den Klimawandel. Deshalb helfen Bäume, dem Klimawandel entgegenzuwirken.

4 Aktion „Einheitsbuddeln"

① ▌▌▌ Nenne zwei Gründe, warum es sinnvoll ist, Bäume zu pflanzen.

② ▌▌▌ Nenne Argumente, die für die aktive Teilnahme an einer Baumpflanzaktion sprechen.

③ **a)** ▌▌ Recherchiere weitere Projekte, die es in Deutschland und weltweit zur Wiederaufforstung von Wäldern gibt.
b) ▌▌ Präsentiere deine Ergebnisse.

🔲 **Digital+**

WES-184000-119

Lebensräume in unserem Umfeld

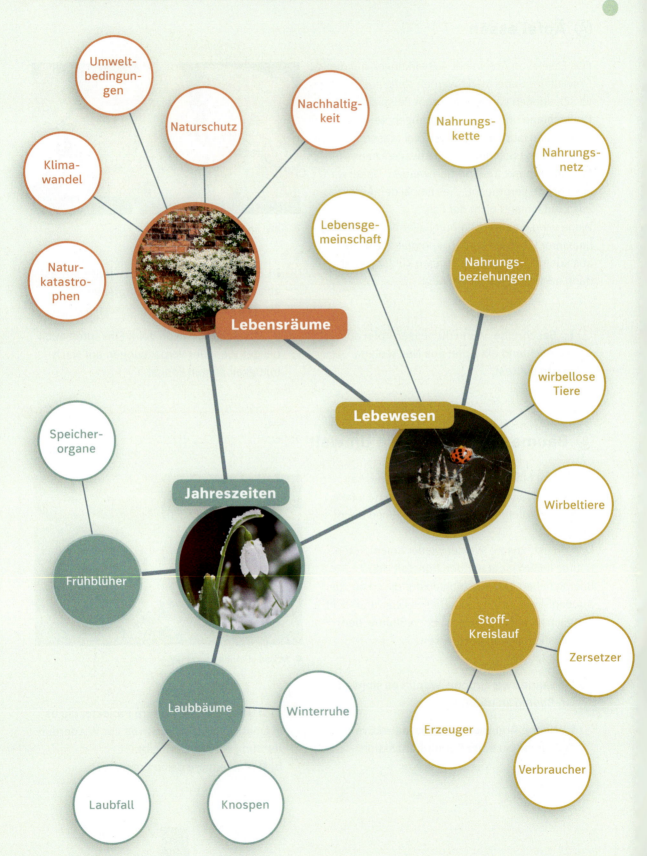

Umwelt-bedingungen

Naturschutz

Nachhaltig-keit

Klima-wandel

Natur-katastrophen

Lebensge-meinschaft

Lebensräume

Nahrungs-kette

Nahrungs-netz

Nahrungs-beziehungen

wirbellose Tiere

Lebewesen

Wirbeltiere

Speicher-organe

Jahreszeiten

Frühblüher

Stoff-Kreislauf

Zersetzer

Laubbäume

Winterruhe

Erzeuger

Verbraucher

Laubfall

Knospen

1 a) Beschreibe, was ein Lebensraum ist.
b) Nenne mindestens zwei Beispiele für Lebensräume.
c) Nenne vier Umweltbedingungen, durch die sich Lebensräume unterscheiden.

2 a) Nenne zwei Beispiele, wodurch Lebensräume zerstört werden können.
b) Beschreibe Möglichkeiten, wie wir zum Schutz der Natur beitragen können.

3 a) Schreibe aus dem Nahrungsnetz rechts mindestens zwei Nahrungsketten heraus.
b) Gib für jedes Lebewesen an, ob es zu den Erzeugern oder Verbrauchern gehört.

4 a) Nenne das Tier aus dem Nahrungsnetz, welches zu den Wirbellosen gehört.
b) Benenne die Gruppe wirbelloser Tiere, zu der das Tier gezählt wird. Begründe diese Zugehörigkeit.

5 Erkläre anhand der Abbildung rechts den Begriff „Lebensgemeinschaft".

6 a) Zeichne einen Stoffkreislauf mit den Begriffen „Erzeuger", „Zersetzer" und „Verbraucher".
b) Nenne jeweils ein Beispiel.

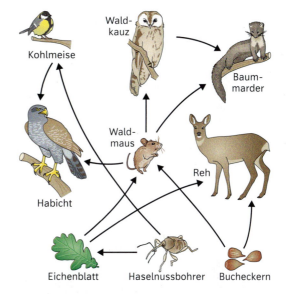

7 a) Nenne die Jahreszeit, die das Bild des Laubwaldes zeigt.
b) Erkläre das Aussehen des Laubwaldes mit den Umweltbedingungen in dieser Jahreszeit.

8 Begründe, warum Laubbäume im Winter ihre Blätter abwerfen.

9 a) Nenne ein Beispiel für einen Frühblüher.
b) Erkläre, welche Vorteile Frühblüher durch ihre Speicherorgane haben.

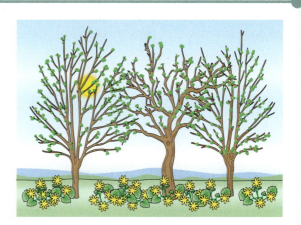

Digital+

WES-184000-121

Lebensräume auf dem Schulgelände untersuchen

A Lebensräume kartieren

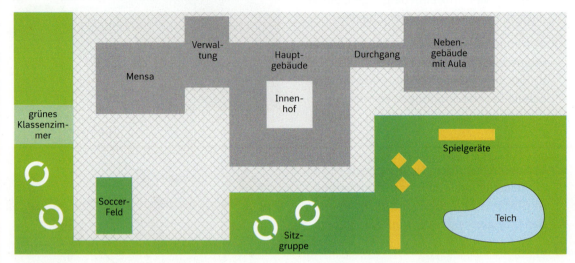

1 Eine Skizze von einem Schulgelände

Auf einem Schulgelände gibt es viele unterschiedliche Lebensräume wie den gepflasterten Schulhof und den Parkplatz, die Wege und die Grünflächen.

Zu den Grünflächen gehören Rasenflächen oder Wiesen, Flächen mit Bäumen und Sträuchern, Hecken und vielleicht Beete mit krautigen Pflanzen. Oft gibt es auch Mauern, begrünte Wände, einen Teich oder einen Schulgarten.

Material: weißes Papier, Klemmbrett als Unterlage, Schreibzeug, Skizze eures Schulgeländes (→ Bild 1)

Durchführung:

Schritt 1: Sucht auf eurem Schulgelände unterschiedliche Lebensräume. Beschreibt diese kurz.

Schritt 2: Überlegt euch anschließend Symbole für die unterschiedlichen Lebensräume. Erstellt dazu eine Legende (→ Bild 2).

Schritt 3: Zeichnet die Lebensräume mithilfe eurer Symbole in die Skizze eures Schulgeländes ein.

❶ ❚❚❚ Vergleicht eure Skizzen untereinander. Stellt fest, ob ihr die gleichen Lebensräume gefunden habt. Ergänzt eure Skizzen gegebenenfalls.

❷ **a)** ❚❚ Schätzt anhand eurer Skizze ab, welcher Lebensraum die größte, zweitgrößte usw. Fläche einnimmt.
b) ❚❚ Sortiert die Lebensräume nach der geschätzten Flächengröße.

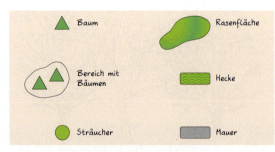

2 Auszug aus einer möglichen Legende für verschiedene Lebensräume

B Pflanzen und Tiere auf dem Schulgelände

In jedem kleinen Lebensraum auf eurem Schulhof wachsen Pflanzen und leben Tiere.

Material: Smartphone oder Kamera, Bestimmungsbücher oder Apps für Pflanzen und Tiere

Durchführung:

Schritt 1: Fotografiert die unterschiedlichen Lebensräume auf dem Schulgelände und jeweils eine Pflanze, die dort wächst.

Schritt 2: Bestimmt einige der Pflanzen mithilfe von Bestimmungsbüchern oder einer Bestimmungs-App.

> **Hinweis:** Vielleicht findet ihr auch Tiere, die ihr bestimmen könnt. Behandelt sie sehr vorsichtig und setzt sie schnell an ihre Fundstelle zurück!

3 Kleiner Lebensraum auf dem Schulhof

1 ▌▌▌ Überlegt euch für jeden Lebensraum eine Tierart, die dort vorkommen könnte. **Tipp:** Ihr könnt dazu auch im Internet recherchieren.

2 ▌▌▌ Gestaltet ein Plakat von eurem Schulgelände mit den verschiedenen Lebensräumen. Fügt eure Fotos ein und schreibt dazu, welche Lebewesen dort leben können.

C Grünes Schulgelände

Bereiche mit Pflanzen auf dem Schulgelände sind Lebensräume für viele Lebewesen.
Auch für die Schülerinnen und Schüler und die Lehrkräfte, die das Schulgelände nutzen, können sie eine Bereicherung sein.

1 **a)** ▌▌▌ Nennt Bereiche mit Pflanzen auf dem Schulgelände, die ihr selbst nutzt.
b) ▌▌▌ Beschreibt, wie ihr diese Bereiche nutzt und warum.

2 ▌▌▌ Überlegt euch, wie euer Schulgelände noch „grüner" gestaltet werden könnte. Macht Vorschläge und begründet sie.

4 „Grünes Klassenzimmer"

3 ▌▌▌ Arbeitet eure Vorschläge zur weiteren Begrünung des Schulgeländes in eine neue Skizze des Schulgeländes ein.

 Digital+

WES-184000-123

Wirbeltiere in ihren Lebensräumen

Wie können Fische unter Wasser atmen?

Wie wird aus einer Kaulquappe ein erwachsener Frosch?

Warum sonnen sich Eidechsen?

Eichhörnchen sind Säugetiere

1 Ein Eichhörnchen am Baumstamm

Das Eichhörnchen

Eichhörnchen sind einheimische Wildtiere. Du kannst sie häufig in Gärten, Parks oder Wäldern beobachten.

Eichhörnchen können sehr geschickt an Baumstämmen hoch und wieder herunter laufen (→ Bild 1). Mit ihren langen und starken Hinterbeinen können sie gut klettern und springen.

An den Pfoten haben Eichhörnchen lange Zehen mit scharfen Krallen. Damit können sie sich an der Baumrinde festhalten. Besonders auffallend ist der lange, buschige Schwanz. Er hilft den Tieren, das Gleichgewicht zu halten und Sprünge zu steuern. Dadurch können Eichhörnchen sogar bis zu 5 m weit von Baum zu Baum springen.

Eichhörnchen sind also gut an das Leben in den Bäumen angepasst.

Eichhörnchen sind Nagetiere

Eichhörnchen ernähren sich hauptsächlich von Eicheln, verschiedenen Nüssen und den Samen aus Fichtenzapfen und Kiefernzapfen. Mit ihren langen Nagezähnen öffnen sie die Schalen der Früchte.

Die Nagezähne nutzen sich mit der Zeit ab und bekommen dadurch eine scharfe Kante. Die Zähne wachsen immer wieder nach. Eichhörnchen gehören zu den **Nagetieren**.

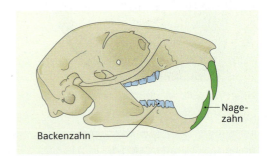

2 Schädel und Gebiss des Eichhörnchens

---

1 Erstelle eine Tabelle zu den körperlichen Merkmalen des Eichhörnchens und ihren Funktionen. Nutze dazu Bild 1 und den zugehörigen Text.

2 Beschreibe das Nagetiergebiss des Eichhörnchens.

3 Mutter und Jungtier am Kobel

Eichhörnchen sind Säugetiere

Eichhörnchen bringen ihre Jungen in einem Nest zur Welt. Das Nest heißt **Kobel.** Der Kobel liegt gut geschützt in der Baumkrone. Die zwei bis sechs Junge kommen ohne Fell zur Welt. Ihre Körpertemperatur muss aber immer gleich bleiben, da sie **gleichwarme Tiere** sind. Im Kobel sind sie gegen Kälte geschützt und werden von ihrer Mutter gewärmt. Außerdem säugt die Mutter ihre Jungen.

Brutpflege des Eichhörnchens

Die Jungtiere der Eichhörnchen sind zunächst hilflos und benötigen die intensive Pflege ihrer Mutter. Die Jungen der Eichhörnchen sind **Nesthocker.** Die Mutter reinigt, wärmt, beschützt und säugt ihre Jungen in den ersten sieben Wochen. Auch wenn die Jungtiere den Kobel verlassen haben, kümmert sich die Mutter noch einige Zeit um sie. Sie betreibt **Brutpflege**.

ÜBEN UND ANWENDEN

Das Leben hoch im Baum

Der Kobel der Eichhörnchen befindet sich geschützt hoch oben in den Bäumen. Dort versorgt die Mutter ihre Jungen.

4 Neugeborene Eichhörnchen

① **a)** ▮▮▮ Erkläre mithilfe von Bild 4, warum die Jungen als Nesthocker bezeichnet werden.
b) ▮▮▮ Beschreibe, wie sich die Mutter um ihre Jungen kümmert.

② ▮▮ Erkläre Vorteile der Brutpflege.

③ **a)** ▮▮ Baummarder sind Fressfeinde der Eichhörnchen. Beschreibe Gemeinsamkeiten von Baummarder und Eichhörnchen mithilfe von Bild 5.
b) ▮▮ Stelle eine Vermutung auf, warum beide Tierarten teilweise ähnliche Körpermerkmale haben. Begründe die Vermutung.

5 Baummarder

③ **a)** Erkläre, warum die Mutter ihren Nachwuchs wärmen muss.
b) Erkläre die Begriffe „Nesthocker" und „Brutpflege".

Digital+

WES-184000-127

Fledermäuse sind Säugetiere der Luft

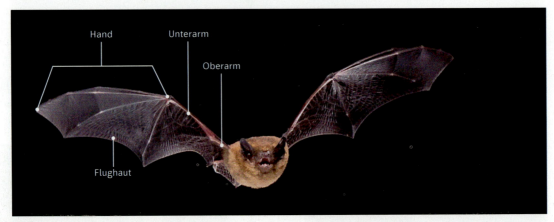

1 Eine Zwergfledermaus im Flug

Zwergfledermäuse

Zwergfledermäuse sind die häufigsten heimischen Fledermäuse. Sie haben eine Flügelspannweite von ungefähr 25 cm und wiegen nur 3 g bis 7 g.
Zwergfledermäuse sind Wirbeltiere. Zum Fliegen besitzen sie Flughäute. Diese sind sehr fest und nicht behaart. Ihr Körper ist mit braunem Fell bedeckt.
Zwergfledermäuse bringen pro Wurf ein bis zwei lebende Junge zur Welt, die mit Milch gesäugt werden. Deshalb gehören Fledermäuse zur Klasse der **Säugetiere**.
Fledermäuse und Flughunde sind die einzigen Säugetiere, die fliegen können.

Jagen mit Echoortung

Zwergfledermäuse ernähren sich von fliegenden Insekten. Sie jagen in der Dämmerung. Dazu stoßen die Fledermäuse Schallwellen aus. Sie liegen im Ultraschallbereich, der für uns nicht hörbar ist. Die Schallwellen werden von den Beutetieren als Echo zurückgeworfen. Die Fledermäuse hören diese Echos und können so die Position ihrer Beute bestimmen. Das wird **Echoortung** genannt.
Anschließend fangen und fressen die Fledermäuse die Insekten noch im Flug. So erbeutet eine einzige Zwergfledermaus ungefähr 500 Insekten pro Stunde.

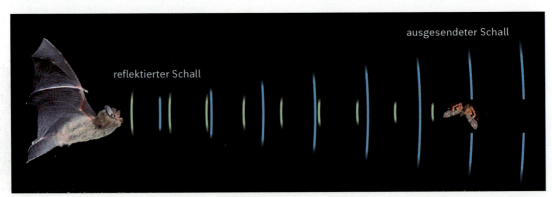

2 Die Jagd auf Insekten mit Echoortung

1 Nenne Merkmale, an denen du erkennen kannst, dass Zwergfledermäuse Säugetiere sind.

2 Erkläre, wie Fledermäuse nachts jagen können.

3 Eine Fledermaus in ihrem Quartier

Das Leben der Zwergfledermaus

Den Tag verbringen Zwergfledermäuse in kleinen Spalten an Häusern oder in Baumhöhlen. Diese Verstecke heißen **Quartiere**. Von Juni bis Juli kommen die Jungen zur Welt. Dann leben bis zu 50 Mütter in sogenannten **Wochenstuben** zusammen. Wenn die Weibchen nachts jagen, kommen sie regelmäßig zurück. Dann säugen sie ihre Jungtiere und wärmen sie.
Nach der Paarung im Herbst suchen sich Fledermäuse ein Winterquartier. Dies sind Höhlen, Kellerräume von Häusern oder auch Kirchtürme. Dort verbringen sie die Zeit bis Mitte April im **Winterschlaf**.

4 Fledermäuse schlafen in einer Höhle.

Fledermäuse brauchen Hilfe

Unsere Häuser werden immer besser abgedichtet und alte, morsche Bäume schnell abgeholzt. Deshalb finden Fledermäuse nur schwer geeignete Quartiere. Fast alle Fledermausarten sind gefährdet. Wir können den Tieren zum Beispiel mit Fledermauskästen helfen. Sie werden von ihnen als Ersatzquartiere genutzt.

5 Ein Fledermauskasten

① **|||** Erkläre, warum moderne Häuser ein Problem für Fledermäuse sind.

② **|||** Erkläre, warum Fledermauskästen wichtig sind.

③ **a) |||** Erläutere, warum es neben der Bereitstellung von Fledermauskästen auch wichtig ist, die Winterquartiere der Fledermäuse zu schützen.
b) ||| Beschreibe geeignete Maßnahmen zum Erhalt solcher Quartiere. Du kannst dazu auch im Internet recherchieren.

3 Beschreibe, wie Fledermäuse den Sommer und den Winter verbringen.

Digital+

Delfine sind Säugetiere im Wasser

1 Springender Delfin

Der Körperbau der Delfine

Delfine leben in fast allen Meeren. Mit ihrem stromlinienförmigen Körper gleiten sie schnell durch das Wasser. Ihr Körper ist von einer glatten Haut umgeben.

Delfine sind Wirbeltiere. Sie haben eine stabile Wirbelsäule. In den Brustflossen befindet sich ein Armskelett und ein Handskelett. Das Armskelett ist über das Schulterblatt mit der Wirbelsäule verbunden. Vom Beckenknochen ist bei Delfinen nur noch ein Rest vorhanden (→ Bild 2).

Delfine sind Säugetiere im Wasser

Obwohl Delfine im Wasser leben, sind sie keine Fische, sondern gehören zu den **Säugetieren.**

Delfine atmen durch ein Blasloch an der Oberseite des Kopfes. Über dieses Blasloch gelangt Luft in die Lunge. Deshalb müssen Delfine ab und zu auftauchen.

Delfine gebären ihre Jungen im Wasser. Die Jungen werden wie bei allen Säugetieren von den Weibchen gesäugt.

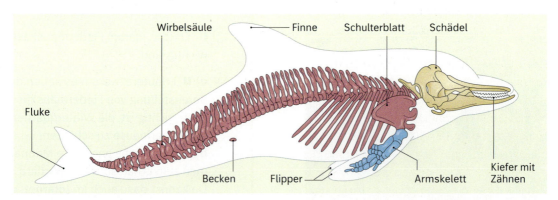

2 Das Skelett und die Flossen eines Delfins

1 a) Beschreibe, wo sich das Armskelett bei den Delfinen befindet.
b) Beurteile, ob Delfine ein Beinskelett haben. Nutze dazu Bild 2 und den Text.

2 Nenne mindestens zwei Körpermerkmale, an denen du erkennst, dass Delfine keine Fische sind.

3 Wale: **A** Zähne (Delfin), **B** Barten (Buckelwal)

Delfine sind Wale

Delfine gehören zu den Walen. Ihr Kiefer ist mit Zähnen besetzt. Auch Schwertwale haben Zähne. Deshalb werden diese Walarten **Zahnwale** genannt. Zahnwale ernähren sich zum Beispiel von Fischen und Tintenfischen.

Daneben gibt es noch die **Bartenwale.** Sie tragen im Oberkiefer lange Borsten, die Barten. Damit filtern sie Kleinlebewesen aus dem Wasser. Der Blauwal gehört zu den Bartenwalen. Blauwale sind die schwersten Säugetiere. Sie können bis zu 130 Tonnen wiegen, so viel wie etwa 26 Elefanten.

Sinnesorgane und Orientierung

Delfine leben in Gruppen. Sie verständigen sich mit Klicklauten und Schnarrlauten. Ähnlich wie Fledermäuse besitzen sie ein Echolotsystem zur Orientierung. Sie stoßen Ultraschalltöne aus, die von Hindernissen im Waser zurückgeworfen werden. So erhalten die Tiere ein Bild von ihrer Umwelt. Delfine können gut hören und riechen.

ÜBEN UND ANWENDEN

Die Flossen der Delfine

Der Körperbau der Delfine ist an die Fortbewegung im Wasser angepasst.

4 Körperbau eines Delfins

① **❚❚** Erkläre mithilfe von Bild 4, wie der Delfin an die Fortbewegung im Wasser angepasst ist.

② **❚❚** Benenne die unterschiedlichen Flossen ① bis ③ in Bild 4.

③ **❚❚** Die Flossen der Delfine sind mit ihrem Bau an bestimmte Funktionen angepasst. Lies zunächst die Zettel in Bild 5. Erstelle dann eine Tabelle mit den Namen der Flossen und den Funktionen. Trage dort die fettgedruckten Funktionen ein.

Eine waagerecht stehende Schwanzflosse zur **schnellen Fortbewegung** und dem **Antrieb beim Springen**.

Eine senkrecht stehende Rückenflosse gibt dem Körper eine **stabile Lage beim Schwimmen**.

Zwei bewegliche Brustflossen werden zum **Steuern** genutzt.

5 Flossen und ihre Funktionen

---

③ Erkläre, wie sich Zahnwale von Bartenwalen unterscheiden.

④ Beschreibe, wie sich Delfine orientieren.

Digital+

WES-184000-131

Vögel sind Wirbeltiere

1 Eine Graugans „läuft" auf dem Wasser, um zum Flug zu starten.

Graugänse sind gute Flieger

Der Körper der Graugans ist gut an das Fliegen angepasst. An vielen Stellen wird Gewicht gespart. Vögel haben keine Zähne und ihre Knochen sind sehr leicht gebaut. Sie fressen nur kleine Portionen und verdauen sie sehr schnell. Außerdem legen Vögel Eier. Die Jungen entwickeln sich also außerhalb des Vogelkörpers.

Ein stabiles Skelett

Vögel gehören zu den Wirbeltieren. Ihre **Wirbelsäule** besteht aber nur am Hals aus beweglichen Wirbeln. Brustwirbel und Lendenwirbel sind miteinander verwachsen. Das macht ihren Körper sehr stabil und erleichtert das Fliegen. Das Brustbein ist bei den Vögeln stark vergrößert (→ Bild 2 A). Hier setzen die Muskeln für die Flügel an.

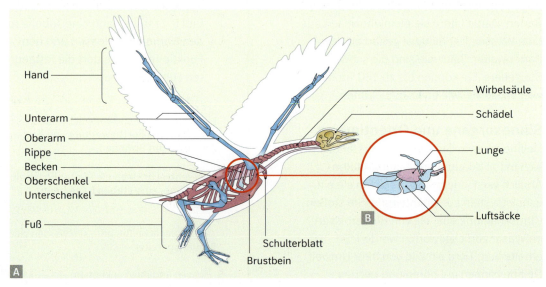

2 Graugans: **A** Skelett, **B** Lunge

---

1 Erkläre, wie die Verdauung und die Fortpflanzung bei Vögeln an die fliegende Lebensweise angepasst sind.

2 Nenne Merkmale des Vogelskeletts, die für das Fliegen wichtig sind.

3 Leicht gebaut: **A** Knochen, **B** Feder

Leichtbauweise bei Vögeln

Die Knochen der Vögel sind leicht gebaut. Sie haben viele Hohlräume, die mit Luft gefüllt sind (→ Bild 3 A). Auf diese Weise sind sie leicht, aber trotzdem sehr stabil. Die Federn dienen den Vögeln als Körperbedeckung. Sie halten den Vogel warm, weil sie Luft zwischen sich festhalten. Das ist wichtig, weil Vögel gleichwarm sind. Außerdem ermöglichen Federn, dass Vögel fliegen können. Die elastischen Federkiele sind hohl. Dadurch sind auch die Federn leicht und trotzdem stabil.

Eine besondere Lunge

Vögel atmen mit einer Lunge. Diese ist besonders gebaut. Die Vogellunge hat Ausstülpungen, die mit Luft gefüllt werden können (→ Bild 2 B). Diese **Luftsäcke** sorgen dafür, dass die Lunge ständig mit Luft versorgt wird. So können Vögel beim Atmen sehr viel Sauerstoff aufnehmen. Das ist nötig, da Fliegen sehr viel Energie benötigt. Die Energie kann nur mithilfe von Sauerstoff gewonnen werden.

ÜBEN UND ANWENDEN

Vergleich von Vogelflügel und Menschenarm

Die Arme der Vögel sind als Flügel ausgebildet. Der Grundbauplan des Vogelflügels gleicht deswegen dem Grundbauplan des Menschenarms.

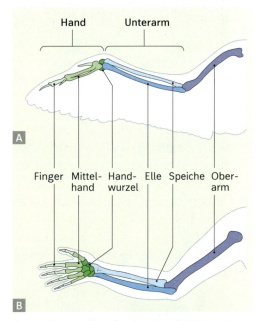

4 Armskelette (Knochen): **A** Vogel, **B** Mensch

① **a)** ❙❙❙ Vergleiche die beiden Armskelette von Vogel und Mensch in Bild 4. Nenne die Knochen, die beim Vogel und beim Säugetier ähnlich sind.
b) ❙❙❙ Nenne die Knochen, die beim Vogel weniger häufig vorkommen.
c) ❙❙❙ Nenne die Knochen, die beim Vogel zusammengewachsen sind.

② ❙❙ Erkläre, warum die Besonderheit des Armskeletts bei den Vögeln eine Angepasstheit an das Fliegen ist.

③ Der Bau von Knochen, von Federn und von der Lunge sind ans Fliegen angepasst. Erkläre dies jeweils kurz.

Digital+
WES-184000-133

Vögel entwickeln sich in Eiern

1 Vom Ei zum Küken: **A** Eier im Nest, **B** Weibchen brütet, **C** Küken werden gefüttert, **D** Jungvogel

Blaumeisen suchen eine Höhle

Viele Menschen hängen Nistkästen für Vögel auf. Oft brüten dort im Frühling Blaumeisen. In der Natur nutzen Blaumeisen alte Spechthöhlen oder kleine Astlöcher zum Brüten. Sie sind **Höhlenbrüter**. In der Höhle baut das Weibchen ein Nest. Das Männchen paart sich mit dem Weibchen und befruchtet die Eier im Körper des Weibchens. Während der Paarungszeit legt das Weibchen nach und nach 7–13 Eier mit einer harten Kalkschale (→ Bild 1 A).

Das Weibchen brütet allein

Bei den Blaumeisen brütet nur das Weibchen. 12–16 Tage lang liegt es fast ununterbrochen auf den Eiern und wärmt diese (→ Bild 1 B). Während dieser Zeit wird das Weibchen vom Männchen gefüttert. Danach schlüpfen die Jungen aus den Eiern.

Die Küken sind nackt und blind

Die frisch geschlüpften Blaumeisen sind nackt und blind. Sie müssen noch weitere 15 bis 20 Tage im Nest gewärmt werden. Sie sind **Nesthocker**. Außerdem brauchen die Küken nun auch Futter. Sie betteln um Futter und machen dabei den Schnabel weit auf (→ Bild 1 C). Dieses Verhalten heißt **Sperren**. Beim Sperren wird eine gelbe Signalfarbe im Schnabel sichtbar. Darauf reagieren die Eltern und füttern die Küken.

Die Küken fliegen aus

Die Jungvögel entwickeln sich. Sie wachsen, öffnen die Augen und bekommen Federn (→ Bild 1 D). Nach zwei bis drei Wochen verlassen sie die Bruthöhle. Sie werden **flügge**. Die Eltern zeigen ihnen, wie sie selbst Nahrung finden. Wenn sie überleben, bekommen sie im nächsten Frühling eigene Junge.

1 Beschreibe die Stationen der Entwicklung einer Blaumeise mithilfe von Bild 1.

2 Beschreibe, wie das Weibchen und das Männchen der Blaumeise bei der Aufzucht der Küken zusammenarbeiten.

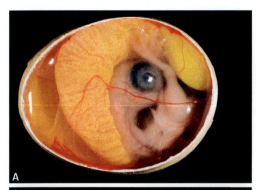

2 Ein Hühnerküken entwickelt sich im Ei:
A 12. Tag, **B** 19. Tag kurz vor dem Schlüpfen

Die Entwicklung im Hühnerei

Hühnereier, die wir essen, sind normalerweise nicht befruchtet. Nur wenn sich die Henne mit einem Hahn gepaart hat, ist ein Ei befruchtet.

In einem Ei liegt auf dem gelben Eidotter die **Keimscheibe**. Wenn das Ei befruchtet wurde, entwickelt sich aus der Keimscheibe der **Embryo**. Für die Entwicklung eines Embryos ist eine Temperatur von 38 °C bis 40 °C nötig. Eidotter und Eiklar versorgen den Embryo mit Nährstoffen. Am sechsten Tag ist der Embryo wenige Millimeter groß. Nach 12 Tagen ist der kleine Vogel schon gut erkennbar. Am 19. Tag füllt das Küken das gesamte Ei aus. Nach 21 Tagen pickt das Küken das Ei von innen mit dem Schnabel auf und schlüpft heraus.

ÜBEN UND ANWENDEN

Aus dem Leben der Blaumeisen

Blaumeisen werden in der Natur etwa 2–3 Jahre alt. Ihre Lebensdauer hängt zum Beispiel vom Nahrungsangebot ab. Blaumeisen ziehen pro Jahr meistens zwei Bruten groß.

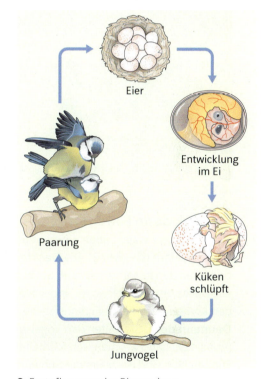

3 Fortpflanzung der Blaumeisen

① ▮▮▮ Beschreibe die Entwicklung einer Blaumeise mithilfe von Bild 3. Beginne bei der Paarung.

② ▮▮▮ Die Jungvögel der Blaumeise sind Nesthocker. Erkläre, was das bedeutet.

③ ▮▮ Stelle eine begründete Vermutung auf, welche Funktion die harte Kalkschale der Eier hat.

❸ Erläutere, ob sich in einem Ei aus dem Supermarkt ein Küken entwickeln kann.

❹ Erkläre die Funktion von Eiklar und Eidotter.

 **Digital+**

WES-184000-135

Wie Vögel fliegen

1 Mäusebussard im Ruderflug: **A** Abwärtsbewegung, **B** Aufwärtsbewegung

Verschiedene Federn

Die Federn der Vögel haben unterschiedliche Funktionen (→ Bild 2). Die **Deckfedern** bedecken den gesamten Körper. Sie liegen wie Dachziegel übereinander und schützen den Körper. Darunter befinden sich die **Daunenfedern.** Sie halten den Vogel warm, weil sie die Luft zwischen sich festhalten. Für den Flug sind vor allem die **Schwungfedern** und die **Schwanzfedern** wichtig. Die Schwanzfedern dienen als **Steuerfedern.**

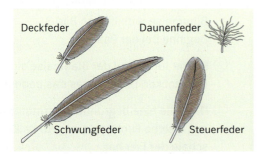

2 Die vier wichtigsten Federtypen

Der Ruderflug

Ein Mäusebussard jagt seine Beute wie Kaninchen, Feldmäuse oder andere Vögel aus der Luft. Wenn er startet, schlägt er die Flügel im **Ruderflug** auf und ab. Dabei muss der Mäusebussard seine Muskelkraft einsetzen. Das erfordert viel Energie. Der **Abwärtsschlag** treibt den Vogel voran und hält ihn in der Luft (→ Bild 1A). Die Flügel werden schräg nach unten geführt. Dabei bilden die Schwungfedern am Flügel eine durchgehende Fläche. So verdrängen sie möglichst viel Luft. Der Vogel kann so Höhe gewinnen und vorwärtskommen. Beim **Aufwärtsschlag** (→ Bild 1B) darf nicht viel Luft verdrängt werden. Sonst verliert der Vogel an Höhe und Geschwindigkeit. Deshalb zieht der Vogel die Flügel an den Körper und stellt die Federn senkrecht. Auf diese Weise strömt die Luft zwischen den Federn hindurch.

1 Erstelle eine Tabelle mit den vier wichtigsten Federtypen und ihren Funktionen.

2 a) Vergleiche die Federstellungen beim Aufwärtsschlag und Abwärtsschlag.
b) Nenne jeweils die Funktion.

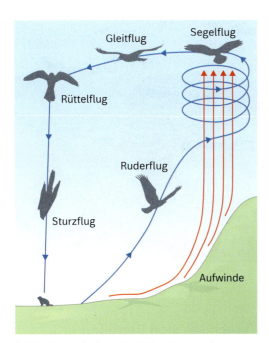

3 Die Flugtechniken des Mäusebussards

Flugarten des Mäusebussards

Manchmal fliegen Bussarde lange im Kreis, ohne dabei mit den Flügeln zu schlagen. Bei diesem **Segelflug** nutzen sie **Aufwinde.** Die Vögel lassen sich durch diese Luftströme in die Höhe tragen. Das spart Energie. Aus der Höhe kann sich der Bussard im **Gleitflug** nach unten gleiten lassen. Auch dabei bewegt er seine Flügel meist nicht.
Hält der Vogel nach Beute auf dem Boden Ausschau, nutzt er manchmal den **Rüttelflug**. Dabei stellt er seinen Körper gegen den Wind und schlägt mit den Flügeln. So bleibt der Bussard für kurze Zeit in der Luft stehen. Hat er Beute erspäht, setzt er zum **Sturzflug** an. Dabei zieht er seine Flügel eng an den Körper und lässt sich fallen. Dabei erreicht er eine hohe Geschwindigkeit. Kurz vor dem Boden breitet der Bussard seine Flügel dann wieder aus. So bremst er und kann sein Beutetier greifen.

ÜBEN UND ANWENDEN

Mit Federn fliegen

Mithilfe ihrer Schwungfedern können Vögel fliegen. Dazu sind diese Federn ganz speziell gebaut.

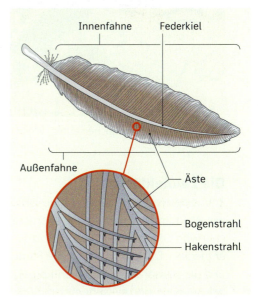

4 Der Bau einer Schwungfeder: **A** äußerer Bau, **B** Verzahnung

① ▮▮▮ Beschreibe den äußeren Aufbau einer Schwungfeder mithilfe von Bild 4 A.

② **a)** ▮▮▮ Betrachte Bild 4 B genau. Beschreibe die Anordnung von Bogenstrahlen und Hakenstrahlen zwischen den einzelnen Ästen.
b) ▮▮ Stelle eine begründete Vermutung darüber auf, welche Funktion die Haken an den Hakenstrahlen haben.

③ ▮▮ Beim Putzen des Gefieders bringen die Vögel die Verzahnung der Strahlen immer wieder in Ordnung. Erläutere, warum das nötig ist.

③ **a)** Nenne die unterschiedlichen Flugarten des Mäusebussards.
b) Beschreibe eine der Flugarten.

📱 **Digital+**

WES-184000-137

Eidechsen sind Reptilien

1 Zauneidechsen: Männchen unten, Weibchen oben

Die Zauneidechse

Zauneidechsen sind in ihren Lebensräumen wie Waldrändern, Hecken und Uferbereichen von Gewässern nicht einfach zu entdecken. Durch ihre bräunliche Färbung und die schwarzen und weißen Körperzeichnungen sind sie sehr gut an ihre Umgebung angepasst.

Nur während der Paarungszeit im Frühling bekommen die Männchen ein auffällig grün gefärbtes Prachtkleid (→ Bild 1). Damit locken sie Weibchen an.

Eidechsen sind Reptilien

Zauneidechsen kriechen mit schlängelnden Bewegungen über den Boden. Ihre kurzen Beine stehen seitlich am Körper (→ Bild 2). Ihr Bauch berührt beim Kriechen fast den Boden.

Eidechsen sind Wirbeltiere. Wegen ihrer Art der Fortbewegung werden sie **Kriechtiere** oder **Reptilien** genannt. Zu den Reptilien gehören auch die Schlangen, die Krokodile und die Schildkröten. Alle Reptilien atmen mit einer Lunge.

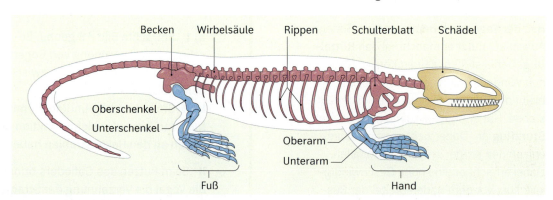

2 Das Skelett der Zauneidechse

1 **a)** Erkläre, warum Eidechsen in der Natur nicht einfach zu entdecken sind.
b) Erkläre die unterschiedliche Färbung der Zauneidechsen in Bild 1.

2 **a)** Erkläre, warum Reptilien auch als Kriechtiere bezeichnet werden.
b) Nenne weitere Tierarten, die zu den Reptilien gehören.

Eidechsen sind wechselwarm

Zauneidechsen wärmen sich an Sommertagen gern in der Sonne auf (→ Bild 1). Erst dann können sie sich schnell bewegen. Bei niedrigen Temperaturen können sie das nicht. Der Körper der Zauneidechsen ist dann ebenso kalt wie die Umgebung. Deshalb liegen sie fast unbeweglich in einem Versteck. Die Körpertemperatur der Zauneidechsen ist von der Umgebungstemperatur abhängig. Eidechsen sind wie alle Reptilien **wechselwarme Tiere**.
Den Winter verbringen Zauneidechsen deshalb in einem frostfreien Unterschlupf. Sie fallen dort in eine **Kältestarre,** bis es wieder wärmer wird.

Der Beutefang

Zauneidechsen ernähren sich überwiegend von Insekten wie Schmetterlingen, Heuschrecken und Käfern.
Eidechsen können gut sehen und gut hören. Sie spüren ihre Beute aber zunächst mit ihrer Zunge auf. Dazu strecken sie die Zunge in kurzen Abständen hervor und nehmen dabei Geruchspartikel auf. Haben sie durch das „Züngeln" eine Beute entdeckt, ergreifen sie diese blitzschnell. Sie verschlingen ihre Beute dann, ohne sie zu kauen.

3 Eine Zauneidechse mit Beute

ÜBEN UND ANWENDEN

Reptilien sind wechselwarm

Reptilien wie die Zauneidechse sind wechselwarme Tiere. Eine Umgebungstemperatur von 38 °C ist für die Eidechse optimal.

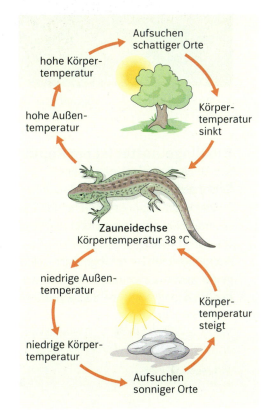

4 Die Zauneidechse reagiert auf die Temperatur in der Umgebung.

① ▎▎▎ Erkläre, wieso Eidechsen häufig an sonnigen Plätzen zu finden sind.

② ▎▎ Beschreibe mithilfe von Bild 4, wie Eidechsen ihre Körpertemperatur steuern.

③ ▎▎ Erläutere, warum Eidechsen bei uns nur selten im Schatten zu finden sind.

❸ Erkläre den Begriff „Kältestarre".

❹ Beschreibe den Beutefang der Zauneidechsen.

 Digital+

WES-184000-139

Wie sich Ringelnattern entwickeln

1 Eine Ringelnatter sucht züngelnd nach Beute.

Die Ringelnatter ist ein Reptil

Die Ringelnatter ist eine einheimische Schlange und gehört wie die Zauneidechse zu den Reptilien. Auf den ersten Blick unterscheiden beide sich deutlich, es gibt aber auch viele Gemeinsamkeiten.

Auch Ringelnattern bewegen sich schlängelnd vorwärts. Allerdings nutzen sie dazu nur ihren langen Körper, da sie keine Beine haben (→ Bild 2 B).

Das Leben der Ringelnatter

Ringelnattern leben meist in der Nähe von Gewässern. Auf ihrer Jagd nach Beutetieren wie Fröschen klettern oder schwimmen sie häufig. Ringelnattern produzieren Gift, mit dem sie ihre Beute lähmen können. Allerdings haben sie keine Giftzähne, so dass ihr Biss für Menschen ungefährlich ist.

Ringelnattern legen Eier

Nach der Paarung vergräbt das Weibchen die Eier an einem geschützten Platz. Dort werden sie durch den warmen Boden ausgebrütet. Damit die Eier nicht austrocknen, sind sie wie bei allen Reptilien durch eine lederartige Schale geschützt. Nach einigen Wochen schlüpfen die kleinen Schlangen.

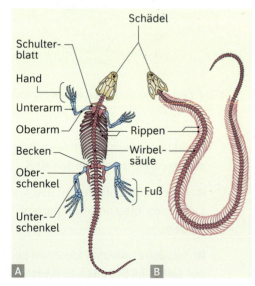

2 Skelett: **A** Eidechse, **B** Schlange

Schädel
Schulterblatt
Hand
Unterarm
Oberarm
Becken
Oberschenkel
Unterschenkel
Rippen
Wirbelsäule
Fuß
A
B

3 Eine Ringelnatter schlüpft.

1 Nenne Gemeinsamkeiten und Unterschiede bei den Skeletten von Eidechsen und Schlangen.

2 Beschreibe, wie die Eier der Ringelnatter ausgebrütet werden.

4 Ringelnatter: **A** kurz vor der Häutung,
B bei der Häutung

Reptilien häuten sich

Alle Reptilien haben eine Haut aus festen
Hornschuppen. Ihre Haut ist wasser-
undurchlässig und schützt die Tiere selbst
bei hohen Temperaturen vor Austrocknung.
Außerdem bietet die Haut Schutz vor
Verletzungen.
Ringelnattern wachsen ihr Leben lang. Ihre
Haut wächst jedoch nicht mit. Deshalb
müssen sie sich regelmäßig häuten, um
wachsen zu können.
Bei der **Häutung** löst sich zunächst die
obere Hautschicht ab. Das passiert auch bei
der Haut, die die Reptilien über den Augen
haben. Die Augen erscheinen dann trüb
(→ Bild 4 A). Anschließend wird die obere,
zu eng gewordene Hautschicht abgestreift
(→ Bild 4 B). Dazu schlängeln sich die
Ringelnattern zumeist an Steinen oder
Bäumen entlang. Die neue, größere Haut
muss dann noch trocknen.

ÜBEN UND ANWENDEN

Leben in trockener Wärme

Schlangen sind als Reptilien gut an trocke-
ne, warme Lebensräume angepasst. Das
zeigt sich auch bei ihrer Fortpflanzung.

5 Eine frisch geschlüpfte Ringelnatter am Gelege

① Erkläre, wie
   a) ▎▎▎ die Eier der Schlangen und
   b) ▎▎▎ die Schlangen selbst
   vor Austrocknung geschützt sind.

② **a)** ▎▎ In Komposthaufen entsteht
   Wärme beim Verrotten der Pflanzen.
   Erkläre, warum Ringelnattern hier
   gerne ihre Eier ablegen.
   b) ▎▎ Erkläre, warum Reptilien ihre Eier
   nicht bebrüten können, so wie es Vögel
   tun.

③ ▎▎ Erkläre, warum in wärmeren Ländern mehr Reptilien leben als bei uns.

④ ▎▎▎ Die Eizellen des Schlangenweib-
   chens werden bei der Paarung im
   Inneren ihres Körpers durch die
   Spermienzellen des Männchens
   befruchtet.
   Erläutere, wieso diese innere Befruch-
   tung ebenfalls ein Vorteil in trockenen
   Lebensräumen ist.

❸ Erkläre, weshalb sich Ringelnattern
regelmäßig häuten.

Laubfrösche sind Amphibien

1 Lebensraum des Laubfrosches

2 Ein Laubfrosch kann gut klettern.

Leben im Wasser und an Land

Laubfrösche leben in der Nähe von Tümpeln und Teichen. Im Wasser paaren sie sich und legen ihre Eier ab. Durch ihre Schwimmhäute zwischen den Zehen können sie gut schwimmen. An Land jagen die Laubfrösche springend Insekten. Mit ihren Haftscheiben an den Zehen klettern sie auf Blättern und Zweigen umher (→ Bild 2).

An Land atmen Laubfrösche mit einer Lunge. Im Wasser können sie auch über ihre Haut Sauerstoff aus dem Wasser aufnehmen. Das wird **Hautatmung** genannt. Laubfrösche sind **Amphibien,** die auch **Lurche** genannt werden. Die Amphibien gehören zu den Wirbeltieren.

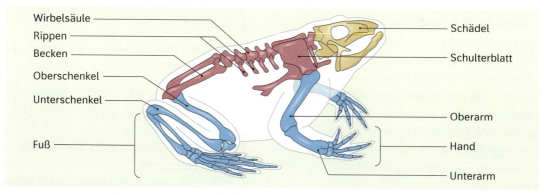

3 Das Skelett des Laubfrosches

1 Beschreibe den Lebensraum der Laubfrösche mithilfe von Bild 1 und 2.

2 Erläutere, wozu Laubfrösche
a) den Lebensraum Wasser und
b) den Lebensraum Land nutzen.

4 Beute: **A** weiter Sprung, **B** Fang mit der Zunge

Die Ernährung der Frösche

Der Laubfrosch jagt Insekten. Die Hinterbeine aller Frösche sind als kräftige Sprungbeine ausgebildet. Dadurch können sie weit springen (→ Bild 4 A).
Wenn der Laubfrosch ein Beutetier sieht, springt er mit einem weiten Sprung in dessen Richtung. Er fängt die Beute mit seiner klebrigen Zunge, rollt die Zunge ein und verschlingt das Insekt (→ Bild 4 B).

Laubfrösche sind wechselwarm

Wenn es im Herbst kälter wird, sind Laubfrösche nicht mehr aktiv. Sie können ihre Körpertemperatur nicht regulieren. Wenn es in der Umgebung kälter wird, kühlt auch der Körper der Frösche ab. Solche Tiere heißen **wechselwarme Tiere**.
Wenn es zu kalt ist, bewegen sich Laubfrösche nicht mehr. Sie fallen in eine **Kältestarre**. Damit sie nicht erfrieren, verbringen sie den Winter in frostfreien Verstecken.

ÜBEN UND ANWENDEN

Lebensräume in Gefahr

Durch die Entstehung von Wohnsiedlungen, Straßen, Industriegebieten und Ackerflächen werden viele natürliche Feuchtgebiete vernichtet. Amphibien wie die Laubfrösche verlieren dadurch ihren Lebensraum.

5 Gewässer: **A** in einem Park, **B** zwischen Wiese und Wald

① **a)** ❙❙❙ Beschreibe das Gewässer in Bild 5 A.
b) ❙❙❙ Vergleiche es mit dem Gewässer in Bild 5 B.
c) ❙❙ Beurteile, welches der Gewässer sich als Lebensraum für den Laubfrosch eignet. Begründe deine Beurteilung.

② ❙❙❙ Werden durch Baumaßnahmen Feuchtgebiete zerstört, müssen an anderer Stelle neue geschaffen werden. Bewerte diese Maßnahme.

③ Beschreibe eine Funktion der Sprungbeine beim Laubfrosch.

④ Erkläre, warum Laubfrösche im Winter ein frostfreies Versteck brauchen.

🔲 Digital+

WES-184000-143

Wie sich Laubfrösche entwickeln

1 Ein Laubfrosch-Männchen benutzt seine Schallblase zum Quaken.

Paarung der Laubfrösche

Im Frühling beginnt die Paarungszeit der Laubfrösche. Die Männchen sind an Teiche und Tümpel gewandert. Nun werben sie dort mit lautem Gequake um die ebenfalls eintreffenden Weibchen. Dabei nutzt das Männchen seine **Schallblase** an der Kehle (→ Bild 1). Seine Rufe werden durch die Schallblase verstärkt. So sind sie mehrere hundert Meter weit hörbar.
Hat ein Männchen ein Weibchen angelockt, klammert es sich auf dem Rücken des Weibchens fest (→ Bild 2 A).

Laubfrösche legen Eier

Mit dem Männchen auf dem Rücken, legt das Weibchen dann die Eier, den **Laich**, unter Wasser an Wasserpflanzen ab (→ Bild 2 B). Anschließend gibt das Männchen seine Spermienzellen dazu.
Die Spermienzellen befruchten die Eier also außerhalb des Körpers. Deshalb wird dies **äußere Befruchtung** genannt.

Aus Eiern entwickeln sich Larven

Aus den befruchteten Eiern schlüpfen innerhalb von drei Tagen die Larven. Sie heißen **Kaulquappen** (→ Bild 2 C).
Die Kaulquappen leben unter Wasser und sehen ganz anders aus als die erwachsenen Frösche. Sie haben einen großen Kopf und einen langen Schwanz. Sie atmen mit Kiemen.

Aus Larven werden Frösche

Zunächst wird die Kaulquappe größer. Außerdem wachsen ihr Hinterbeine und dann Vorderbeine (→ Bild 2 D). Anschließend bildet sich der Schwanz der Kaulquappe zurück. Er wird immer kürzer.
Im Inneren des Körpers entwickelt sich eine Lunge. So kann der kleine Laubfrosch Luft atmen. Er ist jetzt ungefähr 1,5 cm groß und geht an Land (→ Bild 2 E).
Diese Verwandlung vom Ei über die Kaulquappe zum erwachsenen Frosch heißt **Metamorphose**.

1 Beschreibe das Paarungsverhalten der Laubfrösche.

2 Erkläre den Begriff „äußere Befruchtung" am Beispiel des Laubfrosches.

3 **a)** Erkläre, was eine Kaulquappe ist.
b) Beschreibe, wie sich Kaulquappen von erwachsenen Fröschen unterscheiden.

2 Entwicklung des Laubfrosches: **A** Paarung, **B** Laich, **C** Kaulquappe, **D** Kaulquappe mit Hinterbeinen, **E** junger Laubfrosch

Die Entwicklung eines Laubfrosches

Laubfrösche machen wie die meisten Amphibien während ihrer Entwicklung vom Ei zum erwachsenen Frosch eine Metamorphose durch. Die Entwicklung zum jungen Laubfrosch erfolgt im Wasser.

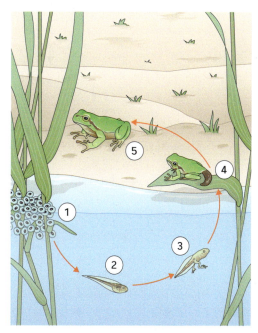

3 Entwicklungskreislauf des Laubfrosches

① **a) ∎∥∥** Beschreibe die einzelnen Entwicklungsstadien von ① bis ⑤ in Bild 3.
b) ∎∥∥ Beschreibe die körperlichen Veränderungen während der Entwicklungsstadien.

② **∎∥** Erläutere den Begriff „Metamorphose" am Beispiel der Laubfrösche. Nimm dabei Bezug auf das Aussehen und die Atmung der Frösche.

④ Erstelle ein Flussdiagramm zur Entwicklung eines Laubfrosches vom Ei bis zum Frosch.

Digital+

WES-184000-145

Einen Bestimmungsschlüssel benutzen

Zu den Amphibien, die auch Lurche genannt werden, gehören neben den Fröschen auch Kröten, Unken, Molche und Salamander. Alle Amphibien haben ähnliche Merkmale. Mit einem Bestimmungsschlüssel kannst du die Arten bestimmen. Dazu werden die einzelnen Merkmale betrachtet. Je nach Ausprägung eines Merkmals wird zum nächsten Merkmal gegangen. Nach der Untersuchung einiger Merkmale wird der Name der Tierart erreicht.

Schritt 1:
Start

Beginne bei „Start". Entscheide zunächst, ob das Tier einen Schwanz hat oder nicht.

Schritt 2:
Schritt für Schritt

Danach arbeitest du bei „Schwanzlurche" oder „Froschlurche" weiter. Verfolge den Weg durch den Bestimmungsschlüssel, bis du bei einer Tierart angekommen bist.

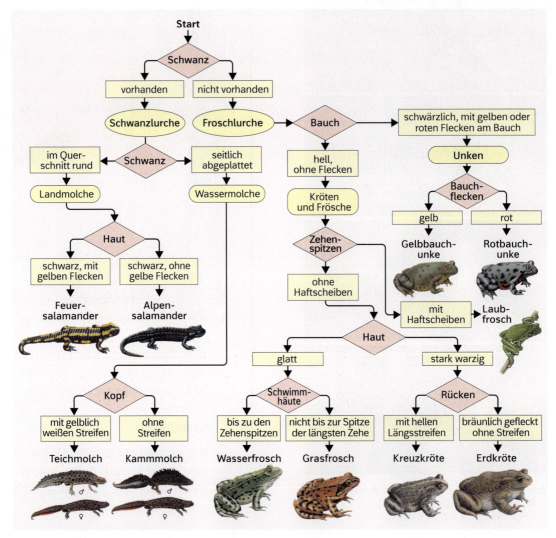

1 Bestimmungsschlüssel für einige einheimische Amphibien

❶ Verfolge den Bestimmungsschlüssel für den Wasserfrosch vom Start bis zum Artnamen.

❷ Notiere jedes Merkmal des Wasserfrosches, für das du dich entschieden hast.

Ⓐ Einheimische Amphibien

2 A, **B** Zwei einheimische Amphibienarten

In Deutschland leben 21 Amphibienarten. Mit einem Bestimmungsschlüssel kannst du die einzelnen Arten bestimmen.

① **a)** ▍▍ Bestimme die zwei Amphibien in Bild 2. Nutze dazu den Bestimmungsschlüssel aus Bild 1.
b) ▍▍ Begründe jeweils dein Ergebnis. Schreibe dazu die Merkmale der beiden Amphibien auf.

② ▍▍ Erstelle einen Steckbrief zu einer Amphibienart. Recherchiere zu Lebensraum, Lebensweise, Fortpflanzung, Ernährung, Feinden und Bedrohung der Art.

③ ▍▍ Nenne den Unterschied zwischen Kröten und Fröschen einerseits und Unken andererseits. Nutze dafür den Bestimmungsschlüssel aus Bild 1.

Ⓑ Der Feuersalamander

Der Feuersalamander gehört zu den Amphibien. Er wird bis zu 20 cm lang und hat einen runden Schwanz. Er lebt in schattigen, feuchten Wäldern und ernährt sich von Schnecken, Würmern und Insekten. Seine Haut enthält ein Gift zur Verteidigung gegen Feinde.
Die Weibchen legen keine Eier. Die Jungtiere kommen als kleine Larven mit Kiemen im Wasser auf die Welt. Das ist bei Amphibien ganz ungewöhnlich.

3 Ein Feuersalamander

① ▍▍ Nenne mindestens fünf Merkmale des Feuersalamanders.

② ▍▍ Erläutere, warum die Fortpflanzung des Feuersalamanders für Amphibien ungewöhnlich ist.

③ ▍▍ Beurteile, ob die Jungtiere des Feuersalamanders in ihrer Entwicklung eine Verwandlung (Metamorphose) durchmachen.

④ ▍▍ Erkläre, warum erwachsene Feuersalamander nur wenige Fressfeinde haben.

▣ Digital+

WES-184000-147

Fische leben im Wasser

1 Körperbau eines Fisches (Rotfeder)

Der Körperbau der Fische

Fische sind an das Leben im Wasser angepasst. Um schnell durch das Wasser gleiten zu können, hat der Fischkörper eine besondere Form.

Der Körper der meisten Fische ist vorne spitz, wird dann breiter und höher und läuft am Schwanz wieder schmal zu. Diese Körperform heißt **Stromlinienform.**

Fische sind Wirbeltiere

Die meisten Fische haben ein Skelett aus Knochen (→ Bild 2). Ausnahmen sind Haie und Rochen. Sie haben Knorpel.

Das Skelett eines Fisches besteht aus dem Schädel, der Wirbelsäule und den Rippen. Außerdem gibt es kleine, dünne Gräten.

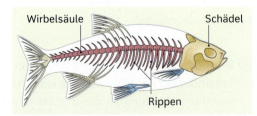

2 Das Skelett eines Fisches

Wie Fische schwimmen

Fische schwimmen mit **Flossen.** Mit der Schwanzflosse bewegen sie sich vorwärts. Die Rückenflosse und die Afterflosse verhindern, dass die Fische umkippen. Mit den Bauchflossen und den Brustflossen können sie bremsen und lenken.

Viele Fische haben eine mit Gas gefüllte **Schwimmblase**. Mit ihrer Hilfe können sie in verschiedenen Wassertiefen schweben.

Schuppen und Schleimhaut

Der Körper der Fische ist mit **Schuppen** bedeckt, die wie Dachziegel teilweise übereinander liegen. Auf den Schuppen befindet sich eine dünne **Schleimhaut**. Die Schuppen und die Schleimhaut schützen die Fische vor Verletzungen.

Orientierung im Wasser

Fische orientieren sich mit ihren Augen und ihrem Geruchssinn. Veränderungen der Wasserströmung nehmen sie mit dem **Seitenlinienorgan** wahr (→ Bild 1). So werden sie auf Feinde oder Beutetiere aufmerksam.

1 Zeichne und beschrifte den äußeren Bau eines Fisches. Nimm Bild 1 zu Hilfe.

2 Ordne den Funktionen passende Körperteile zu: schützen die Tiere – ermöglichen das Schwimmen – dient der Orientierung

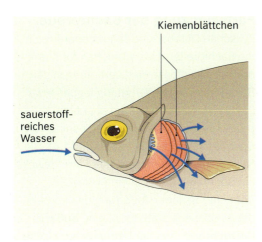

3 Atmen mit Kiemen

Fische atmen mit Kiemen

Fische atmen im Wasser. **Kiemen** sind die Atmungsorgane der Fische. Sie bestehen aus dünnen **Kiemenblättchen** (→ Bild 3). Diese sind gut durchblutet. Die Kiemendeckel schützen die Kiemen.

Die Atmung der Fische erkennst du daran, dass sich das Maul und der Kiemendeckel ständig abwechselnd öffnen und schließen. Fische nehmen bei der Atmung das Wasser mit dem Maul auf. Dann drücken sie das Wasser an den Kiemenblättchen vorbei. Hier gelangt der im Wasser gelöste Sauerstoff ins Blut. Gleichzeitig gelangt Kohlenstoffdioxid aus dem Blut über die Kiemenblättchen ins Wasser. Danach strömt das Wasser durch die geöffneten Kiemendeckel wieder hinaus.

Fische sind wechselwarm

Die Körpertemperatur der Fische entspricht immer der Umgebungstemperatur des Wassers. Fische sind **wechselwarm**. Wird das Wasser im Winter kälter, fallen Fische in die sogenannte **Kältestarre**.

ÜBEN UND ANWENDEN

Die Atmung der Fische

Fische atmen mit Kiemen. In Bild 4 siehst du, wie das Wasser an den Kiemen vorbeiströmt.

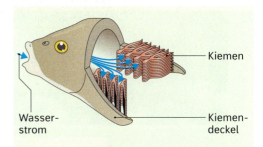

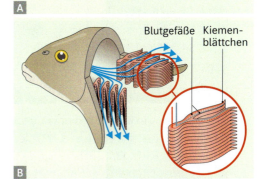

4 Atmung mit Kiemen: **A** Einatmen, **B** Ausatmen

① ▮▮▮ Beschreibe die „Atembewegung" des Fisches.

② ▮▮▮ Erkläre die Funktion der Kiemen.

③ ▮▮ Erkläre, warum die Kiemenblättchen dünn sind und rot aussehen.

④ ▮▮ Schnell fließende Bäche enthalten mehr Sauerstoff als stehende Gewässer. Bachforellen leben in solchen Bächen. Stelle eine Vermutung auf, warum Bachforellen nicht in stehenden Gewässern gezüchtet werden.

③ Erkläre, warum Fische ihr Maul ständig öffnen und schließen.

④ Beschreibe, wie Fische überwintern.

Digital+

WES-184000-149

Wie Fische leben

1 Fortpflanzung der Bachforelle:
A Bachforellen-Pärchen, **B** befruchtete Eier,
C Larven mit Dottersack, **D** junge Forellen

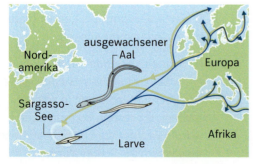

2 Die Wanderung des Aals durch den Atlantik

Fortpflanzung der Bachforelle

Zwischen Oktober und Januar paaren sich die Bachforellen. Das Weibchen formt mit der Schwanzflosse eine Vertiefung in den Bachboden. In die Vertiefung legt es etwa 2 000 Eier. Die Eier werden als **Laich** bezeichnet. Das Männchen gibt seine Spermien über die Eier ab (→ Bild 1 A). Die Spermien schwimmen zu den Eiern. Jeweils ein Spermium dringt in ein Ei ein. Die Befruchtung findet außerhalb des Körpers des Weibchens statt. Es ist eine **äußere Befruchtung**. Aus der befruchteten Eizelle entwickelt sich ein **Embryo** (→ Bild 1 B).

Vom Embryo zur Fischlarve

In zwei Monaten entwickelt sich aus dem Embryo eine **Fischlarve**. Wenn sie schlüpft, trägt sie einen Dottersack, der mit Nährstoffen gefüllt ist (→ Bild 1 C). Davon ernährt sich die Larve.

Von der Larve zum Jungfisch

In sechs Wochen entwickelt sich aus der Larve ein Jungfisch (→ Bild 1 D). Die Vorräte im Dottersack sind dann aufgebraucht. Die junge Forelle frisst jetzt selbstständig Kleinlebewesen im Wasser.
Wenn die Bachforelle etwa vier Jahre alt ist, paart sie sich zum ersten Mal.

Der Aal ist ein Wanderfisch

Aale leben in Flüssen und Seen Europas. Zur Paarung schwimmen sie 6 000 km durch den Atlantik bis in die Sargasso-See vor Nordamerika. Die erwachsenen Tiere sterben nach der Paarung. Sie pflanzen sich nur einmal im Leben fort.
Aus den befruchteten Eiern schlüpfen die Larven. Die jungen Aale schwimmen mithilfe von Meeresströmungen drei Jahre lang zurück bis nach Europa (→ Bild 2).

1 Beschreibe mithilfe von Bild 2 und dem zugehörigen Text, warum der Aal als Wanderfisch bezeichnet wird.

2 Erstelle ein Flussdiagramm zur Fortpflanzung der Forelle.

3 Ein Karpfen und ein Hecht

Raubfische und Friedfische

Der Hecht gehört zu den **Raubfischen**. Hechte ernähren sich von größeren Insekten, Krebsen und kleinen Fischen. Raubfische haben viele spitze Zähne und einen schlanken Körper.

Der Karpfen ist ein Beispiel für einen **Friedfisch**. Er frisst Algen und Kleinlebewesen wie Insekten, Insektenlarven und Laich. Friedfische haben wenige oder keine Zähne und einen eher dicken Körper.

Fischschwärme

Bei manchen Fischarten wie dem Hering leben viele Fische in einem **Schwarm** zusammen. Im Schwarm sind sie sicherer vor Angriffen durch Fressfeinde. Die angreifenden Raubfische werden durch die vielen Fische im Fischschwarm verwirrt (→ Bild 4).

4 Heringsschwarm

ÜBEN UND ANWENDEN

Wie sich Fische fortpflanzen

Die meisten Fische, wie auch die Forellen, legen Eier, aus denen Larven schlüpfen. Die Larven entwickeln sich dann zum erwachsenen Fisch.

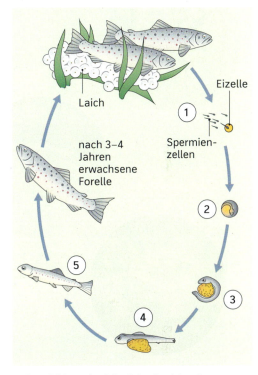

5 Entwicklungskreislauf der Bachforelle

① ▮▮▮ Ordne den Zahlen in Bild 5 die folgenden Begriffe zu: Larve (2,5 Monate), Embryo im Ei, befruchtetes Ei, Jungforelle, Larve (3,5 Monate).

② ▮▮ Begründe, warum bei der Fortpflanzung der Fische von äußerer Befruchtung gesprochen wird.

③ ▮▮▮ Stelle eine Vermutung darüber auf, warum Fischweibchen zur Fortpflanzung sehr viele Eier ablegen.

❸ Begründe, welcher Fisch in Bild 3 der Karpfen und welcher der Hecht ist.

❹ Erkläre den Vorteil eines Schwarms.

Digital+

WES-184000-151

Die fünf Wirbeltierklassen

1 Vertreter der fünf Wirbeltierklassen in ihren Lebensräumen

Die Wirbeltierklassen

Obwohl Wirbeltiere sehr unterschiedlich aussehen können, haben sie gemeinsame Merkmale. Alle Wirbeltiere haben eine Wirbelsäule, die den Körper stützt. Alle Wirbeltiere pflanzen sich geschlechtlich fort. Aufgrund von Gemeinsamkeiten und Unterschieden werden die Wirbeltiere in fünf **Klassen** eingeteilt: **Fische, Amphibien, Reptilien, Vögel** und **Säugetiere.** Jede Wirbeltierklasse ist durch bestimmte Merkmale gekennzeichnet.

Reptilien

Reptilien können auch in sehr trockenen Gebieten leben. Ihre Haut ist trocken und mit Hornschuppen bedeckt. Reptilien sind wechselwarm. Reptilien haben eine innere Befruchtung. Ihre Eier haben eine dünne und weiche Schale und werden meist im Boden vergraben.

Amphibien

Amphibien schwimmen im Wasser oder laufen und springen an Land. Sie sind wechselwarm. Sie haben eine feuchte, mit Schleim bedeckte Haut. Sie atmen durch die Haut und mit Lungen. Nach einer äußeren oder inneren Befruchtung legen sie ihre Eier meist ins Wasser. Ihre Larven atmen mit Kiemen und verwandeln sich nach und nach zu den erwachsenen Tieren.

Fische

Fische leben im Wasser. Sie atmen mit Kiemen. Ihre Haut ist durch Schuppen und eine Schleimschicht geschützt. Ihre Körpertemperatur hängt von der Umgebungstemperatur ab. Sie sind wechselwarm. Die Befruchtung der Eier findet außerhalb des Körpers statt. Aus den Eiern schlüpfen Larven.

1 Beschreibe anhand von Bild 1 die Lebensräume der abgebildeten Wirbeltiere.

2 Beschreibe Unterschiede zwischen Fischen, Amphibien und Reptilien.

2 Der Mäusebussard ist ein Vogel.

Vögel

Vögel leben in der Luft, im Wasser und an Land. Sie atmen mit einer Lunge. Vögel sind gleichwarm. Ihr Körper ist mit Federn bedeckt. Ihre Eier werden innerlich befruchtet. Sie werden von einer harten Kalkschale geschützt. Nach dem Legen brüten Vögel ihre Eier aus.

Säugetiere

Säugetiere leben an Land, im Wasser und in der Luft. Sie atmen mit einer Lunge. Sie sind gleichwarm. Ihre Haut ist mit Haaren bedeckt. Ein Fell wirkt isolierend und hilft, die Körpertemperatur zu halten. Nach der inneren Befruchtung entwickeln sich die Jungen im Mutterleib. Nach der Geburt werden sie mit Muttermilch gesäugt.

3 Die Fledermaus ist ein Säugetier.

Die Körperbedeckungen der Wirbeltiere

Wirbeltiere haben unterschiedliche Körperbedeckungen. Sie sind damit an ihre unterschiedlichen Lebensweisen angepasst.

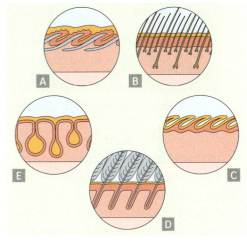

4 Verschiedene Körperbedeckungen

① schleimig, feucht, mit Schuppen

② schleimig, feucht, ohne Schuppen

③ trocken, mit Horschuppen

④ trocken, mit Federn

⑤ trocken, mit Haaren

5 Beschreibungen der Körperbedeckungen

① **a) ‖** Ordne den Abbildungen A - E in Bild 4 die Beschreibungen aus Bild 5 zu.
b) ‖ Erkläre, inwiefern die Tiere der einzelnen Wirbeltierklassen durch ihre Körperbedeckung an ihren Lebensraum angepasst sind.

③ Erstelle eine Tabelle mit den fünf Wirbeltierklassen. Vergleiche die Körperbedeckung, die Körpertemperatur, die Atmung und die Fortpflanzung.

Digital+

WES-184000-153

Wie Säugetiere überwintern

Eichhörnchen

Igel

Fuchs

Wildschwein

Feldhamster

Dachs

1 Überwinterungsstrategien von Säugetieren

Unterschiedliche Strategien

Alle Säugetiere sind **gleichwarm**. Ihre Körpertemperatur darf auch bei kalten Außentemperaturen nicht zu stark absinken. Je niedriger die Außentemperatur ist, desto mehr Energie wird benötigt, um die Körpertemperatur zu halten. Diese Energie muss durch Nahrung wieder aufgefüllt werden. Allerdings stehen viele Nahrungsquellen im Winter nicht ausreichend zur Verfügung.

Deshalb haben Säugetiere unterschiedliche Strategien zur Überwinterung entwickelt.

Winteraktive Tiere

Ein Fuchs ist auch im Winter aktiv. Seine Atemfrequenz und der Herzschlag sind gleich wie im Sommer. Bis zum Herbst hat sich der Fuchs eine Fettschicht angefressen. Sie isoliert und ist eine Energiereserve. Auch sein dickes Winterfell hilft ihm, seine Körpertemperatur zu halten. Trotzdem gibt der Körper aufgrund der niedrigen Umgebungstemperatur viel Wärme ab. **Winteraktive Tiere** wie Füchse und Wildschweine müssen genügend Nahrung finden, sonst verhungern sie (→ Bild 2).

2 Winteraktiv: Nahrungssuche im Winter

3 Winterruhe: Fressen während der Winterruhe

1 Nenne zwei Bedingungen, die für die Säugetiere im Winter schwierig sind.

2 Erkläre, wie sich der winteraktive Fuchs auf den Winter vorbereitet.

Die Winterruhe

Eichhörnchen verschlafen einen Teil des Winters in ihren Nestern, den Kobeln. In den Schlafphasen bleibt ihre Körpertemperatur fast gleich. Auch die Anzahl der Atemzüge und der Herzschläge nimmt nur leicht ab. Von Zeit zu Zeit erwachen Eichhörnchen aus ihrer **Winterruhe**. Dann fressen sie Nüsse, Eicheln und Bucheckern, die sie im Herbst versteckt haben (→ Bild 3). Durch wenig Bewegung und den wärmenden Kobel kommen Eichhörnchen mit relativ wenig Nahrung über den Winter. Auch Dachse und Bären halten in ihren unterirdischen Bauen Winterruhe.

Der Winterschlaf

Igel sind Insektenfresser. Da Insekten aber im Winter nicht aktiv sind, finden Igel dann kein Futter. Deshalb verkriechen sie sich im Herbst in Laubhaufen und halten **Winterschlaf** (→ Bild 4). Dabei verlangsamen sich ihr Herzschlag und ihre Atmung. Die Körpertemperatur sinkt stark ab. So spart der Körper Energie. Die Tiere können monatelang nur von ihren Fettreserven leben. Wenn es zu kalt wird oder sie gestört werden, erwachen Winterschläfer. Das verbraucht viele Energiereserven. Andere Winterschläfer wie Feldhamster überwintern unter der Erde.

4 Winterschlaf: Überwintern im Laubhaufen

ÜBEN UND ANWENDEN

Körpertemperaturen von Säugetieren im Jahresverlauf

Die drei Diagramme in Bild 5 zeigen, wie sich die Körpertemperatur von drei Säugetieren im Laufe eines Jahres verändert.

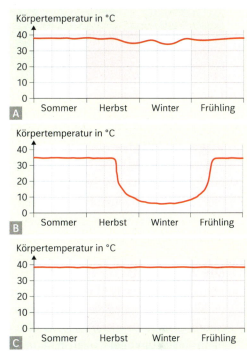

5 Körpertemperatur von drei verschiedenen Säugetieren im Jahresverlauf

① **a)** ❙❙❙ Beschreibe die Aussagen der drei Diagramme in Bild 5.
b) ❙❙ Beurteile, welches der Diagramme zu welcher Überwinterungsstrategie von Säugetieren gehört.

② ❙❙ Ordne den Diagrammen in Bild 5 jeweils ein Tier aus Bild 1 zu. Begründe deine Entscheidung.

③ Vergleiche die drei Strategien zur Überwinterung der Säugetiere. Lege eine Tabelle an mit den Punkten: Nahrung, Aktivität, Körpertemperatur, Herzschlag, Atmung, Beispiele.

 Digital+

Standvögel und Zugvögel

1 Kraniche beim Vogelzug

Vögel im Winter

Vögel sind gleichwarme Tiere. Im Winter brauchen sie viel Energie, um sich warm zu halten. Zudem ist die Nahrung knapp. Um dennoch zu überleben, nutzen Vögel unterschiedliche Strategien.

Die Zugvögel

Kraniche ziehen im Herbst Richtung Süden (→ Bild 1). Dort finden sie deutlich mehr Nahrung. Außerdem entgehen sie so der Kälte. Viele **Zugvögel** fliegen in Mittelmeerländer wie Spanien. Manche fliegen nach Nordafrika. Einige Störche überwintern sogar in Südafrika.

2 Ein Storchenpaar trifft sich im Frühjahr wieder.

Der Vogelzug

Der Vogelzug beginnt, wenn die Tage kürzer werden und wenn es kälter wird. Zudem besitzen Zugvögel eine „innere Uhr". Sie gibt den ungefähren Zeitpunkt des Abflugs an. Für den weiten Flug in ihre Winterquartiere orientieren die Vögel sich am Stand der Sonne und am Sternenhimmel. Zudem nutzen sie zur Orientierung das Magnetfeld der Erde.

Die Rückkehr der Zugvögel

Im Frühjahr kehren die Zugvögel in ihre Brutgebiete zurück. Jetzt gibt es dort wieder genug Nahrungsquellen. Auch die Tage sind länger. Dadurch können die Vögel länger auf Nahrungssuche gehen.
Viele Störche kehren zu ihren Nestern aus dem letzten Jahr zurück (→ Bild 2). Storchenpaare sind oft ein Leben lang zusammen. Sie paaren sich und legen Eier, aus denen Jungvögel schlüpfen. Anschließend ziehen die Elterntiere ihre Jungen gemeinsam groß.

1 Erkläre, warum Zugvögel den Winter nicht in ihren Brutgebieten verbringen.

2 Beschreibe, wie sich Zugvögel auf ihrer Reise orientieren.

3 Nenne Gründe für die Rückkehr der Zugvögel.

3 Eine Amsel im Winter auf einem Apfelbaum

Die Standvögel

Amseln, Rotkehlchen oder Meisen bleiben im Winter bei uns. Sie sind **Standvögel**. In Ruhephasen plustern sie ihr Gefieder auf. Dadurch halten sie viel Luft zwischen ihren Federn fest. Das hält die Vögel warm. Trotzdem müssen die Vögel im Winter regelmäßig auf Nahrungssuche gehen. Das Nahrungsangebot ist im Winter sehr eingeschränkt. Äpfel oder Beeren, die dann noch an Bäumen oder Sträuchern hängen, gehören in der kalten Jahreszeit beispielsweise für Amseln mit zur Nahrung (→ Bild 3).

Veränderungen im Zugverhalten

Die Klimaveränderungen haben das Zugverhalten einiger Vogelarten verändert. Viele Zugvögel kommen aufgrund von milden Wintern früher wieder aus ihren Überwinterungsgebieten zurück. So können sie auch früher anfangen zu brüten. Manche Zugvögel wie Störche, die normalerweise weite Strecken ziehen, sind in einigen Regionen sogar zu Standvögeln geworden.

ÜBEN UND ANWENDEN

Der Zug der Weißstörche

Weißstörche überwintern zum großen Teil in Afrika. Für Ihre Reisen nutzen sie immer die gleichen Flugrouten.

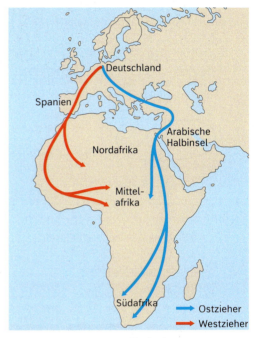

4 Die Flugrouten der Weißstörche

① ▮▮▮ Beschreibe mithilfe von Bild 4 die Flugrouten der Störche, die von Deutschland aus in den Süden fliegen.

② ▮▮ Stelle Vermutungen darüber an, warum die Störche auf ihrem Weg nach Süden große Umwege in Kauf nehmen. Begründe deine Vermutungen.

③ ▮▮ Störche legen auf ihren Reisen mehrere tausend Kilometer zurück. Erläutere, wieso sie diese große Anstrengung auf sich nehmen.

④ Beschreibe an Beispielen, wie Standvögel an den Winter angepasst sind.

⑤ Erkläre, warum manche Zugvögel nicht mehr in den Süden ziehen.

🔲 **Digital+**

WES-184000-157

Ein Plakat erstellen

Plakate informieren

Manche Plakate werben mit auffallenden Bildern und Schriften für Produkte, Firmen oder Vereine. Andere sollen informieren. Aber alle Plakate haben etwas gemeinsam: Sie fallen auf und wir erkennen sofort, worum es geht. Wenn du Informationen zu einem Thema gesammelt hast, kannst du sie auf einem Plakat darstellen.

1 Eine Planungsskizze für ein Plakat

2 Plakat zur Winterfütterung von Standvögeln

Schritt 1:
Die Anordnung

Erstelle eine Planungsskizze. Sie soll zeigen, wie das Plakat aussehen soll und welche Inhalte an welchen Stellen angeordnet werden sollen.

- Beachte, dass der Platz begrenzt ist.
- Ordne die Inhalte so auf dem Plakat an, dass sich die Betrachterinnen und Betrachter gut orientieren können.

Schritt 2:
Die Überschrift

Finde eine passende Überschrift für dein Plakat. Schreibe die Überschrift groß und deutlich auf das Plakat. Sie sollte aus 3 m bis 4 m Abstand gut lesbar sein.

Schritt 3:
Der Text

Plane nur so viel Text ein, wie unbedingt nötig ist. Formuliere ihn selbst, schreibe nicht einfach ab. Schreibe den Text am Computer oder ordentlich mit einem dicken Stift. Der Text sollte aus einer Entfernung von 1 m bis 2 m lesbar sein.

Schritt 4:
Die Bilder

Verwende nur wenige ausgewählte Bilder. Sie sollten einfach gestaltet und aussagekräftig sein. Du kannst Fotos, Grafiken oder auch eigene Zeichnungen verwenden.

Schritt 5:
Der Hintergrund und die Farben

Der Hintergrund deines Plakates sollte einfarbig sein. Die Schrift muss sich von der Farbe des Hintergrunds gut abheben. Verwende insgesamt nur wenige Farben, sonst wird dein Plakat schnell unübersichtlich.

1 Betrachte das Plakat zur Winterfütterung für Standvögel in Bild 2. Bewerte, wie dir das Plakat gefällt.

2 Beurteile das Plakat in Bild 2 anhand der Kriterien, die im obigen Text von Schritt 1 bis Schritt 5 dargestellt sind.

Ⓐ Die fünf Klassen der Wirbeltiere

In diesem Kapitel eures Schulbuchs habt ihr die fünf Tierklassen der Wirbeltiere kennengelernt. Auf einem Plakat könnt ihr Informationen zu allen Wirbeltierklassen nebeneinander darstellen.

① ▮▮ Sammelt Informationen und Abbildungen zu jeder Wirbeltierklasse. Ihr findet sie in eurem Schulbuch, einer Bibliothek oder im Internet.
Folgende Angaben für jede Tierklasse sollten mindestens dargestellt werden:
- eine Abbildung eines Beispiel-Tieres
- eine Abbildung des typischen Lebensraums
- ein Steckbrief mit den Angaben zu den Punkten wie in Bild 3 B

② ▮▮ Erstellt ein Plakat, auf dem ihr die Informationen zu jeder Wirbeltierklasse übersichtlich präsentiert. Nutzt dazu die Methode „Ein Plakat erstellen".
Alternativ könnt ihr euch in Gruppen aufteilen. Jede Gruppe arbeitet dann an einem Plakat zu einer Wirbeltierklasse. Diese können nebeneinander aufgehängt werden.

A Zauneidechse

Reptilien (Kriechtiere)
Beispiele: Zauneidechse, ...
Lebensraum: ...
Körperbau: ...
Körpertemperatur: ...
Haut: ...
Atmung: ...
Fortpflanzung: ...
Besonderheiten: ...

B

3 Informationen zu einer Wirbeltierklasse:
A Bilder eines Beispiel-Tieres und dem Lebensraum, **B** Steckbrief zur Tierklasse

③ ▮▮ Erarbeitet einen kurzen Vortrag, bei dem ihr euer Plakat vorstellt.

Ⓑ Meisterleistungen bei Wirbeltieren

Manche Wirbeltiere erbringen besondere Höchstleistungen oder zeigen erstaunliche Angepasstheiten: Der Cuvier-Schnabelwal kann fast vier Stunden lang tauchen ohne Luft zu holen. Die Geierschildkröte lockt ihre Beute mit ihrer Zunge an, die wackelnd an einen Wurm erinnert.

① ▮▮ Recherchiert eine erstaunliche Fähigkeit eines Wirbeltieres und stellt das Tier und seine Fähigkeit auf einem Plakat vor.

4 Eine Geierschildkröte lockt einen Fisch an.

Digital+

WES-184000-159

Wie wechselwarme Wirbeltiere überwintern

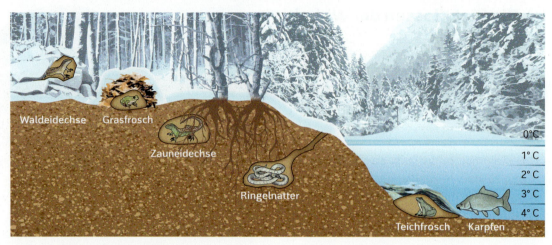

1 Wechselwarme Tiere im Winter

Wechselwarme Wirbeltiere

In kalten Winterwochen sind bei uns keine Frösche oder Schlangen in der Natur zu beobachten. Sie haben sich in ihre Winterverstecke zurückgezogen.

Reptilien, Amphibien und Fische können ihre Körpertemperatur nicht selbst regulieren. Sie passt sich daher immer an die Umgebungstemperatur an. Diese Wirbeltiere sind **wechselwarm**.

Bei zu niedrigen Temperaturen erfrieren wechselwarme Tiere. Deshalb müssen sie sich schon im Herbst ein frostsicheres Versteck suchen. Dort können sie vor der größten Kälte geschützt überwintern.

Amphibien und Reptilien

Frösche, Schlangen und Eidechsen suchen sich frostsichere Erdhöhlen, Felsspalten oder graben sich im Boden ein (→ Bild 2). Einige Arten überwintern auch in kleinen Gruppen dicht aneinander gedrängt. Durch eine Art Frostschutzmittel im Blut können sie sogar kurzzeitig Minusgrade überleben.

Fische

Am Grund von tieferen Gewässern liegt die Wassertemperatur auch im Winter immer bei 4°C. Hier überwintern die Fische. Ihre Beweglichkeit, der Herzschlag und die Atemfrequenz sind dabei stark verringert.

2 Frosch im Winterversteck

3 Fisch unter dem Eis in einem See

1 Beschreibe zwei Winterquartiere von wechselwarmen Tieren mithilfe von Bild 1.

2 Erkläre den Begriff „wechselwarm".

3 Nenne mögliche Winterquartiere von Amphibien und Reptilien.

4 Erkläre, warum Fische unter dem Eis eines Sees überleben können.

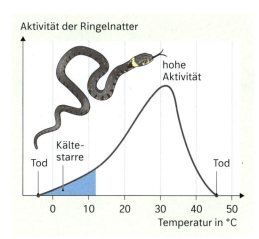

4 Die Aktivität der Ringelnatter

Kältestarre

Wechselwarme Tiere wie die Ringelnatter haben weder eine Fettschicht noch Federn oder ein Fell, die sie vor Kälte schützen würden. Wenn die Außentemperatur sinkt, nimmt die Aktivität der wechselwarmen Tiere ab. Sie können sich dann nur noch langsam bewegen. Wenn es noch kälter wird, können sie sich gar nicht mehr bewegen. Ab einer bestimmten Temperatur fallen sie in die sogenannte **Kältestarre**. Auch ihr Herzschlag und ihre Atmung sind verlangsamt. Sinkt die Temperatur in ihrem Versteck längere Zeit unter 0°C, erwachen die Tiere nicht. Sie erfrieren dann.

5 Ringelnatter in einem Laubhaufen

ÜBEN UND ANWENDEN

Wechselwarme und gleichwarme Tiere im Vergleich

Das Diagramm in Bild 6 zeigt die Körpertemperaturen einer Maus und die einer Eidechse bei steigender Außentemperatur.

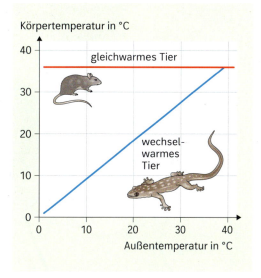

6 Körpertemperaturen von wechselwarmen und gleichwarmen Tieren im Vergleich

① ❙❙❙ Vergleiche mithilfe von Bild 6, wie sich die Körpertemperaturen von gleichwarmen und wechselwarmen Wirbeltieren verhalten, wenn sich die Außentemperatur ändert.

② ❙❙ Erläutere die Unterschiede in der Aktivität der Zauneidechse im Jahresverlauf.

③ ❙❙❙ Beschreibe, wie sich die Beweglichkeit, die Atmung und der Herzschlag bei der Maus und bei der Eidechse mit sinkender Außentemperatur verhalten.

❺ **a)** Beschreibe die Aktivität einer Ringelnatter bei folgenden Außentemperaturen: 30°C, 20°C und 10°C.
b) Erkläre, was mit ihr passiert, wenn es lange unter 0°C kalt ist.

Digital+

Wirbeltiere in ihren Lebensräumen

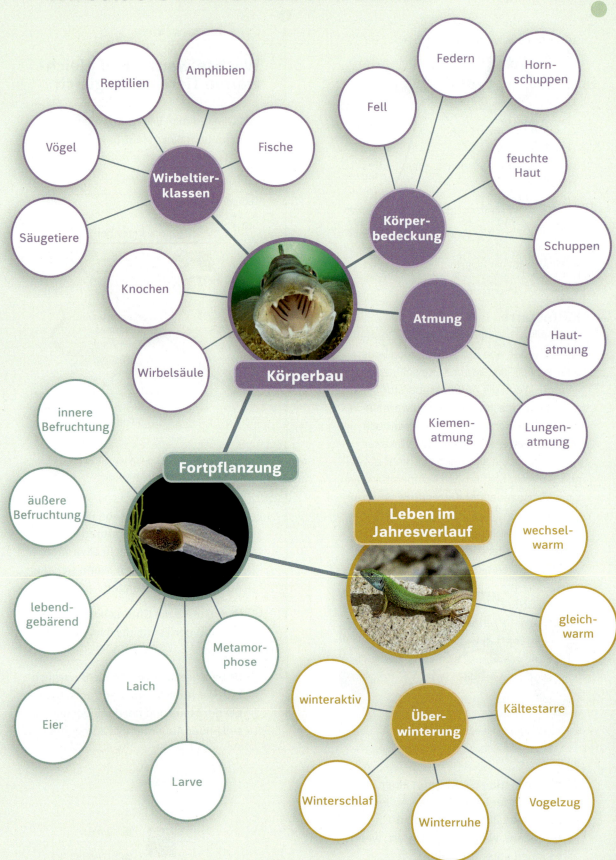

Wirbeltierklassen
- Reptilien
- Amphibien
- Vögel
- Fische
- Säugetiere

Körperbedeckung
- Federn
- Hornschuppen
- Fell
- feuchte Haut
- Schuppen

Körperbau
- Knochen
- Wirbelsäule

Atmung
- Hautatmung
- Kiemenatmung
- Lungenatmung

Fortpflanzung
- innere Befruchtung
- äußere Befruchtung
- lebendgebärend
- Eier
- Laich
- Larve
- Metamorphose

Leben im Jahresverlauf
- wechselwarm
- gleichwarm

Überwinterung
- winteraktiv
- Kältestarre
- Winterschlaf
- Winterruhe
- Vogelzug

1 **a)** Nenne die fünf Klassen der Wirbeltiere.
b) Ordne die abgebildeten Tiere ① bis ⑧ den fünf Wirbeltierklassen zu.

2 **a)** Nenne drei Merkmale der Fische.
b) Beschreibe, wie Fische atmen.

3 **a)** Erkläre, wie Vögel an das Leben in der Luft angepasst sind.
b) Beschreibe die Leichtbauweise des Vogelkörpers.

4 Nenne drei Eigenschaften von Fledermäusen, die zeigen, dass sie Säugetiere sind.

5 Vergleiche Reptilien mit Amphibien am Beispiel der Zauneidechse und des Laubfrosches. Verwende als Vergleichsmerkmale: die Haut, die Atmung, die Befruchtung, die Eier, die Eiablage und Besonderheiten bei den Jungtieren. Lege eine Tabelle an.

Amphibium: Laubfrosch

Reptil: Zauneidechse

6 **a)** Beschreibe, wie sich Vögel fortpflanzen.
b) Erkläre, warum dies eine Angepasstheit an das Fliegen ist.

7 **a)** Beschreibe die Entwicklung des Frosches von den Eiern bis zum Jungfrosch.
b) Erläutere, warum diese Entwicklung als Metamorphose bezeichnet wird.

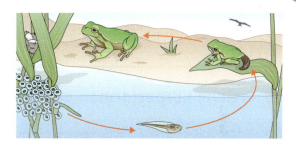

8 **a)** Erkläre die Begriffe wechselwarm und gleichwarm.
b) Erkläre die Bedeutung von Federn oder von Fell für gleichwarme Tiere.
c) Erläutere, warum sich Eidechsen oft in der Sonne aufwärmen.

9 Erkläre die Überwinterungsform heimischer Amphibien und Reptilien.

10 Vergleiche die Überwinterungsform des Igels mit der Überwinterungsform des Eichhörnchens.

Fuchs mit Winterfell

Rotkehlchen mit Federn

Eidechse im Winterversteck

Igel im Winterquartier

Digital+

WES-184000-163

Angepasstheiten von Wirbeltieren untersuchen

A Wie bewegen sich Eidechsen?

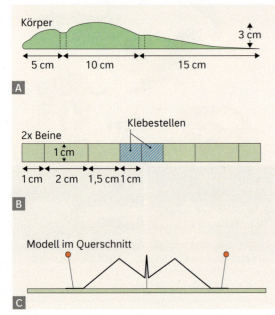

1 Modell zur Fortbewegung von Eidechsen

Material: Zeichenkarton, Klebstoff, 4 Steck-nadeln, Wellpappe, Schere, Bleistift, Lineal

Durchführung:

Schritt 1: Zeichne einen Körper (→ Bild 1 A) und zwei Beinpaare (→ Bild 1 B) auf den Zeichenkarton. Verwende die angege-benen Maße.

Schritt 2: Knicke die Beinstreifen wie auf Bild 1 C.

Schritt 3: Klebe die Beinstreifen an den angege-benen Stellen an den Körper.

Schritt 4: Setze das Eidechsenmodell mit den Stecknadeln auf die Wellpappe.

Schritt 5: Versetze die Füße des Eidechsen-modells so, dass eine schlängelnde Bewegung sichtbar wird.

❶ ⦀ Beschreibe, wie Eidechsen ihre Beine beim Laufen bewegen.

B Welche Körperformen gleiten besser durch das Wasser?

Mit dem Modellversuch kannst du herausfinden, welche Form schneller durchs Wasser gleitet.

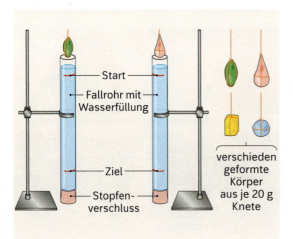

2 Versuchsaufbau

Material: 2 Fallrohre (ca. 1 m) mit Stopfen, Stativmaterial, Knete, Waage, Wasser, Faden

Durchführung:

Schritt 1: Forme aus je 20 g Knete vier verschie-dene Körper (→ Bild 2). Befestige jeden Körper an einem Faden.

Schritt 2: Lasse je zwei Körper gleichzeitig durch die beiden Fallrohre gleiten.

Schritt 3: Notiere, welcher der beiden Körper als erstes unten im Fallrohr ankommt.

Schritt 4: Vergleiche die Geschwindigkeiten aller Körper miteinander. Lege für die Beobachtungen eine Tabelle an.

❶ a) ⦀ Beschreibe deine Beobachtungen.
b) ⦀ Erkläre die Ergebnisse. Übertrage sie auf die Körperform der Fische.

C Halten Fell und Federn einen Körper warm?

Mit diesem Versuch kann überprüft werden, ob Wolle und Daunenfedern isolierend wirken.

Material: Schafwolle, Daunenfedern, 3 Gläser, 3 Reagenzgläser, große Schale, kaltes und warmes Wasser, 3 Thermometer

Durchführung:

Schritt 1: Überlege dir einen Versuch, mit dem du untersuchen kannst, ob ein Fell und ein Federkleid einen Körper warmhalten. Nutze Bild 3.

Tipp: Miss die Temperaturen in immer gleichen Zeitabständen. Notiere die Werte in einer Tabelle.

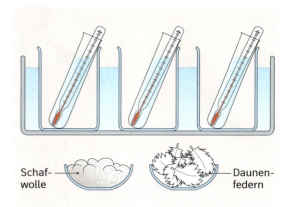

3 Materialien für den Versuch

① ▍▍ Erstelle ein Versuchsprotokoll. Nutze dazu die Methode „Einen Versuch planen, protokollieren und auswerten".

② ▍▍ Vergleiche die Materialien im Modellversuch mit der Wirklichkeit bei einem Tier. Lege dazu eine Tabelle an. Nutze die Methode „Mit Modellen arbeiten" im Buch.

D Wirkt eine Fettschicht isolierend?

Einige Tiere fressen sich für den Winter eine Fettschicht an. Mit diesem Versuch kannst du überprüfen, ob Fett isolierend wirkt.

Material: 2 kleine Bechergläser, ein größeres Becherglas, warmes Wasser, Speiseöl, 2 Thermometer, 2 Styropor®-Deckel

Durchführung:

Schritt 1: Baue den Versuch wie in Bild 4 auf.

Schritt 2: Miss die Temperaturen jede Minute. Notiere die Werte in einer Tabelle.

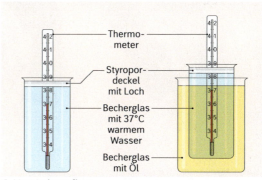

Thermometer

Styropordeckel mit Loch

Becherglas mit 37°C warmem Wasser

Becherglas mit Öl

4 Versuchsaufbau

① ▍▍ Stelle die Messwerte in einem passenden Diagramm grafisch dar.

② ▍▍ Formuliere ein Versuchsergebnis.

🔲 **Digital+**

WES-184000-165

Unser Körper

Wie können wir unseren Arm bewegen?

Warum macht unser Herz niemals Pause?

Was gehört zu einem gesunden Pausenfrühstück?

Warum müssen wir atmen?

Das Skelett

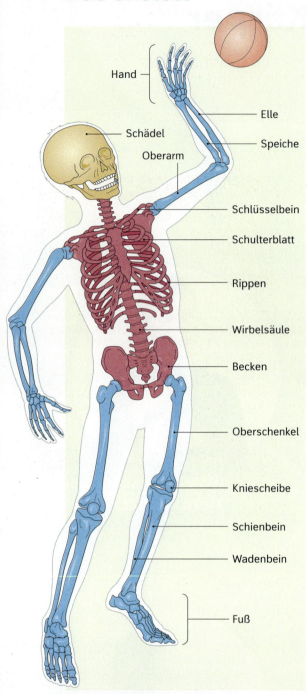

Hand

Elle

Speiche

Schädel

Oberarm

Schlüsselbein

Schulterblatt

Rippen

Wirbelsäule

Becken

Oberschenkel

Kniescheibe

Schienbein

Wadenbein

Fuß

1 Die Knochen des menschlichen Skeletts (Rumpf: rot, Gliedmaßen: blau, Schädel: hellbraun)

Das Skelett stützt

Alle Bewegungen unseres Körpers wären ohne eine stabile Stütze nicht möglich. Das **Skelett** stützt den Körper. Es besteht aus etwa 210 Knochen.

Zum menschlichen Skelett gehört die **Wirbelsäule**. Sie verläuft vom Kopf über den Hals und den Rücken bis zum Gesäß. Sie trägt den Kopf und ermöglicht seine Bewegungen. Die Wirbelsäule ist die Hauptstütze des Oberkörpers.

Die Wirbelsäule ist über den Schultergürtel beweglich mit dem Armskelett verbunden. Der Schultergürtel besteht aus dem Schlüsselbein und dem Schulterblatt. Das Beinskelett ist über das Becken mit der Wirbelsäule verbunden.

Die Arme und die Beine sind die **Gliedmaßen**. Der Körperbereich ohne Schädel und Gliedmaßen heißt **Rumpf**.

Das Skelett schützt

Im Alltag kommt es manchmal zu kleinen Stößen und Verletzungen. Das Skelett schützt besonders empfindliche Organe wie das Gehirn, das Herz und die Lunge.

Das Gehirn wird vom **Schädel** geschützt. Ähnlich wie ein Helm hält der Schädel leichte Stöße ab. Die **Rippen** schützen das Herz und die Lunge.

Bewegungen

Das Skelett ist wichtig für die Bewegungen unseres Körpers. Ohne Muskeln könnten wir viele Bewegungen aber nicht ausführen. Die Muskeln sind über Sehnen mit den Knochen verbunden. Zusammen mit dem Skelett ermöglichen die Muskeln zum Beispiel das Gehen oder das Werfen eines Balls.

1 **a)** Nenne die drei Skelettbereiche.
b) Nenne den Skelettbereich, zu dem die folgenden Knochen jeweils gehören: Elle, Kniescheibe, Schlüsselbein.

2 Nenne die zwei Hauptfunktionen des Skeletts.

3 Beschreibe, wie wir Bewegungen ausführen können.

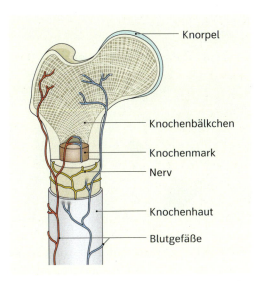

2 Aufbau eines Knochens

Knochen sind sehr stabil

Unsere Knochen sind sehr stabil. Das ist möglich, weil sie besonders gebaut sind. Sie sind gleichzeitig fest und elastisch, also ein wenig biegsam. **Kalk** macht die Knochen fest. **Knorpel** macht die Knochen elastisch. Die langen Knochen der Gliedmaßen sind Röhrenknochen. Der Kalk bildet in ihrem Inneren Knochenbälkchen (→ Bild 2). Dadurch werden die Belastungen auf die Knochen gut verteilt.

Der Knochen lebt

Knochenverletzungen sind sehr schmerzhaft. Das zeigt, dass der Knochen lebt. Nerven verlaufen bis in die empfindliche Knochenhaut (→ Bild 2). Durch Blutgefäße bekommen die Knochen Nährstoffe. Knochen heilen nach einem Bruch meist wieder gut zusammen. Im Inneren der Knochen befindet sich das **Knochenmark**. Hier werden Blutbestandteile gebildet.

ÜBEN UND ANWENDEN

Die Stabilität von Knochen und Brücken

Ein Röhrenknochen kann nicht leicht brechen. Ein Blick in das Innere eines Knochens zeigt, woran das liegt.

3 Konstruktion: **A** Knochen, **B** Stahlbrücke

① a) ▮▮▮ Beschreibe den inneren Aufbau eines Röhrenknochens mithilfe von Bild 3 A.
b) ▮▮▮ Erkläre die Funktion dieses inneren Aufbaus.

② ▮▮▮ Oft gibt es Ähnlichkeiten zwischen der Natur und der Technik. Erläutere dies, indem du den Aufbau eines Knochens mit dem Aufbau einer Brücke vergleichst (→ Bild 3 A und B).

④ Erkläre, warum Knochen gleichzeitig fest und ein wenig biegsam sind.

⑤ Erkläre, warum ein Knochenbruch schmerzhaft ist.

 **Digital+**

WES-184000-169

Die Wirbelsäule

1 Jugendliche beim Tanzen

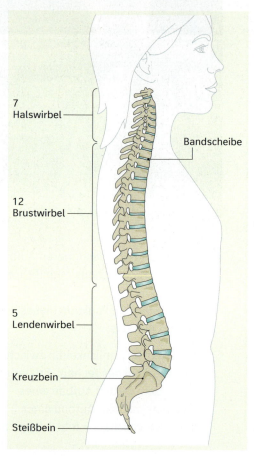

7 Halswirbel

Bandscheibe

12 Brustwirbel

5 Lendenwirbel

Kreuzbein

Steißbein

2 Die Wirbelsäule des Menschen

Stabil und doch beweglich

Zum Beispiel beim Tanzen wird deutlich, was unsere Wirbelsäule leistet. Die Wirbelsäule ist sehr beweglich. Wir können den Kopf und den Rumpf drehen und in verschiedene Richtungen beugen.
Die Wirbelsäule ist aber auch sehr stabil. Sie trägt den Oberkörper und den Kopf. Auch wenn wir schwere Lasten tragen, bricht sie nicht zusammen.

Der Bau der Wirbelsäule

Die Wirbelsäule besteht aus vielen stabilen **Wirbelknochen**, den Wirbeln (→ Bild 2). Wir haben sieben Halswirbel, zwölf Brustwirbel und fünf Lendenwirbel. Außerdem bilden miteinander verwachsene Wirbelknochen das Kreuzbein und das Steißbein.
Zwischen den beweglichen Wirbelknochen liegen die **Bandscheiben**. Sie sind elastische Knorpel, die Bewegungen ermöglichen. Beim Gehen, Laufen und Springen federn die Bandscheiben Stöße ab.
Dabei hilft auch die **doppelte S-Form** der Wirbelsäule. Starke Muskeln und Bänder verbinden alle Wirbel.

1 Beschreibe den Aufbau der menschlichen Wirbelsäule.

2 Nenne die zwei Hauptbestandteile der Wirbelsäule und beschreibe ihre Funktionen.

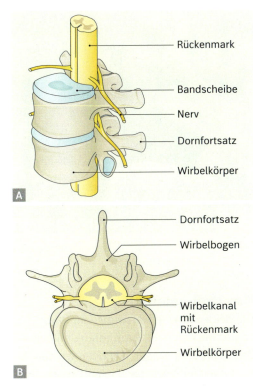

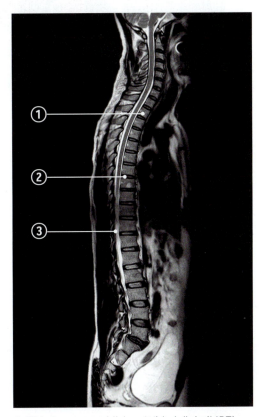

3 Wirbelsäule: **A** von der Seite, **B** von oben

Die Wirbelknochen

Der Wirbelkörper ist der stabilste Teil des Wirbels. Zusammen mit dem Wirbelbogen umschließt er den Wirbelkanal. In ihm liegt gut geschützt das Rückenmark (→ Bild 3 A). An den Dornfortsätzen der Wirbelknochen setzt die Rückenmuskulatur an (→ Bild 3 B).

Das Rückenmark

Das Rückenmark ist der wichtigste Nervenstrang im Körper. Es verläuft durch den Wirbelkanal vom Gehirn bis zum untersten Lendenwirbel. Zwischen den Wirbeln führen Nerven vom Rückenmark in den Körper, zum Beispiel zu den Beinen.
Das Rückenmark verbindet so das Gehirn mit dem übrigen Körper. Dadurch werden Bewegungen gesteuert.

ÜBEN UND ANWENDEN

Die Wirbelsäule des Menschen

Die Wirbelsäule ist die zentrale Stütze unseres Körpers.

4 Bild einer menschlichen Wirbelsäule (MRT)

① **a)** ▮ Ordne den Ziffern ① - ③ in Bild 4 die richtigen Begriffe zu.
b) ▮ Vergleiche die Wirbel im oberen und im unteren Teil der Wirbelsäule. Stelle eine Vermutung an, warum sich die Wirbel unterscheiden.

② ▮▮ Erkläre was passiert, wenn bei einem Unfall das Rückenmark verletzt wird.

③ **a)** Beschreibe den Bau eines Wirbels.
b) Erläutere die Funktion des Wirbelkanals.

▣ Digital+

WES-184000-171

Die Gelenke

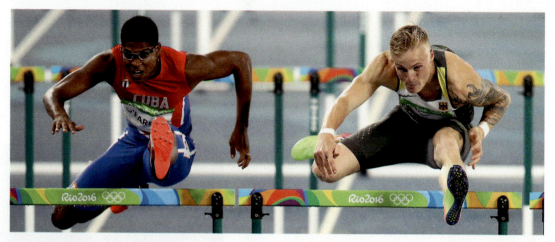

1 Hürdenläufer sind sehr beweglich.

Bewegliche Verbindungen

Unsere Knochen sind durch Gelenke beweglich miteinander verbunden. Bei den Sportlern in Bild 1 kannst du die unterschiedliche Beweglichkeit verschiedener Gelenke erkennen.

Das Scharniergelenk

Den Unterschenkel können wir vor und zurück bewegen. Auch der Unterarm lässt sich gezielt in eine Richtung bewegen. Das Kniegelenk und das Ellenbogengelenk funktionieren wie die Scharniere einer Tür. Beide sind **Scharniergelenke**, ebenso wie die Fingergelenke (→ Bild 2 A).

Das Drehgelenk

Die beiden oberen Halswirbel der Wirbelsäule sind durch ein **Drehgelenk** miteinander verbunden. Dadurch können wir den Kopf nach links und nach rechts drehen (→ Bild 2 B).

Das Kugelgelenk

Der Oberschenkel lässt sich in alle Richtungen bewegen. Dies wird durch das Hüftgelenk ermöglicht. Das Ende des Oberschenkelknochens dreht sich wie eine Kugel in der Vertiefung des Beckenknochens. Solche Gelenke sind **Kugelgelenke** (→ Bild 2 C). Auch das Schultergelenk ist ein Kugelgelenk.

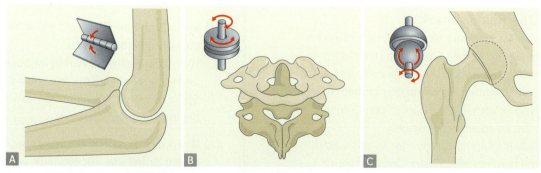

2 Gelenke: **A** Scharniergelenk, **B** Drehgelenk, **C** Kugelgelenk

1 Beschreibe die Funktion von Gelenken.

2 **a)** Nenne drei Gelenktypen.
b) Beschreibe, wie jeder Gelenktyp funktioniert und nenne ein Beispiel.

Der Aufbau eines Gelenks

Gelenke funktionieren unterschiedlich. Sie sind aber ähnlich aufgebaut (→ Bild 3). Das Ende des einen Knochens bildet den Gelenkkopf. Er sitzt beweglich in einer Vertiefung des anderen Knochens, der Gelenkpfanne. Eine Knorpelschicht verhindert, dass die Knochen aneinander reiben. Sie dämpft außerdem Stöße ab. Im Gelenkspalt dazwischen ist die Gelenkschmiere. Sie wirkt als Gleitmittel.
Die Gelenkkapsel umschließt das Gelenk und hält es zusammen. Dies wird durch Bänder und Muskeln verstärkt.

Gesunde Gelenke

Spiel und Sport halten die Gelenke beweglich. Nur bei ausreichender Bewegung wird genügend Gelenkschmiere produziert. Auch die Bänder und Muskeln werden durch Bewegungen gekräftigt. Das hilft, Verletzungen vorzubeugen.

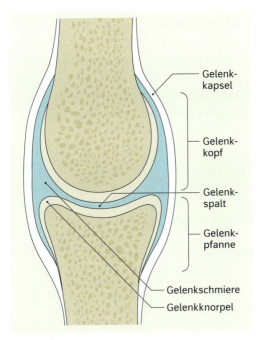

Gelenk-
kapsel

Gelenk-
kopf

Gelenk-
spalt

Gelenk-
pfanne

Gelenkschmiere
Gelenkknorpel

3 Der Aufbau eines Gelenks

ÜBEN UND ANWENDEN

Gelenke machen beweglich

In unserem Körper kommen unterschiedliche Typen von Gelenken vor.

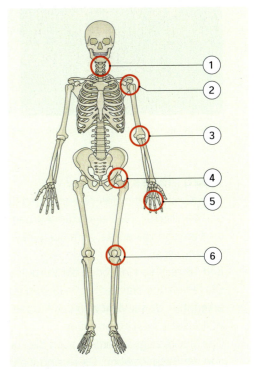

4 Gelenktypen im menschlichen Körper

① **a)** ▮▮▮ Ordne den Nummern in Bild 4 jeweils den Namen des Gelenks zu: Ellenbogengelenk – Kniegelenk – Fingergelenk – Halswirbelgelenk – Schultergelenk – Hüftgelenk.
b) ▮▮▮ Ordne die einzelnen Gelenke den jeweiligen Gelenktypen zu.

② ▮▮ Handgelenk und Fußgelenk lassen sich nicht den einfachen Grundtypen der Gelenke zuordnen. Probiere die Beweglichkeit dieser Gelenke aus und beschreibe sie möglichst genau.

③ Erstelle eine Tabelle mit den Bestandteilen eines Gelenks und ihren Funktionen.

Digital+

WES-184000-173

Mit Modellen arbeiten

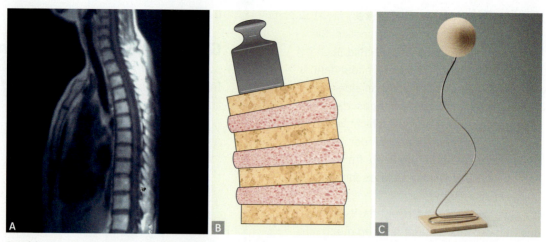

1 Wirbelsäule: **A** Röntgenaufnahme (Ausschnitt), **B** Modell A (Schema), **C** Modell B

Wozu gibt es Modelle?

Modelle sind eine vereinfachte Darstellung der Wirklichkeit. Sie zeigen den Aufbau oder die Funktion von etwas, zum Beispiel von der Wirbelsäule.

Bild 1B zeigt so ein Modell der Wirbelsäule. Die festen und elastischen Teile sind gut erkennbar. Damit lässt sich der Aufbau der Wirbelsäule besser verstehen.

Das Modell zeigt außerdem auch die Funktion der Bandscheiben. Diese sind elastisch und biegsam. Sie machen die Wirbelsäule beweglich und wirken als Stoßdämpfer zwischen den einzelnen Wirbelkörpern.

Was zeigen Modelle?

Modelle zeigen immer nur bestimmte Eigenschaften der Wirklichkeit. Deshalb musst du bei jedem Modell überlegen, was es zeigt oder was es zeigen soll.

In einer Tabelle lassen sich die ausgewählten Teile von Wirklichkeit und Modell gut vergleichen. In Bild 2 ist ein Beispiel für das Modell aus Bild 1B zu sehen.

Grenzen von Modellen

Modelle sollen bestimmte Vorstellungen der Wirklichkeit besser verständlich machen. Jedes Modell hat allerdings seine Grenzen. Das Modell der Wirbelsäule in Bild 1B zeigt zum Beispiel nicht:

- die doppelte S-Form der Wirbelsäule,
- das Rückenmark,
- die Form der Wirbel,
- ob die Wirbelsäule von einem Kind oder einem Erwachsenen ist.

Das Modell sollte immer so gewählt werden, dass damit die aktuelle Fragestellung erklärt werden kann.

Wirklichkeit (Wirbelsäule des Menschen)	Modell (Wirbelsäulen-Modell aus Bild 1 B)
Wirbelknochen	Stücke aus Kork
Bandscheiben	Stücke aus Schaumstoff
Kopf	Gewicht

2 Vergleich von Wirklichkeit und Modell

❶ a) Stelle für das Modell in Bild 1C Wirklichkeit und Modell gegenüber.
b) Erläutere, was das Modell über den Bau und die Funktion der Wirbelsäule zeigt.

❷ II Vergleiche die Modelle aus den Bildern 1B und 1C daraufhin, was sie über die Wirbelsäule zeigen und was sie nicht zeigen.

Ⓐ Ein Wirbelsäulen-Modell bauen

Ein Modell einer Wirbelsäule kann aus ganz unterschiedlichen Materialien gebaut werden. Bei der Planung solltet ihr überlegen, was euer Modell gut zeigen soll und was euch weniger wichtig ist.

① ▮▮▮ Baut ein Modell der Wirbelsäule. Ihr könnt dazu aus dem Kasten in Bild 3 A zwei Materialien auswählen, die zusammenpassen. Ihr könnt euer Modell aber auch aus Materialien bauen, welche ihr euch selbst überlegt habt.

② ▮▮▮ Vergleicht die Wirklichkeit und euer Modell in einer Tabelle.

③ ▮▮▮ Beschreibt die Vorteile und die Grenzen eures Modells.

- Holzstücke
- Holzperlen
- halbierte Korken
- Bauklötze
- große Metallmuttern
- Salzteig
- harte Lakritze
- Schaumstoff
- Weingummi
- Marshmallows
- wassergefüllte Beutel
- Klebstoff
- Zuckerguss

A   **B**

3 Modellbauteile: **A** Auswahl, **B** Beispiel

④ ▮▮▮ Stellt Kriterien für die Bewertung eurer Modelle auf. Bewertet die Modelle.

Ⓑ Ein Gelenk-Modell bauen

Baue ein Modell für ein Scharniergelenk oder ein Kugelgelenk.

Durchführung:

Schritt 1: Plane, welche Materialien du für dein odell verwenden möchtest und besorge dir das Werkzeug.

Schritt 2: Baue dein Modell.

Schritt 3: Untersuche die Beweglichkeit deines Gelelenk-Modells.

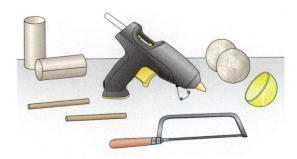

4 Mögliches Material und Werkzeug zum Modellbau

① ▮▮▮ Nenne den Gelenktyp deines Modells und zeige die Beweglichkeit.

② ▮▮▮ Stelle dein Gelenkmodell vor. Erkläre dabei, was es alles zeigt.

③ ▮▮▮ Vergleiche die Wirklichkeit und dein Modell. Erstelle dazu eine Tabelle.

④ ▮▮▮ Beschreibe die Vorteile und Grenzen deines Modells.

Die Muskeln

1 An der Kletterwand

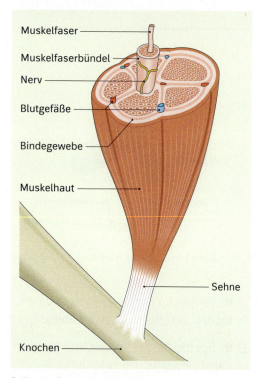

2 Der Aufbau eines Muskels

Mit Muskeln bewegen

Beim Klettern werden viele Muskeln gebraucht. Das Mädchen in Bild 1 hält sich mit der Kraft der Handmuskeln und Unterarmmuskeln fest. Die Muskeln der Oberarme ziehen ihren Körper hoch. Mit verschiedenen Muskeln der Beine drückt sich das Mädchen ab. Auch kräftige Bauchmuskeln und Rückenmuskeln unterstützen die Bewegung.
Angespannte Muskeln lassen sich daran erkennen, dass sie hart und dick werden. Entspannte Muskeln sind weich und locker.

Der Bau der Muskeln

Alle Muskeln haben einen ähnlichen Aufbau. Viele Muskelfasern bilden Muskelfaserbündel. Diese sind von Bindegewebe umgeben. Der ganze Muskel ist von einer Muskelhaut umschlossen. Am Ende geht der Muskel in **Sehnen** über. Mit den Sehnen ist der Muskel an den Knochen befestigt (→ Bild 2). Die Sehnen übertragen die Kraft von den Muskeln auf die Knochen.

Die Funktion der Muskeln

Die Bewegungen beim Klettern benötigen viel Kraft. Die Muskeln erzeugen diese Kraft, wenn sie sich zusammenziehen. Das ist möglich mithilfe der Muskelfasern im Inneren der Muskeln. Blutgefäße versorgen sie mit Traubenzucker und Sauerstoff. So erhalten die Muskeln die nötige Energie. Gesteuert werden die Bewegungen von Nerven.
Muskeln können sich nur zusammenziehen. Sie können sich nicht selbst strecken. Sie müssen durch andere Muskeln gestreckt werden. Deshalb arbeiten immer zwei unterschiedliche Muskeln zusammen.

Muskelfaser
Muskelfaserbündel
Nerv
Blutgefäße
Bindegewebe
Muskelhaut
Sehne
Knochen

❶ **a)** Beschreibe den Aufbau eines Muskels mithilfe von Bild 2.
b) Erkläre die Funktion einer Sehne.

❷ Ordne die Funktionen den Bauteilen eines Muskels zu: Versorgung mit Stoffen – steuern die Bewegung – übertragen die Kraft auf den Knochen

Gegenspieler in Teamarbeit

An deinen Oberarmmuskeln kannst du gut beobachten, wie unterschiedliche Muskeln zusammenarbeiten. Der eine Muskel im Oberarm ist der Bizeps. Zieht er sich zusammen, beugt sich der Arm. Der Bizeps ist daher der **Beuger**.

Soll der Beuger wieder gestreckt werden, wird der gegenüberliegende Trizeps angespannt. Dadurch wird der Arm gestreckt. Der Trizeps ist der **Strecker**.

Bizeps und Trizeps sind **Gegenspieler** (→ Bild 3).

> **Gegenspielerprinzip**
> Zwei gegenüberliegende Muskeln sorgen jeweils für entgegengesetzte Bewegungen. Sie arbeiten als **Gegenspieler** zusammen.

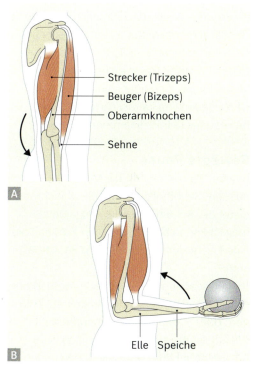

Strecker (Trizeps)
Beuger (Bizeps)
Oberarmknochen
Sehne

A

Elle   Speiche

B

3 Oberarmmuskeln: **A** strecken, **B** beugen

ÜBEN UND ANWENDEN

Muskeln brauchen Training

Training kräftigt die Muskeln. Die Muskelfasern werden dann dicker und die Durchblutung verbessert sich. Ohne Bewegung bilden sich Muskeln innerhalb weniger Wochen zurück.

4 Muskulöser Arm

① ▮▮ Erläutere das Aussehen des Armes in Bild 4.

② ▮▮ Erläutere das Zusammenspiel von Bizeps und Trizeps, wenn der Arm wieder gestreckt wird.

③ ▮▮ Erkläre, warum Astronauten im All tägliche Trainingszeiten brauchen.

④ ▮▮ Die Jugendliche in Bild 5 musste aufgrund einer Operation lange im Bett liegen. Erläutere, warum sie nun Physiotherapie bekommt.

5 Training bei der Physiotherapie

❸ Stelle die Bewegung aus Bild 3 selbst nach. Ertaste und benenne, welche Oberarmmuskeln dabei jeweils fest werden und welche locker bleiben.

Digital+

Bewegung macht fit

1 Bewegung macht Spaß und hält fit.

	Sonntag	Montag	Dienstag
7–8 Uhr	-	15 min Radweg	15 min Radweg
8–13 Uhr	90 min Fußball	30 min Schulsport	-
13–14 Uhr	-	15 min Radweg	15 min Radweg
14–18 Uhr	-	-	60 min Fußball-spiel
18–20 Uhr	-	60 min Training	-

2 Beispiel für ein Bewegungsprotokoll (Ausschnitt)

3 Beispiele für Bewegung auf dem Schulhof

Bewegung ist gesund

Im Unterricht müsst ihr oft stillsitzen. Umso wichtiger ist es, dass ihr euch in den Pausen bewegt.

Eine Runde Fußballspielen auf dem Schulhof tut gut. Wenn ihr euch bewegt, merkt ihr, wie wichtig Bewegung für ein gesundes Leben ist. Bewegung stärkt die Muskeln und kräftigt die Sehnen und Gelenke. Ihr verletzt euch dann nicht so schnell.

Außerdem wird der Kreislauf angeregt und der Körper wird gut durchblutet. Das fördert die Leistungsfähigkeit aller Organe. Auch das Gehirn arbeitet dann besser.

Ausreichend Bewegung?

Kinder und Jugendliche sollen sich mindestens eine Stunde am Tag spielerisch oder sportlich bewegen. Schaffst du das?

Um einen besseren Überblick über deine Bewegungsaktivitäten während eines Tages zu bekommen, kannst du ein Bewegungsprotokoll anlegen (→ Bild 2).

In das Protokoll trägst du ein, wie und wie lange du sportlich oder spielerisch aktiv warst. Jeden Tag kannst du dann deine Bewegungszeiten zusammenrechnen.

Bewegte Pause

In jeder Pause habt ihr die Möglichkeit, euch auf dem Schulhof zu bewegen. Manchmal bietet der Schulhof bereits einige Spielmöglichkeiten an. Dazu zählen zum Beispiel eine Tischtennisplatte oder ein Basketballkorb.

Ihr könnt aber auch selbst aktiv werden und eigene Spiele wie „Verstecken mit Abschlagen" oder „Gummitwist" ausprobieren. Wichtig ist bei allen Aktivitäten, dass ihr Rücksicht auf eure Mitspielerinnen und Mitspieler sowie auf die anderen Personen auf dem Schulhof nehmt.

1 a) Erkundet Möglichkeiten für Pausenspiele auf eurem Schulhof.
b) Erweitert die Liste um eigene Ideen.

2 Führt eine Woche lang ein Bewegungsprotokoll. Sammelt die Protokolle ohne Namen ein und wertet sie aus.

Ⓐ Richtig tragen und sitzen

4 Unterschiedliches Tragen

5 Unterschiedliches Sitzen

Falsches Tragen belastet die Wirbelsäule.
Langes Sitzen in falscher Haltung kann zu
Rückenproblemen führen.

① ❚❚ Beurteile, ob die Personen in Bild 4 A und
Bild 4 B ihre Taschen richtig tragen.

② ❚❚ Beschreibe die Vorteile und die Nachteile
der Sitzhaltungen in Bild 5 A und 5 B.

③ ❚❚ Begründe den Vorteil wechselnder
Sitzhaltungen.

④ ❚❚❚ Gesundheitsforscher schlagen heute
manchmal das Arbeiten an Stehpulten vor.
Beurteile diese Arbeitsweise.

Ⓑ Übungen für den Rücken

Eine einseitige Belastung der Wirbelsäule durch
langes Sitzen kannst du durch gezielte Übungen
ausgleichen. Die Übungen stärken außerdem
deine Rückenmuskulatur.
Viele einfache Übungen lassen sich jeden Tag
durchführen.

① a) ❚❚ Führe die Übungen aus Bild 6 durch.
b) ❚❚❚ Erkläre jeweils ihre Wirkung.

② ❚❚ Recherchiert weitere Übungen zur
Rückengymnastik.
Führt die Übungen vor und macht sie
gemeinsam in der Klasse.

6 Rückengymnastik im Alltag

Digital+

WES-184000-179

Die Atmung

1 Eine Schwimmerin beim Luftholen

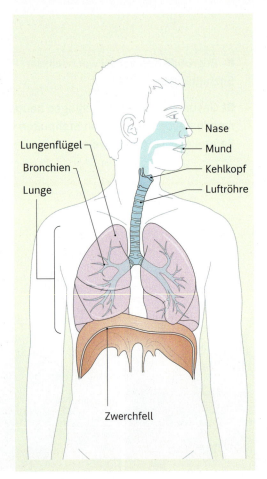

2 Die Atmungsorgane

Beschriftung:
- Lungenflügel
- Bronchien
- Lunge
- Nase
- Mund
- Kehlkopf
- Luftröhre
- Zwerchfell

Der Weg der Atemluft

Atmen ist überlebenswichtig. Beim Einatmen nehmen wir mit der Luft den lebenswichtigen Sauerstoff auf.

Wir atmen durch die **Nase** oder durch den Mund ein. In der Nase wird die Luft erwärmt. Die Härchen in der Nase reinigen die Luft von Staub. Danach strömt die Luft durch die **Luftröhre**. Im Kehlkopf trennen sich die Luftröhre und die Speiseröhre. Die Luftröhre wird durch Knorpelringe immer offen gehalten (→ Bild 2).

Über die **Bronchien** strömt die Luft dann in die Lunge. Diese besteht aus zwei **Lungenflügeln**. In der Lunge wird der Sauerstoff aus der Luft in unseren Körper aufgenommen. Auf dem umgekehrten Weg gelangt die Luft beim Ausatmen wieder aus dem Körper heraus.

Wie wir atmen

Die Lunge hat keine Muskeln. Sie kann sich nicht selbst bewegen. Zum Atmen vergrößert und verkleinert sich der Brustraum abwechselnd. Die Bewegungen werden durch das Zwerchfell und die Muskeln zwischen den Rippen ausgelöst (→ Bild 3).

❶ Beschreibe die Lage der Atmungsorgane in unserem Körper.

❷ Gib in einem Flussdiagramm den Weg der Luft durch die Atmungsorgane an. Beginne mit dem Einatmen.

Verschiedene Atemtechniken

Bei der **Brustatmung** heben die Muskeln zwischen den Rippen den Brustkorb an. So wird der Brustraum vergrößert. Dadurch wird Luft angesaugt und strömt in die Lunge. Wir atmen ein. Senkt sich der Brustkorb wieder, wird die Luft aus der Lunge herausgedrückt. Wir atmen aus (→ Bild 3 A).

Bei der **Bauchatmung** zieht sich das Zwerchfell, ein Muskel, zusammen und wird dadurch abgeflacht. Dabei wird der Brustraum vergrößert. Die Luft wird angesaugt und strömt in die Lunge. Der Bauch geht dabei nach außen. Entspannt sich das Zwerchfell, verkleinert sich der Brustraum wieder. Wir atmen aus (→ Bild 3 B).

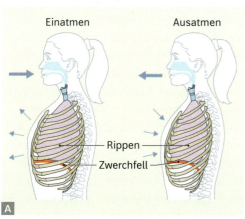

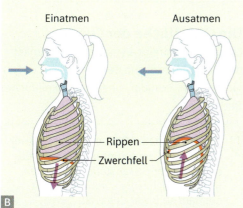

3 Atemtechniken (Schema): **A** Brustatmung, **B** Bauchatmung

ÜBEN UND ANWENDEN

Ein Modell zur Atmung

Die Technik der Atmung kann mithilfe eines einfachen Modells gezeigt werden.

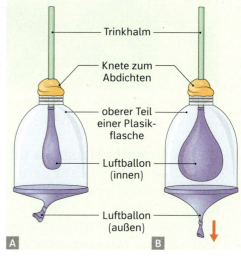

4 Modell zur Atmung

① a) ▮▮ Beschreibe, wie das Modell funktioniert und welche Beobachtungen dabei gemacht werden.
b) ▮▮ Ordne den verwendeten Materialien des Modells die Atemorgane zu. Erstelle dazu eine Tabelle wie in Bild 5.
c) ▮▮ Ordne Bild 4 A und 4 B die Begriffe „Einatmen" und „Ausatmen" zu.

② ▮▮ Entscheide, welche Atemtechnik das Modell zeigt. Begründe deine Entscheidung.

Modell	Wirklichkeit
Flasche	
Trinkhalm	
innerer Luftballon	
äußerer Luftballon	

5 Vergleich von Modell und Wirklichkeit

---

③ Beschreibe, wodurch sich der Brustraum
  a) bei der Brustatmung und
  b) bei der Bauchatmung vergrößert.

Der Gasaustausch in der Lunge

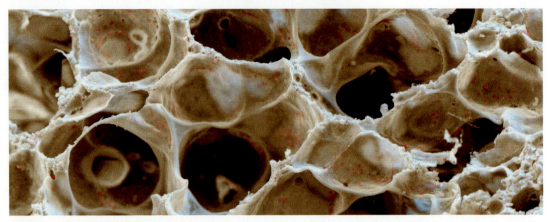

1 Ein Blick in die Lunge: Lungenbläschen unter dem Mikroskop

Der Sauerstoff gelangt ins Blut

Wenn wir einatmen, strömt die Luft innerhalb der Lunge bis in die winzigen **Lungenbläschen** (→ Bild 1). Die Lungenbläschen sind von vielen kleinen Blutgefäßen umgeben (→ Bild 3 B). Diese kleinen Gefäße werden **Kapillaren** genannt. An den Wänden der Lungenbläschen gelangt der Sauerstoff aus der Luft in das Blut der Kapillaren. Mit dem Blut wird der Sauerstoff im ganzen Körper verteilt.

Der Sauerstoff wird genutzt

Unser Körper benötigt Sauerstoff, um aus der Nahrung Energie zu gewinnen. Diese Energie ist für alle Lebensvorgänge im Körper nötig. Die Muskeln und das Gehirn benötigen besonders viel Energie.

2 Unser Gehirn hat einen hohen Energiebedarf.

Kohlenstoffdioxid entsteht

Bei der Energiegewinnung in den Körperzellen entsteht Kohlenstoffdioxid. Dieses ist ein Abfallprodukt. Es wird deshalb mit dem Blut wieder zurück in die Lunge transportiert. Dort wird das Kohlenstoffdioxid über feine Kapillaren aus dem Blut in die Lungenbläschen abgegeben (→ Bild 3 C). In den Lungenbläschen vermischt sich das Kohlenstoffdioxid mit der Atemluft. Wir atmen es dann wieder aus. An den Lungenbläschen findet also der Austausch der Gase Sauerstoff und Kohlenstoffdioxid statt. Dieser Vorgang wird **Gasaustausch** genannt.

Die Oberfläche der Lunge

Durch die zahlreichen Lungenbläschen ist die innere Oberfläche der Lunge sehr viel größer, als wenn die Lunge nur ein einfacher Beutel wäre.

> **!** **Prinzip der Oberflächenvergrößerung**
> Durch diese Vergrößerung der Oberfläche kann der Gasaustausch an vielen Stellen gleichzeitig ablaufen und ist deshalb sehr wirkungsvoll.

1 **a)** Beschreibe, wie der Sauerstoff in unseren Körper kommt.
b) Erkläre, wozu unser Körper Sauerstoff benötigt.

2 **a)** Erkläre, bei welchem Prozess im Körper Kohlenstoffdioxid entsteht.
b) Beschreibe, wie es wieder aus dem Körper herausgelangt.

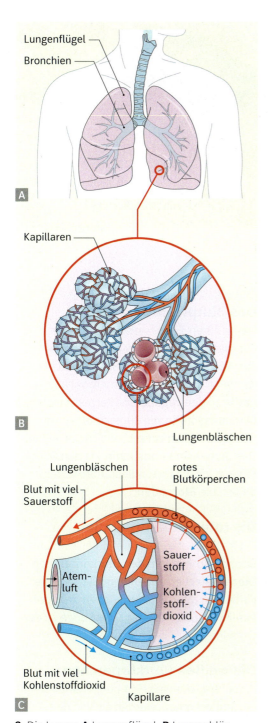

Lungenflügel

Bronchien

A

Kapillaren

B

Lungenbläschen

Lungenbläschen

rotes
Blutkörperchen

Blut mit viel
Sauerstoff

Atem-
luft

Sauer-
stoff

Kohlen-
stoff-
dioxid

Blut mit viel
Kohlenstoffdioxid

Kapillare

C

3 Die Lunge: **A** Lungenflügel, **B** Lungenbläschen, **C** Gasaustausch am Lungenbläschen

Die Vorgänge an den Lungenbläschen

An den Lungenbläschen werden bei der Atmung die Atemgase Sauerstoff und Kohlenstoffdioxid ausgetauscht.

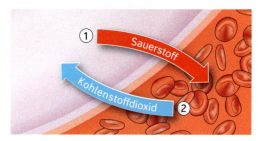

4 Gasaustausch an den Lungenbläschen

① **a)** ▌▌ Ordne die Begriffe „Lungenbläschen" und „Blutgefäß" den Punkten ①
und ② in Bild 4 zu.
b) ▌▌ Beschreibe, was an der Grenze
zwischen beiden Bereichen passiert.
c) ▌▌ Beschreibe, woher das Gas
jeweils kommt und was im Anschluss
jeweils mit dem Gas passiert.

② ▌▌ Die innere Oberfläche der Lunge hat
eine ganz bestimmte Struktur.
a) Beschreibe diese Struktur.
b) Erläutere ihre Funktion.
c) Benenne das entsprechende
biologische Prinzip.

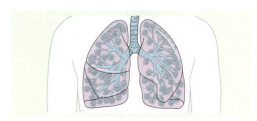

5 Innerer Aufbau der Lunge

③ Nenne jeweils das Gas, welches am
Lungenbläschen
a) in das Blut aufgenommen wird.
b) aus dem Blut abgegeben wird.

Das Blut

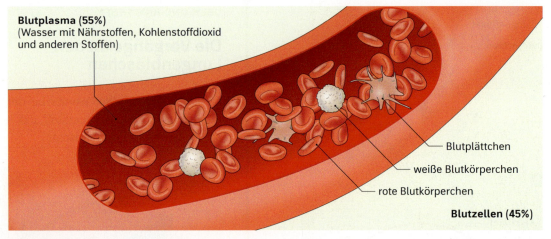

Blutplasma (55%)
(Wasser mit Nährstoffen, Kohlenstoffdioxid und anderen Stoffen)

Blutplättchen

weiße Blutkörperchen

rote Blutkörperchen

Blutzellen (45%)

1 Die Zusammensetzung des Blutes

Blut hat viele Funktionen

Blut ist eine lebenswichtige Flüssigkeit, die viele Funktionen in unserem Körper hat. Es transportiert zum Beispiel Stoffe wie Sauerstoff, Kohlenstoffdioxid und Nährstoffe. Außerdem verteilt es die Wärme im Körper. Das Blut ist auch für die Abwehr von Krankheitserregern verantwortlich.
In unserem Körper fließen in den Blutgefäßen 5 l bis 6 l Blut. Kommt es bei einem Unfall zu einem großen Blutverlust, kann dies tödlich sein. Dann hilft nur noch die Zugabe von gespendetem Blut.

2 Aufruf zum Blutspenden

Das Blutplasma

Den größten Teil unseres Blutes bildet das flüssige **Blutplasma**. Es besteht hauptsächlich aus Wasser. Im Blutplasma werden Nährstoffe und andere wichtige Stoffe zu den Organen im Körper transportiert. Abfallstoffe wie Kohlenstoffdioxid werden abtransportiert.
Das Blutplasma transportiert in den Blutgefäßen auch die festen Bestandteile des Blutes, die **Blutzellen**.

Die roten Blutkörperchen

Ein fester Bestandteil des Blutes sind die scheibenförmigen **roten Blutkörperchen**. Diese Blutzellen geben dem Blut die rote Farbe. Die roten Blutkörperchen transportieren den Sauerstoff aus der Lunge zu den Organen.

Die weißen Blutkörperchen

Wenn Krankheitserreger oder Fremdkörper ins Blut gelangen, werden sie von den **weißen Blutkörperchen** erkannt und bekämpft.

1 Erläutere, warum ein großer Blutverlust tödlich sein kann.

2 Nenne den flüssigen Teil des Blutes und beschreibe seine Funktionen.

3 Erkläre, warum das Blut rot ist.

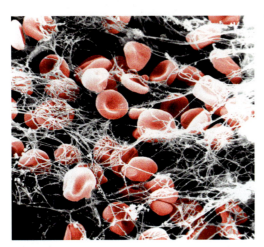

3 Wundverschluss durch ein Eiweißnetz

Die Blutplättchen

Bei einer blutenden Wunde haben die **Blut-plättchen** die Aufgabe, die Wunde schnell zu verschließen. Die Blutplättchen sammeln sich an den Wundrändern. Dann entstehen Eiweißfäden. Diese bilden ein Netz, in dem sich rote und weiße Blutkörperchen verfangen. So verschließt das Netz die Wunde. Das Blut gerinnt (→ Bild 3).
Nach ein paar Tagen bildet sich aus dem Netz eine feste Kruste, der Schorf (→ Bild 4). Unter dem Schorf bildet sich langsam die neue Haut.

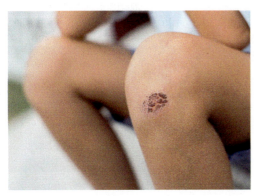

4 Wunde mit Schorf

ÜBEN UND ANWENDEN

Die Blutzellen

Die festen Blutbestandteile haben unter-schiedliche Eigenschaften und Funktionen.

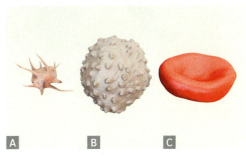

A   B   C

5 Blutzellen

① Sie sind an der Blutgerinnung beteiligt.
② Sie bekämpfen Krankheitserreger.
③ Sie sind scheibenförmig.
④ Sie transportieren den Sauerstoff.
⑤ Sie verschließen eine Wunde.
⑥ Ihre Oberfläche ist rau.
⑦ Sie geben dem Blut die Farbe.

6 Aussagen zu Blutzellen

① **a)** ▮▮ Benenne die Blutzellen A - C in Bild 5.
b) ▮▮ Ordne den Blutzellen die Aussa-gen ① - ⑤ aus Bild 6 zu. Lege dazu eine Tabelle an.

② ▮▮ Erkläre, wie die Blutzellen in alle Bereiche des Körpers gelangen, um ihre Aufgaben zu erfüllen.
Nutze dazu folgende Begriffe:
Blutgefäße – Blutplasma – Organe

③ ▮▮ Erkläre, welche Gefahr einem Menschen droht, wenn er zu wenig weiße Blutkörperchen hat.

❹ Stelle den Vorgang der Blutgerinnung und der Wundheilung in einem Fluss-diagramm dar. Beginne mit dem Punkt „blutende Wunde".

■ **Digital+**

WES-184000-185

Erste Hilfe

1 Ein Pflasterverband wird aufgeklebt.

3 Übung zur Herzdruckmassage

Kleine Wunden

Kleine Verletzungen, die nicht zu stark
bluten, kannst du selbst versorgen.
Hier ein paar Tipps, wie du dabei vorgehst:

① Berühre die Wunde nicht.
② Trage Einmalhandschuhe, wenn welche
vorhanden sind.
③ Ist nur die oberste Hautschicht stark
verschmutzt, spüle die Wunde unter
fließendem Wasser gründlich aus.
④ Klebe ein ausreichend großes Pflaster auf
die Wunde.
⑤ Lagere die verletzte Körperstelle hoch.
⑥ Lass dir möglichst von einem Erwachsenen helfen.

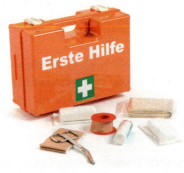

2 Erste-Hilfe-Set

Herzstillstand

Hört das Herz auf zu schlagen, ist dies
lebensbedrohlich. Ohne den Herzschlag
wird kein Blut durch den Körper gepumpt.
Dann können die Organe nicht mehr mit
Sauerstoff versorgt werden. Bekommt das
Gehirn keinen Sauerstoff, wird es schon
nach kurzer Zeit stark geschädigt.
Um die Überlebenschancen für einen
Betroffenen zu erhöhen, ist es wichtig,
sofort die **Nummer 112** anzurufen.
Bis der Notarzt kommt, sollte eine Herzdruckmassage durchgeführt werden. Falls
vorhanden, kann auch ein Defibrillator
eingesetzt werden. Wie ihr in einer solchen
Situation am besten handelt, könnt ihr in
einem Erste-Hilfe-Kurs lernen.

4 Defibrillator an einem öffentlichen Platz

❶ Begründe zur Versorgung von kleinen
Wunden eine Begründung.

❷ Untersuche ein Erste-Hilfe-Set. Nenne
die Dinge, die sich darin befinden.

❸ Begründe, warum im Ernstfall eine
Herzdruckmassage so wichtig ist.

❹ Recherchiere, wo du einen Erste-Hilfe-
Kurs machen kannst.

Ⓐ Nasenbluten

Nasenbluten kommt immer mal wieder vor. Dies ist kein Grund zur Panik.
Wenn du folgende Regeln beachtest, hört die Nase bestimmt bald wieder auf zu bluten.

① Setze dich aufrecht hin.

② Lass den Kopf nach vorne hängen.

③ Drücke die Nasenflügel fest zusammen.

④ Lege ein Kühl-Pack oder einen nassen Wasch-lappen in den Nacken. Dadurch ziehen sich die Blutgefäße in der Nase zusammen. So fließt weniger Blut.

⑤ Verstopfe die Nase nicht. Beim Entfernen des Stopfens könnte die Wunde leicht wieder aufreißen.

⑥ Lass dich zu einer Ärztin oder zu einem Arzt bringen, wenn das Nasenbluten nicht aufhört!

5 Verhalten bei Nasenbluten: **A** richtig, **B** falsch

① ▮▮ Begründe zwei der Regeln, die bei Nasenbluten beachtet werden sollen.

② ▮▮ Begründe, warum es bei Nasenbluten einige Minuten dauern kann, bis die Nase aufhört zu bluten.

③ ▮▮▮ Erkläre, warum das Blut bei Nasenbluten nach einiger Zeit dickflüssig wird.

Ⓑ Blutspende

Ein Blutverlust von mehr als 1,5 l kann für einen Menschen tödlich sein. Bei den Organen kommt dann nicht mehr genug Sauerstoff an. In einem solchen Fall ist eine Blutübertragung lebensnot-wendig.
Bei einer Blutspende wird normalerweise 0,5 l Blut abgegeben. Das Blutplasma wird im Körper der Spenderin oder des Spenders ungefähr innerhalb eines Tages neu gebildet. Die Blutzel-len erneuern sich innerhalb von zwei Wochen.

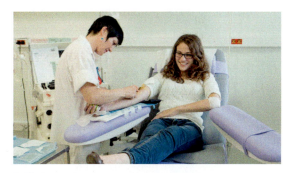

6 Blutspende

① a) ▮▮ Erkläre, warum Blutspenden wichtig ist.
   b) ▮▮ Entscheide, ob du Blut spenden würdest. Begründe deine Entscheidung.

② a) ▮▮ Recherchiere, wer Blut spenden darf.
   b) ▮▮ Recherchiere, wo Blut gespendet werden kann.

Das Herz und der Blutkreislauf

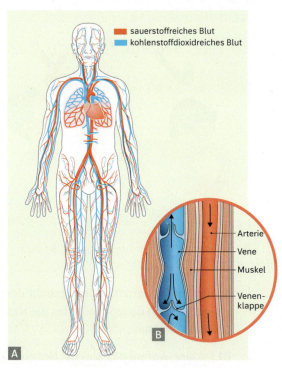

sauerstoffreiches Blut
kohlenstoffdioxidreiches Blut

Arterie
Vene
Muskel
Venen-klappe

1 Der Blutkreislauf des Menschen: **A** Überblick,
B Vene und Arterie

Die Blutgefäße

Mit jedem Herzschlag drückt das Herz Blut in die Blutgefäße, die es im ganzen Körper verteilen (→ Bild 1 A). Den Herzschlag können wir als **Puls** am Handgelenk oder an der Halsschlagader ertasten.

Alle Blutgefäße, die das Blut vom Herzen wegleiten, werden **Arterien** genannt. Weil das Blut mit hohem Druck in die Arterien gepumpt wird, haben sie eine dicke Gefäß-wand (→ Bild 1 B). Die Blutgefäße, die das Blut wieder zum Herzen zurück transportie-ren, werden **Venen** genannt. In den Venen fließt das Blut ohne den Druck vom Herzen und oft gegen die Schwerkraft. Daher haben Venen Klappen, sodass das Blut nicht zurückfließen kann. Venen und Arterien verzweigen sich im Körper bis zu haarfeinen **Kapillaren**. Über die Kapillaren werden Stoffe zwischen dem Blut und den Organen ausgetauscht.

Die Arbeitsweise des Herzens

Das Herz ist ein Muskel, der innen hohl ist. Es pumpt das Blut ununterbrochen durch den Körper. Das Herz ist durch die **Herz-scheidewand** in eine linke und eine rechte Seite geteilt. Jede Seite besteht aus einem **Vorhof** und einer **Herzkammer** (→ Bild 2). Das Blut, das aus den Venen zum Herzen fließt, kommt zuerst in den Vorhöfen an. Die Vorhöfe ziehen sich zusammen und drücken dadurch das Blut in die Herzkammern. Dann ziehen sich die kräftigen Muskeln der Herzkammern zusammen. Sie drücken das Blut aus den Herzkammern in die Arterien. Die Arterien transportieren das Blut in die Lunge und in den Körper. Zwischen den Vorhöfen und den Herzkammern befinden sich die **Herzklappen**. Sie verhindern, dass das Blut in die Vorhöfe zurückfließt.

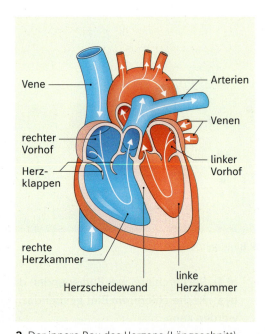

Vene
Arterien
rechter Vorhof
Venen
Herz-klappen
linker Vorhof
rechte Herzkammer
linke Herzkammer
Herzscheidewand

2 Der innere Bau des Herzens (Längsschnitt)

1 Erkläre, warum in Bild 1 A so viele rote und blaue Blutgefäße abgebildet sind.

2 Vergleiche Arterien und Venen.

3 Bringe die folgenden Begriffe in die richtige Reihenfolge. Sie soll den Blut-fluss in einer Herzhälfte beschreiben: Herzkammer – Vene – Arterie – Vorhof

Der Lungenkreislauf

Das Blut fließt im Körper durch zwei Kreisläufe. Im **Lungenkreislauf** wird das Blut aus der rechten Herzkammer über die Lungenarterie in die Lunge gepumpt. Hier gibt das Blut Kohlenstoffdioxid ab und nimmt Sauerstoff auf.

Der Körperkreislauf

Das Blut gelangt dann über die Lungenvene in den linken Vorhof des Herzens. Von dort wird es in den **Körperkreislauf** zu allen Organen gepumpt.

In den Kapillaren wird der Sauerstoff an die Organe abgegeben. Gleichzeitig nimmt das Blut das Kohlenstoffdioxid auf, das von den Organen abgeben wird. Das Blut wird dann über die Körpervene in den rechten Vorhof des Herzens transportiert. Auf diese Weise fließt unser Blut ständig in beiden Kreisläufen durch unseren Körper.

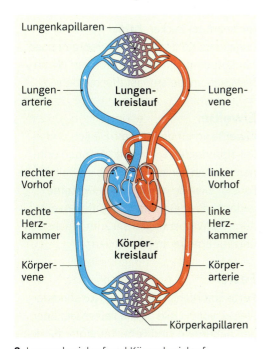

3 Lungenkreislauf und Körperkreislauf

Zwei Kreisläufe des Blutes

Unser Blutkreislauf gliedert sich in den Körperkreislauf und den Lungenkreislauf.

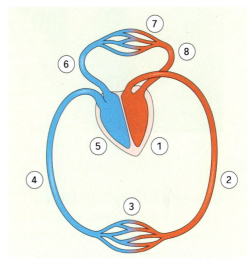

4 Der Blutkreislauf

① **a)** ▮▮ Benenne die in Bild 4 mit Nummern gekennzeichneten Stationen des Blutkreislaufs.
b) ▮▮ Beschreibe, was an jeder Station mit dem Blut passiert.

② ▮▮ Vergleiche die Funktionen der Kapillaren im Körperkreislauf und im Lungenkreislauf.

③ ▮▮ Erläutere, warum wir die Auswirkungen unseres Herzschlags zum Beispiel auch am Handgelenk spüren.

5 Den Puls am Handgelenk spüren

④ **a)** Beschreibe den Weg des Blutes im Lungenkreislauf und im Körperkreislauf.
b) Erläutere die jeweilige Funktion beider Kreisläufe.

📱 Digital+

WES-184000-189

Nährstoffe in Lebensmitteln

1 Familie und Freunde beim Essen

Nahrung ermöglicht Leben

Jeden Tag essen und trinken wir. Es ist schön, gemeinsam zu essen. Unsere Nahrung sollte aber auch gesund und vielseitig sein. Lebensmittel enthalten **Nährstoffe** und weitere wichtige Inhaltsstoffe.
Die **Nährstoffe** aus der Nahrung geben dem Körper die Energie für seinen Aufbau und seine Funktionen. Die drei wichtigsten Nährstoffgruppen sind die **Kohlenhydrate**, die **Eiweiße** und die **Fette**.

2 Unterschiedliche Lebensmittel

Kohlenhydrate

Zucker und Stärke sind **Kohlenhydrate**. Stärke kommt in Nudeln, Kartoffeln und Brot vor (→ Bild 3). Zucker ist in Früchten enthalten. Süßwaren und süße Getränke enthalten meist zu viel Zucker. Zu viel Zucker ist ungesund. Kohlenhydrate versorgen unseren Körper mit Energie. So können wir uns bewegen und leistungsfähig bleiben.

Eiweiße

Eiweiße kommen in Fisch, Fleisch und Milchprodukten vor (→ Bild 4). Auch Bohnen, Erbsen, Linsen und Soja enthalten viel Eiweiß. Eiweiße werden auch **Proteine** genannt. Eiweiße sind Baustoffe unseres Körpers. Wir benötigen sie zum Wachsen und zur Erneuerung der Zellen.

Fette

Fette kommen in Öl, Butter, Nüssen oder Fleisch vor (→ Bild 5). Sie liefern viel Energie. Außerdem sind Fette Baustoffe für den Körper und Lösungsmittel für Vitamine.

1 Essen erfüllt vielfältige Aufgaben. Erstellt hierzu eine Mindmap. Denkt auch daran, wann und bei welchen Anlässen gegessen wird.

2 a) Nenne für jede Nährstoffgruppe ein Beispiel.
b) Beschreibe die Funktionen, die der jeweilige Nährstoff im Körper hat.

3 Lebensmittel mit vielen Kohlenhydraten

4 Lebensmittel mit vielen Eiweißen

5 Lebensmittel mit vielen Fetten

Nährstoffe ordnen

Lebensmittel enthalten Nährstoffe.
Verschiedene Nahrungsmittel enthalten
meist verschiedene Nährstoffe.

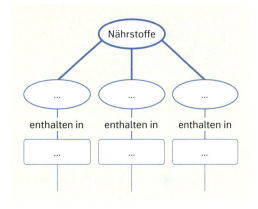

6 Schema für das Sortieren der Kärtchen

Brot	Fette
Fleisch	Fisch
Öl	Butter
Kartoffeln	Nüsse
Zucker	Milch
Kohlenhydrate	Bohnen
Nudeln	Eiweiße

7 Nährstoffe und Lebensmittel

① **a)** ▌▌▌ Übertrage das Schema aus Bild 6
in dein Heft.
b) ▌▌▌ Ordne die Begfiffe aus Bild 7 an
die richtigen Stellen in das Schema
ein.

3 a) Erläutere, warum Kinder besonders
viel Eiweiß benötigen.
b) Stelle ein Frühstück zusammen, das
Kohlenhydrate, Eiweiß und Fett enthält.

 Digital+

Nährstoffe in Lebensmitteln nachweisen

Lebensmittel enthalten Nährstoffe

Unsere Ernährung sollte alle Nährstoffe in angemessener Menge enthalten. Welche Nährstoffe in den unterschiedlichen Lebensmitteln enthalten sind, kannst du mit Nachweisreaktionen ermitteln. Kohlenhydrate können zum Beispiel in Form von Traubenzucker oder in Form von Stärke in einem Lebensmittel enthalten sein. Für beide Stoffe gibt es einen speziellen Nachweis-Test.

1 Lebensmittel für die Nährstoff-Nachweise

Stärke nachweisen

Material: Iod-Kaliumiodid-Lösung, Pipette, Petrischalen, Lebensmittel (siehe Bild 1)

Durchführung:

Schritt 1: Gib eine Probe des zu testenden Lebensmittels in eine Petrischale.

Schritt 2: Gib mithilfe der Pipette vorsichtig einen Tropfen der Iod-Kaliumiodid-Lösung auf die jeweils zu testende Probe (→ Bild 2).

2 Farbveränderung einer Testsubstanz beim Stärkenachweis

Nachweis von Stärke

Stärke kann mit einer Iod-Kaliumiodid-Lösung nachgewiesen werden. Wird diese Lösung auf Stärke getropft, verfärbt sich die Stelle blauschwarz.

Traubenzucker nachweisen

Material: Petrischalen, Mörser und Pistill, Wasser, Teststäbchen für Traubenzucker, Lebensmittel (siehe Bild 1)

Durchführung:

Schritt 1: Zerkleinere die festen Lebensmittel und füge etwas Wasser hinzu.

Schritt 2: Gib jeweils eine Probe in eine Petrischale.

Schritt 3: Tauche ein Teststäbchen in eine Probe des Lebensmittels.

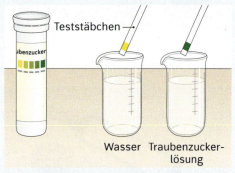

3 Teststäbchen in Wasser und in Traubenzuckerlösung

Nachweis von Traubenzucker

Wird ein Teststäbchen in Traubenzuckerlösung gehalten, ändert sich die Farbe des Stäbchens. Dies bedeutet, dass Traubenzucker enthalten ist.

---

1 Notiere deine Beobachtungen zu den Nachweis-Tests auf Stärke und Traubenzucker in einer Tabelle.

2 a) Werte deine Beobachtungen aus.
b) **III** Recherchiere und begründe dein Ergebnis für den Apfel.

Ⓐ Fett nachweisen

Material: Filterpapier, Wasser, Speiseöl, Watte-
stäbchen, Lebensmittel (siehe Bild 1)

Durchführung:

Schritt 1: Reibe zunächst mit einem Wattestäb-
chen einen Tropfen Speiseöl und einen
Tropfen Wasser auf ein Filterpapier.
Halte das Filterpapier nach fünf Minuten gegen das Licht.

Schritt 2: Führe diese Fettfleckprobe mit allen
Lebensmitteln durch.

Schritt 3: Vergleiche nach 5 Minuten die Flecken
der Lebensmittel mit denen von
Wasser und Speiseöl.

① ❚❚❚ Notiere deine Beobachtungen.
❚❚❚ Werte deine Beobachtungen aus.

② ❚❚ Erkläre, warum der Test zunächst mit
Wasser und Speiseöl durchgeführt wird.

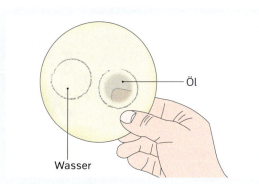

4 Fettfleckprobe

Nachweis von Fett

Ein Wasserfleck auf Papier trocknet schnell.
Ein Fettfleck hingegen bleibt lange durch-
scheinend, wenn man ihn gegen das Licht hält
(→ Bild 4).

Ⓑ Eiweiß nachweisen

Material: Petrischalen, Mörser und Pistill,
Wasser, Teststäbchen für Eiweiß, Lebensmittel
(siehe Bild 1)

Durchführung:

Schritt 1: Zerkleinere die festen Lebensmittel
und füge etwas Wasser hinzu.

Schritt 2: Gib jeweils eine Probe in eine Petrischale.

Schritt 3: Tauche ein Teststäbchen in eine Probe
des Lebensmittels.

Schritt 4: Vergleiche die Farbreaktion des Stäbchens mit der Farbskala.

① ❚❚❚ Notiere deine Beobachtungen.
❚❚❚ Werte deine Beobachtungen aus.

② ❚❚ Erstelle eine Rangliste zum Eiweißgehalt
der getesteten Lebensmittel.

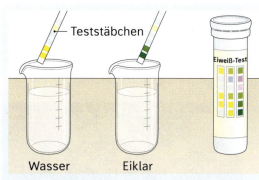

5 Teststäbchen in Wasser und in Eiklar

Nachweis von Eiweiß

Eiweiß lässt sich mit bestimmten Teststäbchen nachweisen. Wird ein Teststäbchen in
Eiklar gehalten, ändert sich die Farbe.

▣ Digital+

Weitere Bausteine unserer Ernährung

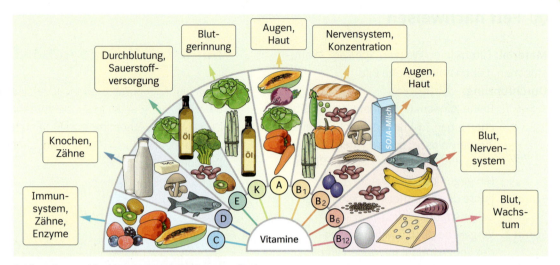

1 Vitamine und ihr Vorkommen in Nahrungsmitteln

Vitamine und Mineralstoffe

Manche Stoffe benötigt unser Körper nur in kleinen Mengen. Dazu gehören Vitamine und Mineralstoffe. Auch wenn der Körper sie nur in kleinen Mengen braucht, sind sie sehr wichtig. Es gibt 13 verschiedene **Vitamine**. Das in Obst enthaltene Vitamin C ist am bekanntesten. Es unterstützt die Abwehr von Krankheiten (→ Bild 1).
Mit der Nahrung nehmen wir auch **Mineralstoffe** wie zum Beispiel Magnesium oder Calcium auf. Sie sind für den Aufbau und die Bewegungen des Körpers nötig.

Ballaststoffe

Ballaststoffe sind ebenfalls ein wichtiger Bestandteil unserer Nahrung. Sie kommen in vielen pflanzlichen Lebensmitteln, wie Obst, Gemüse und Vollkornprodukten vor (→ Bild 3). Ballaststoffe werden nicht verdaut. Sie binden Wasser und regen damit die Verdauung im Darm an. Außerdem ernähren sich die nützlichen Darmbakterien von ihnen. Das trägt dazu bei, dass der Darm gesund bleibt.
Ballaststoffe bleiben lange im Magen. So fördern sie das Gefühl, satt zu sein.

2 Obst und Gemüse liefern Vitamine und Mineralstoffe.

3 Ballaststoffreiche Ernährung

❶ Stelle Lebensmittel für eine Mahlzeit zusammen. Sie soll möglichst viele verschiedene Vitamine enthalten.

❷ Beschreibe drei Funktionen von Ballaststoffen.

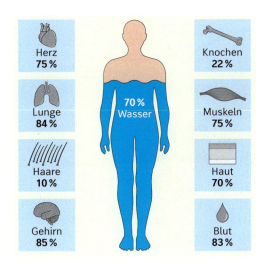

4 Wassergehalt von Bestandteilen des Körpers

Wasser

Unser Körper besteht zu einem großen Teil aus **Wasser** (→ Bild 4). Mithilfe des Wassers werden die Nährstoffe und viele weitere wichtige Stoffe im Körper transportiert. Wir verlieren täglich über die Haut, die Atmung und den Urin etwa 2 l Wasser. Das verlorene Wasser muss durch regelmäßiges Trinken und Essen aufgefüllt werden. Trinken wir nicht genug, können Organe wie unser Herz, unser Darm oder unser Gehirn bereits nach kurzer Zeit nicht mehr gut arbeiten.

5 Trinken ist wichtig

ÜBEN UND ANWENDEN

Ballaststoffe sind nützlich

Ballaststoffe werden zwar nicht verdaut, unterstützen aber die gesunde Verdauung. Du kannst die Aufnahme von Ballaststoffen unter anderem durch die Auswahl deiner Brotsorte steigern.

6 Gehalt von Ballaststoffen in jeweils 100 g Brot

① **a)** ▮▮▮ Beschreibe, was in der Grafik in Bild 6 dargestellt ist.
b) ▮▮▮ Nenne die Brotsorten, die du essen solltest, um viele Ballaststoffe aufzunehmen.
c) ▮▮▮ Beurteile, ob es für die Aufnahme von Ballaststoffen besser ist, Sandwiches mit Weizentoast oder Weizenvollkorntoast zu essen.

② ▮▮▮ Nenne mithilfe des Textes und Bild 3 weitere ballaststoffreiche Lebensmittel.

③ ▮▮ Jugendliche sollten mindestens 25 g Ballaststoffe pro Tag zu sich nehmen. Berechne, wie viel Gramm Weizenmischbrot du essen müsstest, um diesen Bedarf zu decken.

❸ Beschreibe die Funktion der Vitamine, der Mineralstoffe, der Ballaststoffe und des Wassers in jeweils einem Satz.

Digital+

Gesunde Ernährung

Fisch, Fleisch, Eier

Milch, Milchprodukte

tierische und pflanzliche Fette, Öle

Getreideprodukte, Kartoffeln

ungesüßte Getränke

Obst, Gemüse

Hülsenfrüchte, Nüsse

1 Der Ernährungskreis

Der Ernährungskreis

Eine ausgewogene Ernährung trägt zu unserer Gesundheit bei. Es ist wichtig, die Mahlzeiten über den Tag zu verteilen. Es spielt aber auch eine Rolle, aus welchen Lebensmitteln die Mahlzeiten bestehen. Der **Ernährungskreis** sagt uns, wie viel wir von jeder Lebensmittelgruppe essen sollten, damit unsere Ernährung ausgewogen ist. Je größer das „Tortenstück", desto mehr solltest du von diesen Lebensmitteln essen.

Die Mitte

Wasser und zuckerfreie Getränke stehen in der Mitte des Ernährungskreises. Um diese Mitte dreht sich alles andere. Denn ohne Wasser kann der Körper die Bestandteile der Nahrungsmittel gar nicht aufnehmen. Ohne Wasser können weder Nährstoffe noch Vitamine über das Blut verteilt werden. Deshalb solltest du viel trinken.

Der Ring

Beim Essen sind frisches **Obst und Gemüse** am wichtigsten und sollten den Hauptteil der Nahrungsmittel ausmachen. Sie versorgen den Körper unter anderem mit Vitaminen und Mineralstoffen. **Hülsenfrüchte und Nüsse** liefern gesundes, pflanzliches Eiweiß. Außerdem enthalten sie viele Vitamine, Mineralstoffe und Ballaststoffe. **Getreideprodukte und Kartoffeln** enthalten viele Kohlenhydrate. Sie sind eine gute Energiequelle.

Öle und Fette benötigt der Körper nur in kleinen Mengen. **Milchprodukte** enthalten wichtiges Eiweiß für die Muskeln und Calcium für gesunde Knochen. **Fisch, Fleisch und Eier** enthalten ebenfalls viel Eiweiß, Vitamine und Mineralstoffe. Süßigkeiten und süße Getränke solltest du nur in kleinen Mengen genießen. Sie enthalten viel Zucker und manchmal auch Fett.

1 Erkläre, was es bedeutet, wenn ein Lebensmittel in einem großen „Tortenstück" des Ernährungskreises liegt.

2 ▌▌ Erkläre, warum Naturjoghurt mit Obst gesünder ist als ein Fruchtjoghurt aus dem Kühlregal.

Ⓐ Der Nutri-Score

Verarbeitete und verpackte Lebensmittel werden oft mit dem **Nutri-Score** ausgezeichnet werden (→ Bild 2). Dieser Wert bietet eine Orientierung dafür, wieviel Zucker, Salz, Fett oder auch gesundes Obst oder Gemüse das Lebensmittel einer bestimmten Produktgruppe enthält.
Die Fertigpizza mit dem grünen B enthält wenig Salz und Fett, dafür viel Gemüse. Die Fertigpizza mit dem roten E enthält viel Salz und Fett und kaum Gemüse.
Produkte mit dem Nutri-Score A oder B sind für eine Produktgruppe immer die gesündere Wahl.

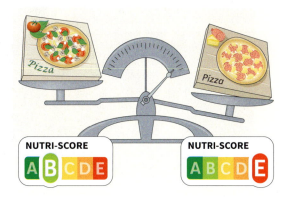

2 Salz, Zucker oder Fett werden „abgewogen".

① **a)** Ⅲ Erkläre, was es bedeutet, wenn ein Lebensmittel mit dem Nutri-Score „D" oder „E" gekennzeichnet ist.
b) Ⅲ Beurteile, ob du dieses Lebensmittel häufig essen solltest.

② Ⅲ Stelle eine begründete Vermutung auf, wie Mineralwasser und Cola beim Nutri-Score für Getränke eingeordnet werden.

③ **a)** Ⅲ Recherchiere im Internet Beispiele für
• Fertigpizzen mit Nutri-Scores von A bis E.
• Fruchtjoghurts mit Nutri-Scores von A bis E.
b) Ⅲ Beurteile, ob der Nutri-Score bei der Wahl zwischen Pizza und Joghurt hilft.

④ Ⅲ Begründe, warum weder auf frischem Obst und Gemüse noch auf einem Paket Zucker ein Nutri-Score zu finden ist.

Ⓑ Die Zuckerfalle

Vielen Menschen ist nicht bewusst, dass sich in einigen Getränken viel Zucker versteckt.

① **a)** Ⅲ Sortiere die Getränke in Bild 3 nach ihrem Zuckergehalt.
b) Ⅲ Vergleiche den Energiegehalt von einem Glas Orangennektar und einem Glas Orangensaft.

② Ⅲ Fahrradfahren verbraucht 700 kJ pro Stunde. Berechne, wie lange du Fahrrad fahren musst, um den Energiegehalt von drei Gläsern Cola zu verbrauchen.

Produkt (Glas 0,3 l)	Würfelzucker (3 g pro Stück = 50 kJ)
Limonade	10
Orangennektar	18
Orangensaft	10
Mineralwasser	0
Cola	11
Apfelschorle	5

3 Der Zuckergehalt von Getränken

Digital+
WES-184000-197

Energie zum Leben

1 Energie ist wichtig: **A** Bewegung benötigt Energie, **B** Nahrungsmittel liefern Energie

Unser Körper benötigt Energie

Wenn wir Sport treiben oder in der Schule sind, benötigt unser Körper Energie. Diese Energie liefern uns die Nährstoffe in unseren Mahlzeiten.

Der Körper verdaut die Nährstoffe und nutzt die Energie zum Leben. Je mehr wir uns bewegen, desto mehr Energie benötigt unser Körper.

2 Der Gesamtumsatz im Körper

Der Grundumsatz

Auch in Ruhephasen braucht der Körper Energie, zum Beispiel, wenn wir schlafen oder uns ausruhen. Organe wie das Herz, das Gehirn oder die Lunge arbeiten immer. Die dabei umgesetzte Energie wird **Grundumsatz** genannt.

Der Leistungsumsatz

Durch Aktivitäten wie Bewegung braucht unser Körper mehr Energie als beim Grundumsatz. Der zusätzliche Energieaufwand wird **Leistungsumsatz** genannt.

Der Grundumsatz und der Leistungsumsatz zusammen ergeben den **Gesamtumsatz** (→ Bild 2).

Die Energie wird gemessen

Die Energie, die in den Nährstoffen von Nahrungsmitteln steckt, wird in **Kilojoule (kJ)** angegeben. Das ist die Einheit für die Energie.

Je mehr Kilojoule ein Nahrungsmittel enthält, desto mehr Energie kann der Körper aus dem Lebensmittel gewinnen.

---

1 Erkläre, wie unser Körper Energie aufnimmt.

2 Erstelle eine Formel für den Gesamtumsatz.

3 **a)** Erkläre, welche Art Energieumsatz dein Körper hat, wenn du auf dem Sofa liegst und liest.
b) Erkläre, was sich ändert, wenn du aufstehst und herumläufst.

3 Ein gesundes Frühstück ist wichtig.

Gut durch den Tag

Um gut durch den Tag zu kommen, sollten die Mahlzeiten gleichmäßig verteilt sein. Das Frühstück füllt die leeren Energiespeicher nach der Nacht auf. Diese Energie hilft, in der Schule fit und konzentriert zu sein. Ein gesunder Pausensnack ist eine gute Ergänzung.
Ein ausgewogenes Mittagessen liefert genug Energie für den Nachmittag. Das Abendessen sollte eher leicht verdaulich sein. Sonst ist der Körper nachts zu sehr mit der Verdauung beschäftigt.

Energie wird in Fett gespeichert

Mit der Energie, die nicht verbraucht wird, baut der Körper Fett auf. Im Körperfett ist Energie gespeichert. Diese Energie kann der Körper als Reserve nutzen, wenn die Nahrungszufuhr einmal nicht ausreichend ist. Zu viel Körperfett ist allerdings ungesund. Es kann zum Beispiel zu Herz-Kreislauf-Erkrankungen führen. Die Energieaufnahme und die Energieabgabe sollten also aufeinander abgestimmt sein.

ÜBEN UND ANWENDEN

Der Energieverbrauch

Siri ist 11 Jahre alt. Ein typischer Tagesablauf der Schülerin ist in Bild 4 dargestellt.

4 Siris Ernährung und Aktivitäten an einem Tag

① **a)** ▮▮▮ Berechne, wie viel Energie Siri an diesem Tag aufnimmt und abgibt.
b) ▮▮▮ Berechne Siris Gesamtumsatz. Ihr Grundumsatz liegt bei 8000 kJ.
c) ▮▮▮ Begründe, ob Siri zunimmt oder abnimmt, wenn bei ihr jeder Tag so abläuft wie in Bild 4.

② ▮▮ Siri möchte gesünder leben. Beschreibe, was sie verbessern kann.

④ Begründe, warum das Frühstück eine wichtige Mahlzeit ist.

⑤ Beschreibe, was mit der Energie aus der Nahrung passiert, die nicht verbraucht wird.

 Digital+
WES-184000-199

Die Balance finden

1 Ein Schüler führt ein Ernährungstagebuch.

Den Überblick behalten

Im Laufe eines Tages kannst du leicht den Überblick darüber verlieren, was du alles gegessen und getrunken hast. Wenn du dich bewusster ernähren möchtest, kannst du einmal für einige Tage ein Ernährungstagebuch führen. Hier schreibst du alles auf, was du am Tag isst und trinkst.

Am Ende eines Tages kannst du deine Ernährung dann beurteilen. Dazu kannst du dich an den Angaben aus dem Ernährungskreis orientieren. Für eine genauere Betrachtung könntest du auch berechnen, wie viel Energie du aufnimmst und wie viel Energie du tatsächlich benötigst.

Mein Ernährungstagebuch

Tag: 5. Mai

Zeit	Ungesüßte Getränke	Obst und Gemüse	Getreideprodukte (Nudeln, Brot, Müsli)	Milchprodukte, Fleisch und Fisch	Fett, Nüsse	Süßigkeiten, Snacks, gesüßte Getränke
Frühstück 7:00	Tee		1 Brötchen		Butter	Marmelade
Zwischendurch 9:00	Wasser			1 Joghurt		
Zwischendurch 10:00	Wasser	1 Apfel				
Mittagessen 12:30		Salat	Nudeln	Bolognese-Soße		Cola
Zwischendurch 15:00	Wasser					Schoko-riegel
Abendessen	Tee		2 Scheiben Brot	Wurst Käse	Butter	Kartoffel-chips

Beurteile: Habe ich gesund gegessen?   ☺ 😐 ☹

Zu wenig von: _____

Zu viel von: _____

2 Eine Seite in einem Ernährungstagebuch

❶ Beurteile die Eintragungen in Bild 2. Schreibe die fehlende Beurteilung für den Tag in dein Heft.

❷ **a)** Erstelle und führe für dich ein Ernährungstagebuch für eine Woche.
b) Beschreibe anschließend deine Erfahrungen mit dem Tagebuch.

Ⓐ Die Balance verlieren

Manchmal treten bei Jugendlichen in der Pubertät Essstörungen auf. Häufig sind seelische Probleme der Grund. Eine Therapie kann helfen.

3 Krankhaft dünn

Magersucht

Rita ist hilfsbereit und schreibt in der Schule gute Noten. Sie hat aber wenig Selbstbewusstsein. Ständig hat sie Angst, etwas falsch zu machen und ausgelacht zu werden. Schlank zu sein, ist bei Rita und ihren Freundinnen gerade ein sehr wichtiges Thema. Rita fühlt sich zu dick, obwohl sie eine ganz normale Figur hat. Bei den Mahlzeiten mit ihrer Familie fällt auf, dass Rita immer weniger isst. Nach dem Essen geht sie oft heimlich auf die Toilette, um sich zu übergeben.
Das Abnehmen gibt Rita ein gutes Gefühl. Sie will noch dünner werden. Als Rita häufiger über Schwindel und Magenschmerzen klagt, beschließt ihre Mutter, mit ihr zur Ärztin zu gehen. Die Ärztin stellt eine Magersucht bei Rita fest. Gemeinsam mit der Ärztin und ihrer Familie entwickelt Rita eine Strategie zur Überwindung der Magersucht.

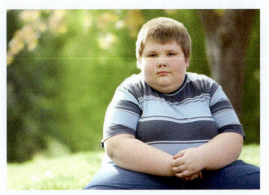

4 Krankhaft dick

Esssucht

Nelio ist ein gemütlicher, ruhiger Junge. In der Schule fällt er vor allem dadurch auf, dass er jeden Tag große Mengen Süßigkeiten und Fastfood mitbringt.
In jeder freien Minute isst Nelio, manchmal sogar im Unterricht. Als ein Lehrer ihm seine Süßigkeiten abnimmt, wird er panisch. Auch zu Hause hat Nelio oft Heißhungeranfälle. Für sein Übergewicht wird Nelio in der Schule gemobbt. Er tut dann so, als ob es ihn nicht berührt. Um sein Übergewicht zu verstecken, trägt er immer öfter weite Kleidung. Bewegung und Sport versucht er zu vermeiden.
Nelios Verhalten deutet auf eine Esssucht hin. Ein Freund rät Nelio, sich bei einer Beratungsstelle helfen zu lassen. Zusammen mit seinen Eltern geht Nelio zu einer Beratungsstelle.

① **a)** ▍▍▍ Beschreibe jeweils Ritas und Nelios Sucht und deren Ursachen.
b) ▍▍▍ Stelle Ritas und Nelios Probleme in einer Tabelle gegenüber.
c) ▍▍▍ Überlege, wie du die beiden in ihrer Situation unterstützen könntest.

Die Nahrung wird verdaut

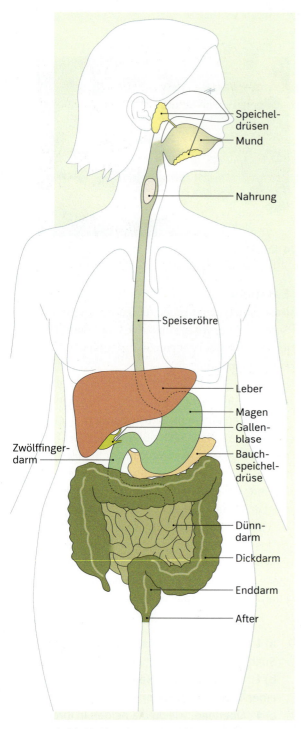

Speichel-
drüsen

Mund

Nahrung

Speiseröhre

Leber

Magen

Gallen-
blase

Zwölffinger-
darm

Bauch-
speichel-
drüse

Dünn-
darm

Dickdarm

Enddarm

After

1 Die Verdauungsorgane des Menschen

Im Mund

Du isst ein leckeres Brötchen zum Früh-
stück. Es gelangt zunächst in deinen **Mund**.
Die **Zähne** zerkleinern es beim Kauen. Das
Brötchen wird dabei mit Speichel aus den
Speicheldrüsen vermischt. Dabei entsteht
ein dickflüssiger Nahrungsbrei.
Der Mundspeichel zerlegt das Kohlenhydrat
Stärke in kleinere Zuckerbausteine. Die
Zerlegung von Nährstoffen wird **Verdauung**
genannt.

Im Magen

Als nächstes schluckst du den Nahrungsbrei. Die Muskeln der **Speiseröhre** drücken
ihn in den **Magen**. Im Magen wird der Brei
mit Magensäure vermischt. Die Magensäure
tötet Krankheitserreger ab.
Durch starke Muskelbewegungen wird der
Nahrungsbrei im Magen kräftig durchge-
knetet. Dabei wird das Eiweiß durch eiweiß-
spaltende Stoffe in kleinere Bausteine
gespalten. Nach und nach gelangt der
Nahrungsbrei in den Darm.

Im Dünndarm

Der erste Teil des Dünndarms ist der
Zwölffingerdarm. Hier wird der Nahrungsbrei mit dem Verdauungssaft der **Bauchspeicheldrüse** vermischt. Dadurch werden
die Zuckerbausteine in einzelne Trauben-
zucker-Bausteine zerteilt.
Die Leber produziert Galle. Dieser Verdauungssaft gelangt über die Gallenblase in
den **Dünndarm**. Die Galle hilft, Fette zu
verdauen.
Durch die stark durchblutete Dünndarm-
wand gelangen die zerkleinerten Nährstoffe
ins Blut. Über das Blut werden die Stoffe in
den Körper transportiert. Dort dienen sie als
Energielieferanten oder Baustoffe.

1 Nenne alle an der Verdauung beteilig-
ten Organe. Beginne mit dem Mund.
Folge dann dem Weg der Nahrung.

2 a) Beschreibe die Funktion des Spei-
chels im Mund.
b) Beschreibe die Funktionen der
Bauchspeicheldrüse und der Leber.

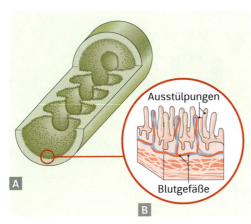

2 Dünndarm: **A** Ausschnitt, **B** Vergrößerung der Darmwand

Die Oberfläche des Dünndarms

Der Dünndarm hat innen viele Falten. Diese Falten haben viele kleine Ausstülpungen (→ Bild 2). Die Oberfläche des Dünndarms ist dadurch stark vergrößert. Die gesamte Fläche ist gut durchblutet. So können sehr schnell viele Nährstoff ins Blut gelangen. Dies ist ein Beispiel für das biologische **Prinzip der Oberflächenvergrößerung**.

Im Dickdarm

Auch nach der Verdauung im Dünndarm bleibt noch eine große Menge Nahrungsbrei übrig. Er gelangt in den **Dickdarm**. Hier werden ihm Wasser und Mineralsalze entzogen. An einem Tag gewinnt der Körper so etwa 8 l Wasser zurück.

Im Enddarm

Der unverdauliche und jetzt stark entwässerte Rest des Nahrungsbreis kommt nun in den **Enddarm**.
Über den **After** werden die Reste als Kot ausgeschieden. Ringförmige Schließmuskeln kontrollieren die Ausscheidung.

ÜBEN UND ANWENDEN

Der Weg der Nahrung

Unser Verdauungssystem besteht aus Stationen mit unterschiedlichen Funktionen.

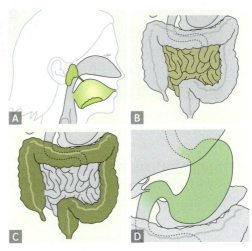

3 Verdauungsorgane

① Hier werden Krankheitserreger abgetötet. Eiweiße werden in kleine Bausteine gespalten.

② Hier gelangen die zerlegten Nährstoffe durch die Darmwand ins Blut.

③ Die Nahrung wird zerkleinert und mit Speichel vermischt. Stärke wird in Zuckerbausteine gespalten.

④ Hier werden den unverdaulichen Resten Wasser und Mineralstoffe entzogen.

4 Aussagen zum Weg der Nahrung

① **a)** ❚❙❙ Benenne die Verdauungsorgane A–D aus Bild 3 und ordne sie in einem Flussdiagramm.
b) ❚❙❙ Ordne jedem Verdauungsorgan eine der Funktionen ①–④ aus Bild 4 zu.

② ❚❙ Begleite einen Bissen Döner durch deinen Körper. Beschreibe, was an welcher Stelle verdaut wird.

❸ Erkläre, durch welche Besonderheit des Dünndarms es möglich ist, dass viele Nährstoffe gleichzeitig ins Blut gelangen können.

Digital+

Gefährliche Süchte

1 Spielen am Computer

2 Chatten am Smartphone

Sucht hat viele Gesichter

Viele Jugendliche spielen gern am Computer. Fast alle chatten mit ihren Freunden. Manche Erwachsene rauchen gern. Andere genießen ein Glas Bier oder Wein.

So ein Verhalten ist an sich nicht problematisch. Wird es allerdings zu viel, kann eine **Sucht** entstehen. Smartphone, Computer, Zigaretten, Wein oder Bier werden dann zum Suchtmittel.

Sucht ist die krankhafte Abhängigkeit eines Menschen von einem Suchtmittel.

Die Folgen einer Sucht

Manche Menschen können ohne das Suchtmittel kaum noch schöne Gefühle wie Freude oder Glück empfinden. Ohne das Suchtmittel sind sie oft niedergeschlagen, ängstlich oder aggressiv. Eine **Abhängigkeit** ist entstanden.

Eine weitere Folge der Sucht kann Schlafmangel sein. Freunde, Schule und Freizeitaktivitäten werden von Süchtigen oft vernachlässigt. Süchtige können nicht mehr frei entscheiden. Sie werden durch ihre Sucht gesteuert.

Stoffungebundene Süchte

Süchte, bei denen keine Stoffe eingenommen werden, werden **stoffungebundene Süchte** genannt.

Smartphonesucht

Viele Jugendliche haben ein Smartphone und benutzen es gern. Das ist erstmal nicht weiter schlimm. Jedoch nimmt bei manchen Jugendlichen die Zeit am Smartphone immer weiter zu. Der Wunsch nach Kontakten in Chats, das Warten auf Reaktionen und der Druck, selbst sofort reagieren zu müssen, wird zur Belastung. Manche Menschen haben das Gefühl, über das Smartphone immer erreichbar sein zu müssen. Sie haben Angst, sonst etwas zu verpassen. Eine Sucht kann entstehen.

Spielsucht

Ähnlich sieht es bei der Spielsucht aus. Oft nutzen Jugendliche die Zeit am Computer als Auszeit von ihren Alltagssorgen. Je mehr Zeit die Jugendlichen in der virtuellen Welt verbringen, desto stärker wird jedoch die Suchtgefahr.

---

1 Erkläre, wie eine Sucht entsteht.

2 Nenne mögliche Folgen einer Sucht.

3 Beschreibe, aus welchen Gründen es
   a) bei der Nutzung eines Smartphones
   b) beim Spielen am Computer
   zu Suchtverhalten kommen kann.

3 Alkohol trinken und Rauchen in Gesellschaft

Stoffgebundene Süchte

Süchte, bei denen Stoffe eingenommen werden, werden **stoffgebundene Süchte** genannt.

Alkoholsucht

Es gibt viele Gelegenheiten, Alkohol zu trinken. Süße Mixgetränke sind häufig der erste Alkohol, den Jugendliche trinken. Bei Mixgetränken wird der Alkoholgeschmack überdeckt. Alkohol ist aber gefährlich. Er verlangsamt die Reaktion und führt deshalb zu Unfällen.

Regelmäßiges Trinken schädigt die inneren Organe und erhöht die Krebsgefahr. In der Schwangerschaft schadet Alkohol dem ungeborenen Kind.

Nikotinsucht

Tabak enthält den giftigen Suchtstoff Nikotin. Er wird in Wasserpfeifen, Zigarren, Zigaretten oder E-Zigaretten geraucht. Beim Rauchen werden auch viele andere giftige Stoffe aufgenommen. Das Risiko für Atemwegserkrankungen, Krebs und Herzkrankheiten ist bei Rauchern stark erhöht.

ÜBEN UND ANWENDEN

Passivrauchen

Schädlich ist Rauchen auch für die Menschen in der Umgebung, die den Rauch einatmen. Dies wird **Passivrauchen** genannt. Passivrauchen kann ebenfalls zu Erkrankungen der Atemwege oder zu Krebs führen.

4 A - B Warnhinweise in Bildern und Texten auf Zigarettenpackungen

① **a)** ▮▮▮ Beschreibe Bild 4 A.
b) ▮▮▮ Erläutere, worauf der Warnhinweis in Bild 4 B aufmerksam macht.

② **a)** ▮▮ Erstelle eine Liste, an welchen öffentlichen Orten in eurer Umgebung nicht geraucht werden darf.
b) ▮▮ Überlege, wo Rauchen besonders für Kinder weiterhin ein Problem ist.
c) ▮▮ Stelle Verhaltensregeln auf, die Raucherinnen und Raucher aus deiner Sicht immer einhalten sollten.

5 Rauchfreie Zone in der U-Bahn

④ **a)** Erkläre den Unterschied zwischen stoffungebundenen und stoffgebundenen Süchten.
b) Nenne jeweils zwei Beispiele.

Digital+

WES-184000-205

Süchten vorbeugen

1 Ärger um Medienzeiten

3 Smartphone-freie Zeit genießen

Mediennutzung

Hast du auch manchmal Streit mit deinen Eltern, weil du zu viel Zeit am Computer oder mit dem Smartphone verbringst? Ein Mediennutzungsvertrag kann euch helfen (→ Bild 2). Ein solcher Vertrag sollte Regeln enthalten, mit denen alle Vertragspartner gut leben können.
Du kannst mit diesen Regeln außerdem einer Mediensucht vorbeugen.

Medienzeiten von Jugendlichen

Deine Gewohnheiten bei der Internetnutzung haben sich in den letzten Monaten und Jahren vielleicht etwas verändert. Sie werden es in den nächsten Jahren weiter tun.
Behalte deine Gewohnheiten im Blick. Verbringe nicht zu viel Zeit im Internet. Achte darauf, dass du dir klare Regeln überlegst und diese möglichst auch einhältst.

Mediennutzungsvertrag
zwischen Max und seinen Eltern

§1 Allgemeine Regeln
Verhalten
Ich bin freundlich und beleidige niemanden.

§2 Zeitliche Regelungen
Smartphone
Maximal 45 Minuten am Tag.

§3 Fernsehen/Filme schauen

§4 Belohnungen für den Benutzer
Die Eltern sind verpflichtet, in der Freizeit etwas mit Max zu unternehmen.

2 Ausschnitt aus einem Mediennutzungsvertrag

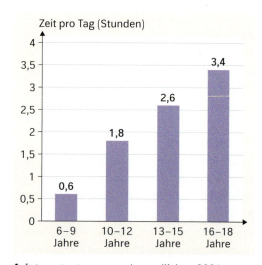

4 Internetnutzung von Jugendlichen 2024

---

❶ a) Beschreibe mithilfe von Bild 2, was ein Mediennutzungsvertrag ist.
b) Gestalte einen auf dich zugeschnittenen Mediennutzungsvertrag.

❷ a) Dokumentiere einen Tag lang, wie viel Zeit du im Internet verbringst.
b) Vergleiche deine Zeiten mit Bild 4.
c) Bewerte deine Internetzeiten.

Ⓐ Stark bleiben

Nach einem Turnier verlässt Mia mit ihrer Freundin Marit das Spielfeld. Obwohl sie alles gegeben hat, hat ihr Team das Endspiel verloren. Mia ärgert sich, denn Fußball bedeutet ihr alles. Auf einmal hält Marit ihr eine Zigarette hin und meint: „Hier, nimm eine. Kommt jetzt auch nicht mehr drauf an."
Nach kurzem Zögern antwortet Mia: „..."

5 Spiel verloren – und nun?

① ▎▎ Beschreibe die Gedanken, die Mia bei diesem Angebot durch den Kopf gehen könnten.

② ▎▎ Notiere, wie Mia auf Marits Angebot reagieren könnte.

③ ▎▎ Plant ein Rollenspiel und spielt diese Situation in der Klasse nach.

Ⓑ Strategien gegen eine Sucht entwickeln

Jeder kann süchtig werden. Manchmal kosten Probleme in der Familie oder in der Schule zu viel Kraft. Alkohol, Zigaretten oder Computerspiele scheinen diese Kraft zu geben. Die Gefahren werden erst später erkennbar.
Aber auch Sport, Musik oder gute Gespräche können Kraft spenden. Außerdem gibt es Spezialisten, die Hilfe anbieten.

6 Mit einer vertrauten Person zu reden, kann helfen.

① Arbeitet mit einer Mitschülerin oder einem Mitschüler.
a) ▎▎ Schreibt Stärken und positive Eigenschaften des anderen auf und besprecht sie untereinander.
b) ▎▎ Diskutiert, wie euch diese Stärken im Leben helfen können.
c) ▎▎ Erarbeitet weitere Strategien, die anstelle eines Suchtmittels in einer Krise helfen können.

Telefonische Sofort-Hilfe bei Suchtproblemen:
Hotline 01806 - 313031 (24 Stunden)

Beratungsstellen in deiner Nähe finden unter:
www.dhs.de/service/suchthilfeverzeichnis

Unser Körper

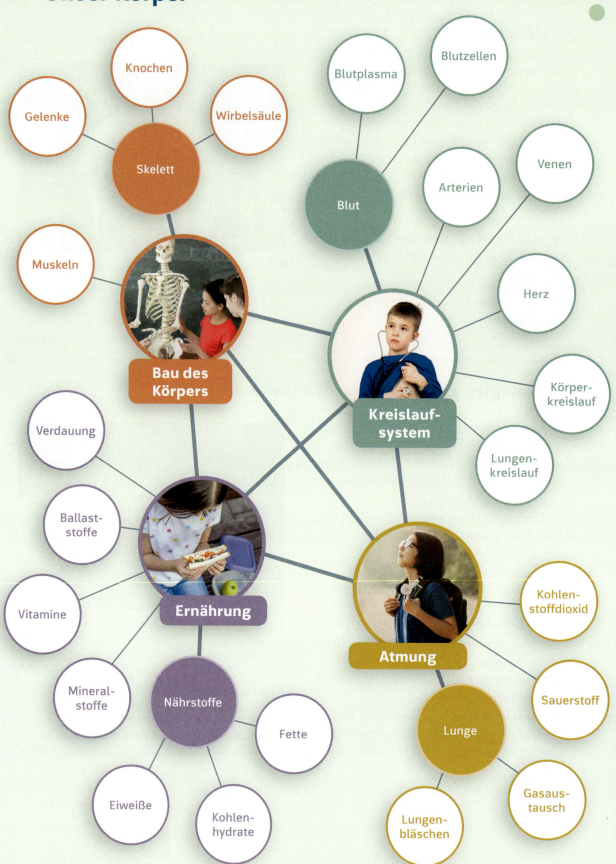

Skelett
- Knochen
- Gelenke
- Wirbelsäule

Muskeln

Bau des Körpers

Blut
- Blutplasma
- Blutzellen
- Arterien
- Venen

Kreislauf-system
- Herz
- Körper-kreislauf
- Lungen-kreislauf

Verdauung

Ballast-stoffe

Vitamine

Mineral-stoffe

Ernährung

Nährstoffe
- Eiweiße
- Kohlen-hydrate
- Fette

Atmung
- Kohlen-stoffdioxid
- Sauerstoff

Lunge
- Lungen-bläschen
- Gasaus-tausch

1 Benenne die Knochen ① bis ⑥.

2 Nenne mindestens zwei Gelenke, die du in der Abbildung erkennen kannst, und ordne ihnen jeweils einem der Gelenktypen zu.

3 Erkläre mithilfe der Abbildung, wie die Oberarm-Muskeln als Gegenspieler wirken.

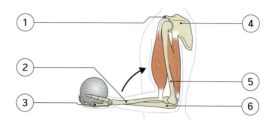

4 a) Benenne die Teile ① bis ⑥ des Blutkreislaufs.
b) Beschreibe, wohin die Blutgefäße ① und ④ führen und wie dieser Teilkreislauf heißt.
c) Beschreibe, wohin die Blutgefäße ③ und ⑥ führen und wie dieser Teilkreislauf heißt.

5 Nenne feste und flüssige Bestandteile des Blutes und beschreibe ihre Funktionen.

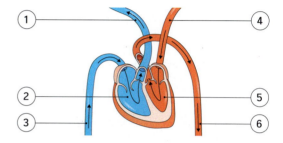

6 a) Benenne die Verdauungsorgane ① bis ⑧.
b) Beschreibe jeweils ihre Funktion.

7 a) Nenne die drei Hauptnährstoffgruppen.
b) Nenne zu jedem Nährstoff zwei Lebensmittel, die ihn reichlich enthalten.
c) Nenne drei weitere Bausteine, die wir für eine gesunde Ernährung benötigen.

8 Erkläre, warum sich Sportler anders ernähren sollten als Menschen, die viel sitzen.

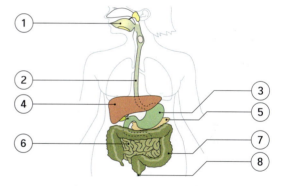

9 a) Benenne die Atmungsorgane ① bis ⑥.
b) Beschreibe den Weg der Atemluft.

10 a) Beschreibe den Austausch der Atemgase in den Lungenbläschen.
b) Erkläre, wie der innere Bau der Lunge einen besonders schnellen Gasaustausch ermöglicht.

11 Beschreibe gesundheitliche Gefahren, die durch das Rauchen verursacht werden.

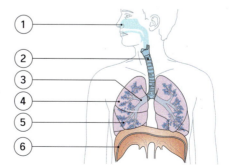

Digital+

Kreislauf und Bewegung

Ⓐ Wie verändert sich die Atmung, wenn wir uns bewegen?

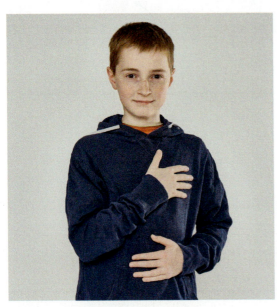

1 Ein Schüler spürt seine Atemzüge.

Die Atemfrequenz gibt die Anzahl der Atemzüge an, die du innerhalb einer Minute durchführst. Als Atemfrequenz in Ruhe wird die Atemfrequenz bezeichnet, die ohne Anstrengung gemessen wird. Durch Bewegung verändert sich die Atmung.

Material: Stoppuhr

Durchführung:

Schritt 1: Führt den Versuch zu zweit durch.

Schritt 2: Setzt euch ruhig hin. Legt eine Hand auf die Brust und die andere Hand auf den Bauch. Zählt die Atemzüge, die ihr jeweils in einer Minute macht.

Schritt 3: Hüpft zwei Minuten auf der Stelle. Zählt danach erneut eure Atemzüge innerhalb einer Minute.

2 Ein Schüler beim Hüpfen

❶ a) ▮▮▮ Notiert eure gemessenen Werte in einer Tabelle.
b) ▮▮▮ Vergleicht die Werte in Ruhe mit den Werten nach der Belastung.
c) ▮▮▮ Beantwortet die Forschungsfrage aus der Überschrift.

❷ ▮▮▮ Erklärt den Zusammenhang zwischen dem Hüpfen und der Atemfrequenz. Nutzt dabei folgende Begriffe: Sauerstoff – Einatmen – Muskeln – häufiger – Gasaustausch – erhöhter Bedarf – Atemluft

❸ a) ▮▮ Vergleicht die Werte in Ruhe und nach Belastung der einzelnen Versuchspersonen miteinander.
b) ▮▮ Stellt Vermutungen darüber auf, warum die Werte der Versuchspersonen nicht gleich sind.

B Wie verändert sich der Puls, wenn wir uns bewegen?

Der **Puls** gibt die Anzahl der Herzschläge pro Minute an. Indem du den Puls misst, kannst du herausfinden, wie oft dein Herz in einer Minute schlägt. Als **Ruhepuls** wird der Wert bezeichnet, der in Ruhe, also ohne Anstrengung, gemessen wird. Durch Bewegung verändert sich der Puls.

Material: Stoppuhr

Durchführung:
Schritt 1: Führt den Versuch zu zweit durch.
Schritt 2: Ertastet mit den Fingern den Puls an der Unterseite des Handgelenkes. Zählt die Schläge, die ihr während einer Minute spürt.
Schritt 3: Hüpft zwei Minuten auf der Stelle. Messt erneut euren Puls eine Minute lang.

1 a) ▮▮ Notiert eure gemessenen Werte in einer Tabelle.
b) ▮▮ Vergleicht die Werte in Ruhe mit den Werten nach der Belastung.
c) ▮▮ Beantwortet die Forschungsfrage aus der Überschrift.

2 ▮▮ Erklärt den Zusammenhang zwischen dem Hüpfen und dem Pulswert.
Nutzt dabei folgende Begriffe:
Sauerstoff – Herzschlag – Blut – Muskeln – erhöhter Bedarf – schneller – transportieren

3 a) ▮▮ Erklärt mithilfe der Angaben in Bild 4, warum der Ruhepuls nicht bei allen Menschen gleich ist.
b) ▮▮ Erläutert, wie ihr euren Ruhepuls auf einen niedrigeren und damit gesünderen Wert bringen könntet.

3 Eine Schülerin misst ihren Puls.

Faktor	Auswirkungen auf den Ruhepuls
Alter	Der Ruhepuls nimmt mit steigendem Alter ab.
Geschlecht	Frauen haben einen höheren Ruhepuls als Männer.
Trainingszustand	Sportler haben einen niedrigeren Ruhepuls als untrainierte Menschen.
Stress	Dauerhafter Stress erhöht den Ruhepuls.
Koffein und Alkohol	Die Aufnahme von Koffein und Alkohol erhöht den Ruhepuls.
Krankheiten	Menschen, die z.B. eine starke Entzündung oder einen Sonnenstich haben, haben meist auch einen erhöhten Ruhepuls.

4 Faktoren, die den Ruhepuls beeinflussen

Digital+

WES-184000-211

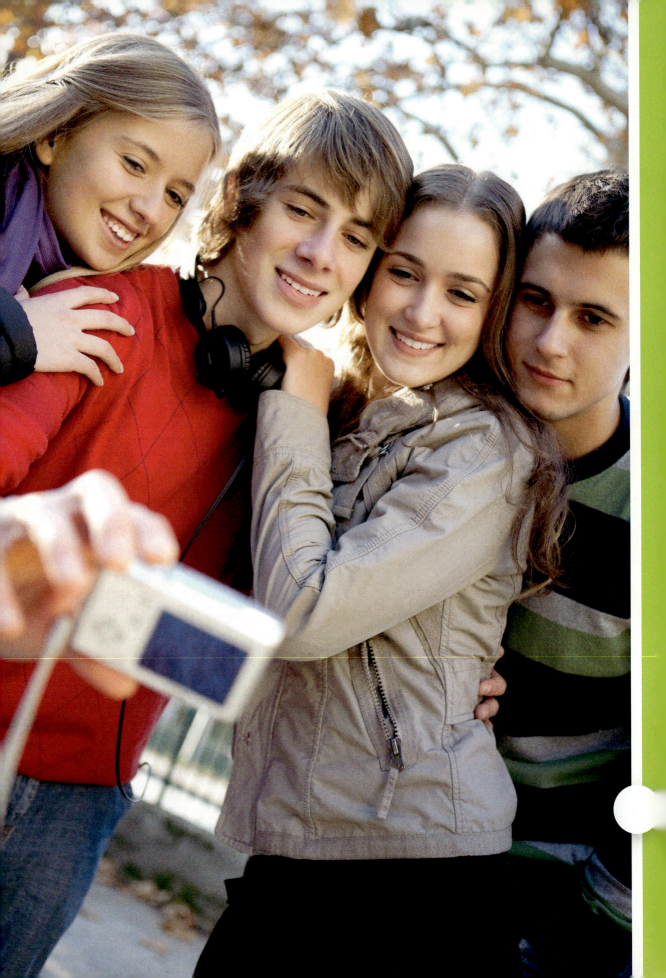

Erwachsen werden

Ist es normal, was mit mir passiert?

Worauf kommt es in einer Partnerschaft an?

Was ist für mich das Richtige?

Die Pubertät

1 Turbulent wie ein Skating-Trip – die Pubertät

Eine turbulente Zeit

Die **Pubertät** ist der Lebensabschnitt, in dem ein Kind erwachsen wird. Viele Jugendliche merken das. Sie wollen kein Kind mehr sein, fühlen sich aber auch noch nicht richtig erwachsen. Sie haben immer weniger Lust, sich von Erwachsenen alles vorschreiben zu lassen. Dann kommt es oft zum Streit (→ Bild 2). Es ist eine turbulente Zeit. Mal ist alles super. Dann wieder scheint alles schief zu gehen. Das zieht einen runter. Es ist ein Auf und Ab wie beim Skaten oder Achterbahnfahren.

2 Jugendliche finden ihre Eltern oft schwierig.

Chemie im Blut

Schuld an dem Auf und Ab der Gefühle sind chemische Stoffe im Blut. Diese Stoffe heißen **Hormone**. Durch die Hormone entwickelt sich der Körper von dem eines Kindes zu dem eines Erwachsenen. Die Hormone verursachen auch die typischen Stimmungsschwankungen während der Pubertät.

Der Körper entwickelt sich

In der Pubertät entwickeln sich Mädchen zu Frauen und Jungen zu Männern. Dabei verändern sich viele Körpermerkmale. Mädchen bekommen zum Beispiel breitere Hüften. Die Brüste entwickeln sich. Der Körper wirkt etwas abgerundeter. Jungen bekommen breitere Schultern. Ihr Körper wird meist muskulöser und erscheint kantiger.
Bei beiden Geschlechtern beginnt die Intimbehaarung zu wachsen. Auch die Geschlechtsorgane entwickeln sich. Außerdem setzt der Stimmbruch ein.

1 „Die Pubertät ist wie …" Ergänze diesen Satz mit einem für dich sinnvollen Vergleich. Begründe deine Entscheidung kurz.

2 Erkläre, warum in der Pubertät oft Stimmungsschwankungen auftreten.

3 Nenne körperliche Veränderungen während der Pubertät.

3 Aus Kindern werden Erwachsene.

Erwachsen werden ist mehr

Zum Erwachsensein gehört aber mehr als ein ausgewachsener und geschlechtsreifer Körper. Auch das Gehirn entwickelt sich weiter. Erwachsene können daher bestimmte Dinge viel schneller durchdenken und beurteilen als Kinder.

Neben der körperlichen Entwicklung gibt es also auch eine geistige Entwicklung. Diese ist auch wichtig, denn Erwachsene müssen viel mehr Verantwortung übernehmen als Kinder. Nur so können sie später vielleicht einmal selbst Kinder großziehen.

4 Verantwortung für andere übernehmen

ÜBEN UND ANWENDEN

Immer das Gleiche

Jugendliche in der Pubertät verhalten sich manchmal speziell und zum Teil ähnlich.

5 Typisch Pubertät?

① **a)** ▮▮▮ Gib den Bildern 5 A – C jeweils eine passende Überschrift und beschreibe die Situationen kurz.
b) ▮▮▮ Gib jeweils an, ob du diese Situationen typisch für die Pubertät findest. Begründe deine Meinung.

② ▮▮ Skizziere oder beschreibe eine weitere typische Situation.

④ Erläutere, warum auch eine geistige Entwicklung während der Pubertät wichtig ist.

🔲 **Digital+**

WES-184000-215

Liebe und Sexualität

1 Verliebt! Plötzlich siehst du alles mit anderen Augen.

Verliebt? Ich doch nicht!

„Die Pubertät ist die Zeit der ersten großen Liebe!" „Sich verlieben" hört sich für viele aber irgendwie peinlich an. Für manche ist es deshalb ein großer Spaß, die Verliebten mit Sprüchen aufzuziehen: „Du bist ja total verknallt, was?" Und für manch einen steht fest, dass er sich auf keinen Fall jemals verlieben will. Aber wann und in wen du dich verliebst, kannst du dir nicht unbedingt aussuchen. Meist passiert es einfach. Verliebte sehen einander plötzlich mit ganz anderen Augen. Das kann ein wunderbares Gefühl sein. Es kann aber auch verwirrend oder schmerzhaft sein. Denn nicht immer wird die Liebe auch erwidert.

Formen von Sexualität

Die meisten Menschen bevorzugen Partner des anderen Geschlechts. Sie sind **hetero-sexuell**. Andere Menschen verlieben sich in Partner desselben Geschlechts. Sie sind **homosexuell**. Männer, die Männer lieben, sind schwul. Frauen, die Frauen lieben, sind lesbisch. Manche Menschen wünschen sich Liebesbeziehungen sowohl zu Männern als auch zu Frauen. Sie sind **bisexuell**.
Wie zwei Menschen zusammen durchs Leben gehen wollen, sollten sie immer gemeinsam entscheiden. Auf gar keinen Fall darf jemand seinen Partner oder seine Partnerin zu Dingen überreden oder zwingen, die er oder sie nicht will.

2 Unterschiedliche Partnerschaften

1 Was bedeutet „verliebt sein" für dich? Fertige eine Mindmap an oder bilde Sätze nach dem Muster „Verliebt sein ist ...".

2 a) Ordne folgende Begriffe den Paaren in Bild 2 zu: homosexuell lesbisch – heterosexuell – homosexuell schwul
b) Erkläre den Begriff „bisexuell".

3 Jede Form der Liebe verdient Respekt.

Respekt ist wichtig

Die sexuellen Vorlieben der Menschen sind vielfältig und individuell. Begriffe wie „normal" und „unnormal" oder „richtig" und „falsch" sind hier fehl am Platz. Kein Mensch darf wegen seiner sexuellen Neigung ausgeschlossen werden. Weil es aber dennoch immer wieder passiert, erfordert es viel Mut, offen zu diesen Neigungen zu stehen. Umgekehrt kann es krank machen, die eigenen sexuellen Neigungen dauerhaft zu unterdrücken. Wir müssen allen Menschen mit Respekt begegnen.

Alles hat Grenzen

Jeder Mensch hat das Recht auf „sexuelle Selbstbestimmung". Das bedeutet, dass jeder Mensch für sich selbst entscheiden darf, welche sexuellen Handlungen erwünscht sind. Wer bei anderen Menschen unerwünschte sexuelle Handlungen ausübt oder Personen zu sexuellen Handlungen zwingt, verletzt damit deren sexuelle Selbstbestimmung. In vielen Fällen ist ein solches Verhalten strafbar.

ÜBEN UND ANWENDEN

Formen von Partnerschaft

Menschen dürfen wegen ihrer sexuellen Neigungen nicht beleidigt, verspottet oder sonst irgendwie diskriminiert werden. Dennoch passiert das immer wieder.

4 Verschiedene Paare

① **a)** ||| Beschreibe zu jedem der Bilder 4 A bis C jeweils kurz, was zu sehen ist.
b) ||| Setzt euch in Gruppen zusammen. Vergleicht eure Antworten zu Aufgabe 1a. Stellt besonders gelungene Formulierungen in der Klasse vor.

② ||| Diskutiert darüber, mit welchen Reaktionen die Paare jeweils rechnen müssten, wenn sie sich in der Öffentlichkeit so verhalten würden.

③ Du bekommst mit, wie ein Kind ein anderes als „unnormal schwul" beschimpft. Erkläre dem Kind, warum niemand so beschimpft werden darf.

🖥 **Digital+**

WES-184000-217

Persönliche Grenzen

1 Grenzen zeigen: Dein Körper gehört dir!

Die ganz persönliche Grenze

Bestimmt kennst du das: Du sollst der Tante einen Kuss zur Begrüßung geben, obwohl du sie gar nicht richtig kennst. Vielleicht hat dir auch schon mal jemand an den Po gefasst und du hast dich schlecht gefühlt. Was als körperliche Belästigung empfunden wird, ist sehr unterschiedlich. Was für den einen völlig in Ordnung ist, kann für den anderen schlimm sein.

Jeder hat seine persönliche Grenze und ein Recht darauf, dass diese von anderen Menschen respektiert wird. Auch mit dem Benutzen bestimmter Wörter oder dem Ansehen von Bildern können Grenzen überschritten werden.

2 Die persönliche Grenze

Nein sagen

Manchmal ist es schwer sich abzugrenzen, weil du glaubst, anderen gefallen zu müssen oder weil du zu einer bestimmten Gruppe dazugehören möchtest. Vielleicht willst du auch einfach nur schnell vergessen, was passiert ist, weil es so peinlich war.

Es ist jedoch sehr wichtig, dass du in dich hineinhörst und auf deine Gefühle achtest. Sag immer „Nein", wenn du ein komisches oder unangenehmes Gefühl hast. Dazu hast du in jeder Situation ein Recht!

Sexuelle Belästigung

Sexualität hat schöne und liebevolle Seiten. Aber es gibt auch eine andere Seite. Sie zeigt sich dann, wenn jemand zu Handlungen überredet oder gezwungen wird, die er oder sie nicht will.

Oft kommen die Täterinnen oder Täter sogar aus dem Freundeskreis oder sie sind Angehörige. Auch von diesen Personen musst du keine Berührungen dulden, die dir unangenehm sind. **Niemand** hat das Recht, dich sexuell zu belästigen.

---

1 Erkläre den Begriff „sexuelle Belästigung" und nenne Beispiele.

2 Beschreibe, wie man sich gegen körperliche Belästigungen wehren kann.

Ⓐ „Nein" sagen üben

„Nein" zu sagen will gelernt sein. In manchen Situationen wird es dir leichter fallen „Nein" zu sagen, in anderen jedoch viel schwerer.

① ▌▌▌ Erläutere die Situationen, die auf den Zetteln in Bild 3 beschrieben sind.

② **a)** ▌▌ Erkläre, warum für die Aussagen verschiedene Farben gewählt wurden.
b) ▌▌ Entscheide, ob du mit den Farben übereinstimmst.

③ **a)** ▌▌ Wie würdest du dich in den jeweiligen Situationen verhalten? Übe mit einer Partnerin oder einem Partner.
b) ▌▌ Spielt ausgewählte Beispiele vor. Beschreibt, wie euer „Nein" auf eure Mitschülerinnen und Mitschüler wirkt.

Meine Sportlehrerin gibt mir Hilfestellung.

Jemand äußert sich abfällig über mich und benutzt dabei sexuelle Ausdrücke.

Eine Klassenkameradin möchte mit mir „küssen üben".

Ein Bekannter meiner Eltern benimmt sich merkwürdig, sobald wir allein sind.

Ich soll in ein fremdes Auto einsteigen.

Ein „Freund" aus dem Internet lädt mich zum Kennenlernen zu sich nach Hause ein.

3 Nein sagen

Ⓑ Hilfe suchen

Sexuell belästigt zu werden, ist eine sehr schlimme Erfahrung. Sie trifft sowohl Mädchen als auch Jungen. Es gibt Beratungsstellen wie Pro Familia, an die man sich in einem solchen Fall wenden kann. Oft ist es aber besonders wichtig, eine vertraute Person an der Seite zu haben. Das kann ein Familienmitglied oder eine gute Freundin oder ein guter Freund sein, aber auch eine Lehrkraft, der du vertraust.

① **a)** ▌▌▌ Schreibe stichpunktartig Gefühle und Gedanken von jemandem auf, der sich bedroht oder belästigt fühlt.
b) ▌▌▌ Nenne Gründe dafür, sich dann an eine vertraute Person zu wenden.

② ▌▌▌ Sammelt Eigenschaften, die eine Vertrauensperson haben sollte.

4 Bleib nicht allein, du bist nicht schuld an der Situation!

Nummer gegen Kummer: 116 111
Kinderschutzhotline: 0800 19 21 000
Hier kannst du jederzeit anrufen, egal welchen Kummer du hast. Niemand fragt nach deinem Namen. Jemand wird dir zuhören und versuchen, dir zu helfen.

▣ **Digital+**

Sexualität im Internet

1 Models

2 Sexualisierte Darstellung

Werbung

Die Werbung beeinflusst, was wir schön finden. Models werden mit großem Aufwand gestylt. Häufig werden die Bilder bearbeitet, damit die Models eine perfekte Haut und Figur haben. Dies kann Jugendliche stark unter Druck setzen. Dabei sind Figur und Aussehen längst nicht so wichtig, wie die Modeindustrie es darstellt.

Digitale Sexualisierung

In vielen Computerspielen und Animes sind die Körper von Frauen und Männern stark sexualisiert dargestellt. Sexualisiert bedeutet, dass die Geschlechtsmerkmale übertrieben groß und sehr deutlich gezeichnet sind. Oft sind diese sogenannten Avatare dann auch nur knapp bekleidet. Mit der Realität haben die Darstellungen wenig zu tun.

♥ mariellamü

3 Eigene Darstellung

Sich selbst darstellen

In sozialen Medien wie Instagram oder TikTok zeigen Menschen Fotos von sich. Sie wollen dabei gut aussehen und hoffen, dass andere ihnen viele „Likes" geben. Du musst gut überlegen, welche Fotos du teilst.

Alle Fotos im Internet können an fremde Personen weitergeschickt werden. Die können dann Dinge mit deinen Fotos machen, die du vielleicht nicht möchtest. Dazu können sie auch künstliche Intelligenz einsetzen, etwa um „Deep Fakes" zu erstellen.

Außerdem musst du überlegen, wie du mit Spott oder negativen Kommentaren fertigwerden kannst.

---

1 **a)** Nenne Körpermerkmale, die bei Models und bei manchen Avataren besonders betont werden.
b) Bewerte diese Darstellungen.

2 Erläutere an Beispielen, wie Fotos mithilfe von künstlicher Intelligenz missbraucht werden können.

Ⓐ Gefahren in sozialen Netzwerken

In sozialen Netzwerken kann man Fotos von sich einstellen, Hobbys nennen und Freunde virtuell treffen. Oft geben Jugendliche hier sehr viel von sich preis. Sie verraten ihre persönlichen Daten, wie ihren richtigen Namen, ihren Geburtstag oder sogar ihre Adresse. Manchmal kommt es vor, dass erwachsene Menschen dann Kontakt aufnehmen und sich als Gleichaltrige ausgeben. In Wirklichkeit haben sie aber sexuelle Absichten.

> **Sei vorsichtig!**
> Tausche dich niemals über persönliche Dinge mit jemandem aus, den du im wirklichen Leben nicht kennst. Du weißt nicht, ob seine Fotos echt sind. Du kannst auch nicht sicher sein, wie alt die Person wirklich ist, die dir schreibt.

① ▮▮▮ Erkläre den Begriff „persönliche Daten".

② ▮▮▮ Überlege dir, wie du am besten reagierst, wenn dir jemand schreibt, den du nicht kennst.

Hi, ich bin 15 und du?

So alt? Krass – ich bin 11 ;-)

Problem für dich?

Nee – bist ja total nett …

4 Mädchen am Laptop

③ ▮▮ Informiere dich über Altersgrenzen in Apps und sozialen Netzwerken.

Ⓑ Cyberstalking und Cybermobbing

Soziale Netzwerke bieten viele Möglichkeiten, mit Freundinnen und Freunden in Kontakt zu treten. Allerdings kannst du auch leicht von anderen Personen belästigt, verfolgt oder terrorisiert werden.

① ▮▮ Recherchiere die Begriffe „Cyberstalking" und Cybermobbing" und erkläre sie jeweils in zwei Sätzen.

② ▮▮ Tausche dich mit deiner Sitznachbarin oder deinem Sitznachbarn darüber aus, ob ihr schon einmal von Fällen von Cyberstalking oder Cybermobbing gehört habt.

5 Verstörende Nachrichten aus dem Internet

③ ▮▮▮ Erstellt Tipps, wie Betroffene in solchen Situationen reagieren sollten.

▣ **Digital+**

WES-184000-221

Schönheit und Fitness kritisch betrachtet

1 Der Blick in den Spiegel

3 Ein Vorbild für jeden?

Wie wichtig ist das Aussehen?

Gleich verlässt du die Wohnung und gehst in die Schule, zum Sport oder zu Freunden. Vorher noch ein letzter kritischer Blick in den Spiegel. Passt alles?

Das Interesse am eigenen Körper und am eigenen Aussehen nimmt in der Pubertät oft zu. Für die meisten Jugendlichen ist es wichtig, bei Gleichaltrigen gut anzukommen. Jugendliche sind oft besonders kritisch mit ihrem Aussehen.

Schlank zu sein und eine schöne Haut zu haben, ist für viele Mädchen wichtig. Zu starkes Schminken belastet aber die Haut. Außerdem besteht die Gefahr, dass die Jugendlichen zu wenig essen und zu dünn werden. Übertriebenes Abnehmen schadet der Gesundheit. Viele Jungen finden es wichtig, lässig zu sein. Auch körperliche Stärke und Fitness spielen eine Rolle.

Vorbilder

Viele Jugendliche orientieren sich an Vorbildern aus dem Internet. Auf verschiedenen Plattformen werden die neusten Modetrends oder Fitnessübungen für einen gut trainierten Körper gezeigt. Einige Jugendliche wollen dem nacheifern. Jedoch kann das nur zum Teil gelingen, da sich alle Menschen von Natur aus unterscheiden.

Teilen und mitteilen

Viele Jugendliche zeigen auch ihr eigenes Aussehen und ihren Modestil auf Internetplattformen. Dort erhalten sie schnell Rückmeldungen von Gleichaltrigen. Doch das ist nicht ungefährlich: Negative Rückmeldungen können sehr verletzend sein. Ebenso ist es nicht ratsam, Bilder von sich unbedacht ins Netz zu stellen. Solche Bilder können unkontrolliert verbreitet werden.

2 Training im Fitness-Studio

4 Alles posten?

1 Beschreibe, was einem Jungen oder einem Mädchen vor dem Spiegel wie in Bild 1 durch den Kopf gehen kann.

2 Erläutere Gefahren, die
a) von Vorbildern aus dem Internet,
b) vom Teilen eigener Posts ausgehen.

Ⓐ Einzigartig und schön

Schönheitsideale und Fitnesstrends verändern sich oft. Es kann Spaß machen, solche Trends auszuprobieren. Aber man sollte es nicht übertreiben.

Menschen sehen immer verschieden aus. Es gibt kein „perfektes" Aussehen. Viel wichtiger als das Aussehen sind, wie jemand ist – also der Charakter und die Persönlichkeit. Diese Dinge machen jeden Menschen einzigartig und schön.

① ▮▮ Beschreibe bei vier Personen aus Bild 5, wie jede der Personen auf ihre Weise „einzigartig und schön" ist.

② ▮▮ Überlegt in kleinen Gruppen, warum der Charakter wichtiger ist als das Aussehen. Einigt euch auf eine Erklärung und schreibt sie auf.

5 Jeder ist einmalig!

Ⓑ Selbstwahrnehmung

In der Pubertät achten Jugendliche vermehrt und mit einem besonders kritischen Blick auf sich selbst. Vor allem ihr Aussehen bekommt einen erhöhten Stellenwert.

Karikaturen stellen ein Thema in Form einer Zeichnung dar. Die Zeichnungen sind oft übertrieben und komisch dargestellt. Damit verdeutlichen sie das Thema besonders gut.

① a) ▮▮ Beschreibe die Karikatur in Bild 6.
b) ▮▮ Erkläre, was die Karikatur aussagt.

② ▮▮ Beschreibe die Gedanken und Gefühle, die der Junge in der Karikatur haben könnte.

③ ▮▮ Schreibe dem Jungen eine Nachricht, die auf seine Situation eingeht.

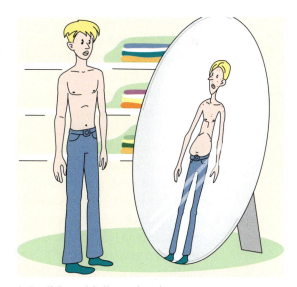

6 Realität und Selbstwahrnehmung

📱 Digital+

WES-184000-223

Eine Umfrage durchführen

1 Planungsphase

Fragebogen zum Thema Mode			21.06.2025
Frage	ja	nein	weiß nicht
Ich lege Wert auf Markenkleidung.	III 3	IIII 4	II 2
Für mein Aussehen hole ich mir Tipps aus dem Internet.	IIIII 6	II 2	I 1
Mädchen sollten sich immer schminken.	I 1	IIII 5	III 3
...			

2 Beispiel für einen Fragebogen

Umfragen

Eine Umfrage dient dazu, die Meinungen und Einstellungen vieler Menschen zu einem Thema einzuholen. Wie ihr eine Umfrage plant, durchführt und auswertet, zeigen euch die folgenden Schritte.

Eine Umfrage planen

Schritt 1: Zuerst müsst ihr genau überlegen, was ihr durch die Umfrage erfahren wollt. Bei einer Umfrage zum Thema Mode könnt ihr zum Beispiel fragen, wer Wert auf Markenkleidung legt, wer sich gerne schminkt oder wer sich Tipps aus dem Internet holt.

Schritt 2: Einigt euch, wen ihr befragen wollt: eure Klasse, eure Freunde, eure Eltern oder fremde Personen?

Schritt 3: Entwerft jetzt einen Fragebogen. Am besten sind Fragebögen mit Strichlisten geeignet. Diese Fragebögen lassen sich später einfacher auswerten.

Eine Umfrage durchführen

Schritt 4: Führt die Umfrage als Gruppe durch. So fühlt ihr euch sicherer und habt mehr Spaß.

Schritt 5: Geht auf die Personen zu, die ihr befragen wollt. Stellt euch vor und sagt, wofür ihr die Umfrage macht. Fragt höflich, ob die Personen mitmachen möchten.

Schritt 6: Führt die Umfrage nun durch. Tragt die Ergebnisse in eure Strichliste ein.

Eine Umfrage auswerten und präsentieren

Schritt 7: Wertet die Ergebnisse eurer Umfrage aus. Überlegt euch dazu auch, wie ihr die Ergebnisse präsentieren wollt. Verwendet Formulierungen wie „Die meisten…", „Manche …" oder „Etwa gleich viele…".

Schritt 8: Präsentiert eure Ergebnisse und diskutiert sie in der Klasse.

1 Plant eine Umfrage zum Thema „Mode bei Jugendlichen".

2 Führt die Umfrage durch und wertet sie aus.

Ⓐ Umfrage-Ergebnisse in ein Säulendiagramm übertragen

Um die Ergebnisse einer Umfrage bildlich und übersichtlich darzustellen, kannst du zum Beispiel ein Säulendiagramm zeichnen.
Du kannst dabei wie folgt vorgehen:

Durchführung:

Schritt 1: Zeichne auf ein Din-A4-Blatt mit Bleistift und Lineal eine waagerechte und eine senkrechte Achse.

Schritt 2: Die Fragen trägst du stichpunktartig unter der waagerechten Achse ein. Lass genug Abstand.

Schritt 3: Die Anzahl der Antworten wird auf der senkrechten Achse eingezeichnet. Überlege dir eine passende Einteilung.

Schritt 4: Wähle drei verschiedene Farben. Zeichne zu jeder Frage eine Säule für die Antwort „ja", eine Säule für die Antwort „nein" und eine Säule für die Antwort „weiß nicht" in der richtigen Länge (→ Bild 3).

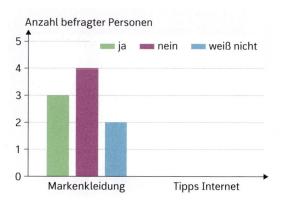

3 Säulendiagramm

① **a)** ▌▌▌ Zeichne ein Säulendiagramm zu den auf der linken Seite in Bild 2 dargestellten drei Umfrage-Ergebnissen. Nutze dazu auch Bild 3.
b) ▌▌ Vergleicht eure Diagramme. Entscheidet, welche besonders gut gelungen sind. Begründet eure Auswahl.

Ⓑ Eine Umfrage zum Thema „Schönheit und Fitness"

Das Thema „Schönheit und Fitness" interessiert und betrifft viele Jugendliche. Gleichzeitig gehen die Ansichten dazu oft auseinander.
Eine Umfrage zum Thema kann Klarheit bringen, wie die Meinungen dazu verteilt sind.

① ▌▌▌ Führt in eurer Klasse eine Umfrage zum Thema „Schönheit und Fitness bei Jugendlichen" durch. Nutzt dazu die Methode „Eine Umfrage durchführen".

② ▌▌▌ Erstellt mit euren Werten ein Säulendiagramm.

4 Umfrage in der Schule

③ ▌▌ Führt die Umfrage auch in anderen Klassen durch. Vergleicht die Ergebnisse mit denen aus eurer Klasse.

Digital+

Jungen werden zu Männern

1 Vater und Sohn

Wann bin ich endlich ein Mann?

Viele Jungen wollen möglichst bald erwachsen sein. Aber es dauert lange, bis es so weit ist. Die Pubertät beginnt bei den meisten Jungen mit etwa zwölf Jahren. Es gibt aber große Unterschiede. Manche Jungen kommen erst später in die Pubertät. So richtig abgeschlossen ist die Pubertät bei Jungen meist erst mit ungefähr 21 Jahren.

Primäre Geschlechtsmerkmale

Ein kleiner Junge sieht anders aus als ein Mann. Dennoch kannst du ihn als Jungen erkennen. Er hat schon bei der Geburt einen Penis und einen Hodensack mit zwei Hoden. Dies sind **primäre Geschlechtsmerkmale**.

Sekundäre Geschlechtsmerkmale

Andere für Männer typische Merkmale entwickeln sich erst in der Pubertät. Der Junge bekommt einen Bart, breitere Schultern und eine tiefe Stimme. Dies sind **sekundäre Geschlechtsmerkmale**.

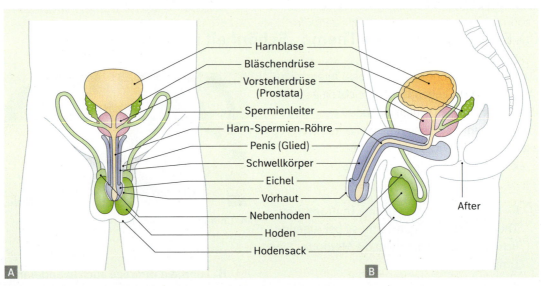

2 Die männlichen Geschlechtsorgane: **A** von vorne, **B** von der Seite

1 Betrachte Bild 1. Erstelle eine Liste mit Unterschieden zwischen einem Jungen und einem Mann.

2 Erkläre den Unterschied zwischen primären und sekundären Geschlechtsmerkmalen am Beispiel des Mannes.

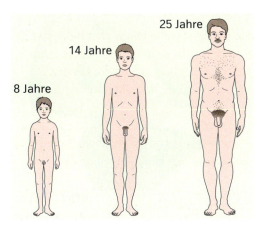

3 Die Entwicklung vom Jungen zum Mann

Geschlechtsorgane des Mannes

Die Geschlechtsorgane von Mann und Frau dienen der Fortpflanzung. Bei Jungen sind dies der Penis und die Hoden. Auch einige Drüsen gehören dazu (→ Bild 2).
Die Eichel vorne am Penis ist sehr berührungsempfindlich und dient der sexuellen Erregung. Die Vorhaut schützt die Eichel.
In der Pubertät beginnen die Hoden, Spermienzellen zu bilden. Die Drüsen produzieren verschiedene Flüssigkeiten. Die Flüssigkeiten bilden zusammen mit den Spermienzellen das **Sperma**.

Jungen werden geschlechtsreif

Meist ist der Penis schlaff und weich. Er kann sich aber auch versteifen und aufrichten. Das wird **Erektion** genannt. Bei einer Erektion fließt Blut in die Schwellkörper. Der Penis wird hart und richtet sich auf.
Bei einem **Spermienerguss** wird das Sperma durch den Spermienleiter und die Harn-Spermien-Röhre nach außen geschleudert. Der erste Spermienerguss im Zusammenhang mit einer Erektion zeigt, dass ein Junge geschlechtsreif wird.

ÜBEN UND ANWENDEN

Funktionen der Geschlechtsorgane des Mannes

Jedes Geschlechtsorgan hat eine bestimmte Funktion im Körper des Mannes.

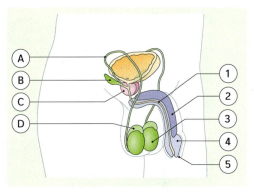

4 Lage männlicher Geschlechtsorgane

Geschlechtsorgan	Nr.	Funktion
Hoden		
Harn-Spermien-Röhre		
Schwellkörper im Penis		
Eichel		
Vorhaut		

5 Liste einiger männlicher Geschlechtsorgane

① **a)** ▮▮ Ordne den Nummern in Bild 4 das richtige Geschlechtsorgan zu. Übertrage dazu die Tabelle aus Bild 5 in dein Heft. Bild 2 hilft dir dabei.
b) ▮▮ Trage in deine Tabelle ein, welche Funktion das Geschlechtsorgan jeweils hat. Nutze dazu die Angaben im Text.

② ▮▮ Benenne auch die mit Buchstaben bezeichneten Organe in Bild 4 mithilfe von Bild 2.

③ Ergänze deine Liste aus Aufgabe 1 mithilfe von Bild 3 und dem Text.

④ Erkläre den Begriff „Erektion".

Digital+
WES-184000-227

Jungen in der Pubertät

Der Körper verändert sich

Die körperlichen Veränderungen im Verlauf der Pubertät eines Jungen sind spannend, aber manchmal auch etwas verwirrend.

2 Wie groß ist „groß genug?"

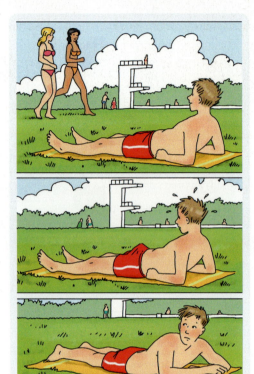

1 Im Schwimmbad

Penisgröße

Irgendwann fragt sich jeder Junge, ob sein Penis „normal" ist. Forscherinnen und Forscher haben nachgemessen. Das Ergebnis: Penisse sind sehr unterschiedlich. Alles zwischen 11 cm und 17 cm Länge ist normal. Außerdem hat die Größe nichts damit zu tun, ob jemand „gut im Bett" ist oder ob er Kinder zeugen kann. Ganz nebenbei fanden die Forschenden etwas Lustiges heraus: Wenn sie Männer nach der Penisgröße fragten, kamen höhere Werte heraus, als wenn die Forschenden nachgemessen hatten.

Die Erektion

Eine Erektion kann durch sexuelle Reize ausgelöst werden. Dies können zum Beispiel Berührungen der Eichel sein. Auch etwas, das der Mann sieht oder sich vorstellt, kann eine Erektion auslösen. Gerade in der Pubertät kann eine Erektion aber auch ohne erkennbaren Grund auftreten, zum Beispiel nachts. Eine Erektion kann auch mit einem Spermienerguss verbunden sein. Das ist normal und kein Grund zur Sorge.

Hygiene

Die Drüsen unter der Vorhaut geben einen fettigen Stoff ab, das Smegma. So bleibt die Eichel geschmeidig. Klebt das Smegma zu lange am Penis, beginnt es unangenehm zu riechen.
Außerdem kommen Jungen in der Pubertät schneller ins Schwitzen. Der Körpergeruch wird dann intensiver. Ab der Pubertät müssen Jungen sich daher öfter waschen und duschen als Kinder.

❶ In der Pubertät spielen die Hormone manchmal verrückt. Erläutere die in Bild 1 dargestellte Situation im Schwimmbad.

❷ Erkläre, warum die Hygiene in der Pubertät für Jungen sehr wichtig ist.

Ⓐ Der „perfekte" Mann

Die Vorstellungen davon, was einen „perfekten" Mann ausmacht, sind unterschiedlich. Wie sieht er aus? Was kann er gut? Wie ist sein Charakter? Solche Fragen werden von Menschen sehr unterschiedlich beantwortet. Dabei spielen unter anderem das Alter, das Geschlecht und die Herkunft der Befragten eine Rolle: Jungen antworten anders als Mädchen, Erwachsene denken anders darüber als Jugendliche. Auch erhältst du in Deutschland andere Antworten als in China oder in den USA.

3 Der „perfekte" Mann? (mit KI erstellt)

① **a)** ▮▮▮ Suche im Internet nach einem Bild, das für dich den „perfekten" Mann zeigt. Du kannst auch einen KI-Bildgenerator verwenden.
b) ▮▮▮ Ergänze einige Stichpunkte zu seinen Fähigkeiten und Charaktereigenschaften.

② ▮▮▮ Hängt die Ergebnisse von Aufgabe 1 in der Klasse aus und vergleicht sie. Welche Gemeinsamkeiten und welche Unterschiede fallen auf? Gibt es „Trends", zum Beispiel etwas, das Mädchen grundsätzlich anders sehen als Jungen?

Ⓑ Albero will tanzen

Albero ist 11 Jahre alt. Er tanzt gerne. Sein größter Wunsch ist es, einmal ein berühmter Balletttänzer oder Schauspieler zu werden. In seiner Klasse wollen einige Jungen deswegen nichts mehr mit Albero zu tun haben. „Der ist doch schwul! Von dem halte ich mich lieber fern!", hat neulich einer gesagt.

4 Albero beim Ballettunterricht

① ▮▮▮ Erkläre den Jungen aus Alberos Klasse, was „schwul sein" eigentlich bedeutet. Was hat es mit Alberos Wunsch zu tun, ein berühmter Tänzer zu werden?

② ▮▮▮ Versetze dich in Alberos Situation. Beschreibe, wie er sich wohl fühlt, wenn er so behandelt wird.

③ ▮▮▮ Wie könnte Albero auf das Verhalten der anderen Jungen reagieren? Gib ihm Tipps.

Mädchen werden zu Frauen

1 Mutter und Tochter

Eine interessante Zeit

Den Beginn der Pubertät bemerkst du vielleicht zuerst daran, dass du plötzlich häufig anderer Meinung bist als deine Eltern. Manche Mitschüler oder Mitschülerinnen, die du bisher immer blöd und nervig gefunden hast, sind auf einmal eigentlich ganz nett. Neben neuen Gefühlen verändert sich auch dein Körper in dieser Zeit.

Primäre Geschlechtsmerkmale

Ein kleines Mädchen sieht ganz anders aus als eine Frau. Dennoch kannst du sie als Mädchen erkennen. Ein Mädchen hat schon bei der Geburt die äußeren Vulvalippen und die Vagina. Dies sind **primäre Geschlechtsmerkmale**.

Sekundäre Geschlechtsmerkmale

Andere für Frauen typische Merkmale entwickeln sich erst in der Pubertät. Die Brüste wachsen. Das Becken und die Hüfte werden breiter, die Oberschenkel rundlicher. Dies sind **sekundäre Geschlechtsmerkmale**.

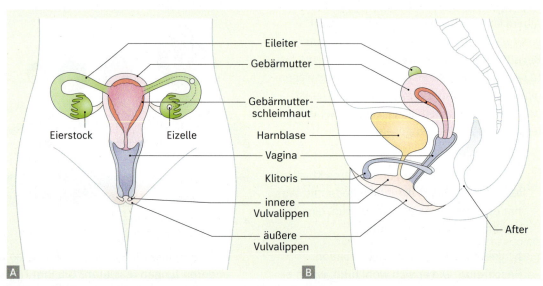

2 Die weiblichen Geschlechtsorgane: **A** von vorne, **B** von der Seite

1 Betrachte Bild 1. Erstelle eine Liste mit Unterschieden zwischen einem Mädchen und einer Frau.

2 Erkläre den Unterschied zwischen primären und sekundären Geschlechtsmerkmalen am Beispiel der Frau.

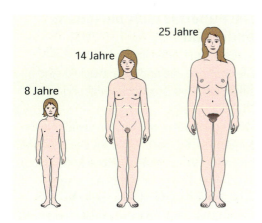

3 Die Entwicklung vom Mädchen zur Frau

Geschlechtsorgane der Frau

Unter den äußeren Vulvalippen befinden sich die inneren Vulvalippen (→ Bild 2). Sie schützen die Öffnung der Vagina. Zwischen den Vulvalippen beginnt die Klitoris. Dies ist eine für sexuelle Berührungen besonders empfindliche Stelle. Die Harnröhre endet auch zwischen den inneren Vulvalippen. Kurz hinter der Harnröhre liegt die Öffnung der Vagina. Sie führt zur Gebärmutter, die im Inneren des Körpers liegt. Die Gebärmutter ist etwa faustgroß. Während einer Schwangerschaft wächst in der Gebärmutter das Kind heran.
Auf beiden Seiten der Gebärmutter liegt je ein Eierstock. Die Eierstöcke sind etwa so groß wie Walnüsse und enthalten viele unreife Eizellen.

Mädchen werden geschlechtsreif

In der Pubertät werden im Körper eines Mädchens Hormone freigesetzt. Die Hormone bewirken, dass regelmäßig einzelne Eizellen heranreifen. Die Frau ist dann geschlechtsreif und bekommt ihre Regelblutung, auch **Menstruation** genannt.

ÜBEN UND ANWENDEN

Funktionen der Geschlechtsorgane der Frau

Jedes Geschlechtsorgan hat eine bestimmte Funktion im Körper der Frau.

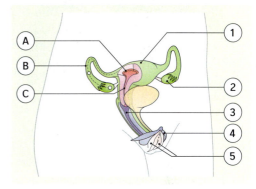

4 Lage weiblicher Geschlechtsorgane

Geschlechtsorgan	Nr.	Funktion
Gebärmutter		
Eierstock		
Vulvalippen		
Vagina		
Klitoris		

5 Liste einiger weiblicher Geschlechtsorgane

① **a)** ▌▌▌ Ordne den Nummern in Bild 4 das richtige Geschlechtsorgan zu. Übertrage dazu die Tabelle aus Bild 5 in dein Heft. Bild 2 hilft dir dabei.
b) ▌▌▌ Trage in deine Tabelle ein, welche Funktion das Geschlechtsorgan jeweils hat. Nutze dazu die Angaben im Text.

② ▌▌ Benenne auch die mit Buchstaben bezeichneten Organe in Bild 4 mithilfe von Bild 2.

❸ Ergänze deine Liste aus Aufgabe 1 mithilfe von Bild 3 und dem Text.

❹ Erkläre, wodurch Eizellen heranreifen.

📱 **Digital+**

WES-184000-231

Die Entwicklung in der Pubertät

1 Unterschiedlich weit entwickelte Mädchen und Jungen

Die Pubertät läuft bei jedem anders ab

Jugendliche treffen immer wieder auf Gleichaltrige, die anders entwickelt sind als sie selbst. Das ist ganz normal und kein Grund zur Sorge.

Während der Pubertät laufen viele Entwicklungen ab, die nicht immer im gleichen Alter beginnen. Wann genau welche Entwicklung stattfindet, lässt sich daher nicht sagen. Viele Entwicklungen laufen über einige Jahre hinweg ab. So werden nach und nach aus Kindern Erwachsene.

Das Diagramm in Bild 2 zeigt, wann ungefähr welche Veränderungen zu erwarten sind. Je kräftiger ein Balken gefärbt ist, umso mehr Mädchen beziehungsweise Jungen erleben diese Veränderung in dem jeweiligen Alter.

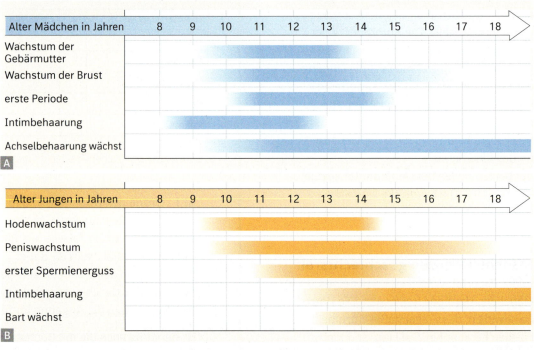

2 Der Ablauf der Pubertät im Diagramm: **A** Mädchen, **B** Jungen

① **a)** Beschreibe die Diagramme in Bild 2.
b) Begründe, warum die Balken farblich erst langsam intensiver werden.
c) Begründe, warum bei einigen Balken kein Ende zu erkennen ist.

② **a)** Beschreibe die einzelnen Aussagen der Diagramme in Bild 2 in Sätzen.
b) Beschreibe mögliche Gefühle, die diese körperlichen Veränderungen mit sich bringen können.

Ⓐ Geschlechtsmerkmale

Im Bild 3 erkennst du nur die Umrisse der Personen. Mann und Frau kannst du dennoch gut unterscheiden. Bei den Kindern ist das schon schwieriger.

① **a)** ▮▮▮ Beschreibe, wie du Mann und Frau in Bild 3 unterscheiden kannst.
b) ▮▮▮ Begründe, warum dies bei den Kindern nicht möglich ist. Verwende dabei den Begriff „Geschlechtsmerkmale".

② ▮▮▮ Sammle vergleichbare Fotos. Erläutere deine Bilder. Gib an, welche Geschlechtsmerkmale sie zeigen.

3 Eine Familie am Strand

Ⓑ Sexualhormone steuern die körperliche Entwicklung

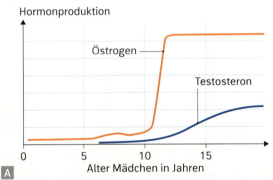

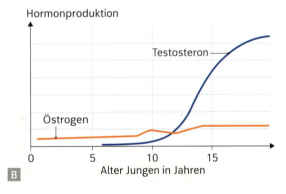

4 Sexualhormone: **A** bei Mädchen, **B** bei Jungen

Testosteron ist das wichtigste männliche Hormon. Es ist in der Pubertät für die Entwicklung der männlichen Geschlechtsmerkmale verantwortlich. **Östrogen** ist ein wichtiges weibliches Hormon. Es sorgt in der Pubertät für das Wachstum der weiblichen Geschlechtsorgane.

① **a)** ▮▮▮ Beschreibe, was die beiden Diagramme in Bild 4 aussagen.
b) ▮▮▮ Vergleiche, wie sich die Produktion von Testosteron und Östrogen bei Jungen und Mädchen im dargestellten Zeitraum verändert.

Die Menstruation

1 Mit wem du über die Menstruation sprichst, ist deine Sache.

Eine besondere Zeit

Im Leben eines Mädchens ist die erste Menstruation etwas Besonderes. Aber jedes Mädchen erlebt diese Tage anders. Einige warten schon länger darauf, für andere kommt die Menstruation eher überraschend. Die meisten Mädchen haben zwischen 10 Jahren und 14 Jahren ihre erste Menstruation. Sie können von nun an schwanger werden.

Während der Menstruation

Wie alles Neue fühlt sich die erste Regelblutung erst einmal seltsam an. Frauen fühlen sich während ihrer Menstruation ganz unterschiedlich. Den meisten geht es gut, manche haben Kopfschmerzen oder Bauchschmerzen.
Die Menstruation ist aber keine Krankheit. Wenn du dich gut fühlst, kannst du in dieser Zeit alles tun, was du sonst auch tust.

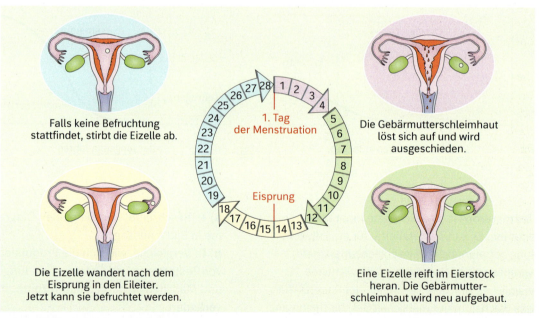

Falls keine Befruchtung stattfindet, stirbt die Eizelle ab.

Die Gebärmutterschleimhaut löst sich auf und wird ausgeschieden.

Die Eizelle wandert nach dem Eisprung in den Eileiter. Jetzt kann sie befruchtet werden.

Eine Eizelle reift im Eierstock heran. Die Gebärmutterschleimhaut wird neu aufgebaut.

1. Tag der Menstruation

Eisprung

2 Der Ablauf des weiblichen Zyklus

1 Formuliere ein Gespräch zwischen zwei Mädchen. Die beiden unterhalten sich darüber, wie sie ihre erste Menstruation erlebt haben.

2 Lies aus der Grafik in Bild 2 die durchschnittliche Dauer
a) des Menstruationszyklus und
b) der Regelblutung (Menstruation) ab.

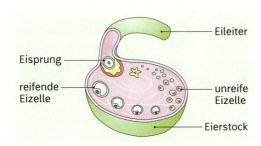

3 Eisprung

Wie kommt es zur Menstruation?

Ungefähr zwei Wochen vor der Regelblutung reift in einem der Eierstöcke eine Eizelle heran. Mit dem **Eisprung** verlässt diese Eizelle den Eierstock und wird in den Eileiter abgegeben (→ Bild 3). Jetzt kann die Eizelle von einer Spermienzelle befruchtet werden. Die Eizelle gelangt dann durch den Eileiter zur Gebärmutter. Deren Schleimhaut ist jetzt verdickt und stark durchblutet. Die Gebärmutter ist darauf vorbereitet, eine befruchtete Eizelle aufzunehmen. Wurde die Eizelle nicht befruchtet, stirbt sie nach einem Tag ab.

Der Menstruationszyklus

Gemeinsam mit der Gebärmutterschleimhaut und etwas Blut wird die abgestorbene Eizelle dann ausgestoßen. Dies dauert im Durchschnitt drei bis fünf Tage und wird als **Menstruation** bezeichnet.

Danach baut sich die Gebärmutterschleimhaut langsam wieder auf. Gleichzeitig reift in einem der beiden Eierstöcke die nächste Eizelle heran. So schließt sich der Kreislauf. Er wird auch **Menstruationszyklus** genannt. Der Zyklus dauert ungefähr 28 Tage. Er kann auch einige Tage länger oder kürzer sein. Bei jungen Frauen ist der Zyklus oft noch sehr unregelmäßig.

ÜBEN UND ANWENDEN

Der Menstruationszyklus

Der Menstruationszyklus läuft in Phasen ab.

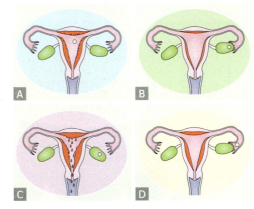

4 Phasen des Menstruationszyklus

① Die Eizelle gelangt nach dem Eisprung in den Eileiter.
② Die Eizelle ist in die Gebärmutter gelangt.
③ Die nicht befruchtete Eizelle wird mit der Regelblutung ausgeschieden.
④ Eine Eizelle reift im Eierstock heran.

5 Beschreibung der Phasen

① **a)** ▍▍ Ordne die Abbildungen A bis D aus Bild 4 als Menstruationszyklus an. Zeichne dazu vier Kästen, in die du den jeweiligen Buchstaben der Abbildung einträgst. Verbinde die Kästen mit Pfeilen zu einem Kreis.
b) ▍▍ Ordne jeder Abbildung die richtige Beschreibung aus Bild 5 zu.
c) ▍▍ Lies aus der Grafik in Bild 2 die durchschnittliche Dauer der Phasen ab. Ergänze sie in deiner Zeichnung.

② ▍▍ Erkläre, in welcher Phase die Eizelle befruchtet werden kann.

③ Erkläre den Begriff „Eisprung".

④ Beschreibe, was bei der Menstruation geschieht.

Mädchen in der Pubertät

Der Körper verändert sich

Die körperlichen Veränderungen im Verlauf der Pubertät eines Mädchens sind spannend, aber manchmal auch noch ungewohnt. Die einsetzende Regelblutung ist für alle Mädchen eine ganz neue Situation.

1 Verschiedene Hygieneprodukte

2 Wechseln nicht vergessen

Die richtige Verwendung

Vor der Verwendung eines Hygieneprodukts ist es wichtig, sich die Hände zu waschen. So gelangen keine Krankheitserreger in die Vagina. Außerdem sollten Frauen das Hygieneprodukt regelmäßig wechseln oder säubern. Wenn ein Hygieneprodukt zu lange verwendet wird, kann es krank machen.

Hygieneprodukte

Es gibt eine Vielzahl von Hygieneprodukten. Jede Frau kann das für sie passende Produkt auswählen. Es gibt zum Beispiel Binden und Tampons, aber auch Menstruationstassen oder Menstruationswäsche.

Regelschmerzen

Manche Mädchen leiden kurz vor oder während der Menstruationsblutung unter Schmerzen im Unterleib. Diese werden durch das Zusammenziehen der Gebärmuttermuskeln hervorgerufen. Auch Kopfschmerzen, Durchfall oder Übelkeit können auftreten.
Eine Wärmflasche kann in leichten Fällen helfen. Bei sehr starken Schmerzen sollte eine Frauenärztin oder ein Frauenarzt aufgesucht werden.

1 Ordne die folgenden Begriffe den Hygieneprodukten A bis D in Bild 1 zu: Menstruationstasse – Tampon – Binde – Menstruationswäsche.

2 **a)** Informiere dich und erkläre die Anwendungsweise der Hygieneprodukte in Bild 1 in Stichpunkten.
b) Nenne Vorteile und Nachteile der einzelnen Produkte.

Ⓐ Fragen zur Menstruation

Zum Thema „Menstruation" gibt es viele Fragen. Auf den Kärtchen in Bild 3 sind bereits einige Fragen rund um das Thema notiert.

① Sammelt auf Kärtchen weitere Fragen zur Menstruation.

② Recherchiert die Antworten zu den Fragen und beantwortet sie euch gegenseitig.

Können Mädchen während der Menstruation schwimmen gehen?	*Können Mädchen vor der ersten Menstruation schwanger werden?*
Können Mädchen während der Periode am Sportunterricht teilnehmen?	*Was können Mädchen tun, wenn sie während der Menstruation Schmerzen haben?*

3 Fragen zum Thema Menstruation

Ⓑ Der Menstruationskalender

Mädchen und Frauen sollten den Überblick darüber behalten, wann sie ihre Menstruation bekommen. Gut zu wissen ist außerdem, wie stark die Menstruation ist und ob Beschwerden wie Bauchkrämpfe auftreten. Auch für einen Besuch bei der Frauenärztin oder dem Frauenarzt sind diese Informationen wichtig. Ein Menstruationskalender hilft dabei, diese Dinge zu notieren. Im Netz gibt es eine Vielzahl von sogenannten „Zyklus-Apps". Einige sind auch kostenlos. Mit einer App können die Daten einfach ins Smartphone eingegeben werden.

Menstruationskalender
Hier kannst du eintragen, wann du deine Menstruation hast und wie du dich fühlst.

	1	2	3	4	5	6	7	8	9	10	11	12	13	14
Januar														
Februar														
März														
April														
Mai														

Stärke der Blutung:
🩸 schwach
🩸🩸 mittel
🩸🩸🩸 stark

So fühle ich mich:
☺ Mir geht es besonders gut.
☹ Ich habe schlechte Laune.
↗ Ich habe Schmerzen.

4 Ein Menstruationskalender

① a) Bild 4 zeigt einen Menstruationskalender. Beschreibe, was Frauen in den Kalender eintragen können.
b) Erkläre, warum es von Vorteil sein kann, diese Informationen zu sammeln.

② a) ▮▮ Informiere dich über Zyklus-Apps. Notiere die Namen zweier Apps und ihre Funktionen.
b) ▮▮ Bewerte beide Zyklus-Apps.

③ Die meisten Zyklus-Apps treffen auch Vorhersagen für die fruchtbaren Tage im nächsten Zyklus der Frau.
a) ▮▮ Erkläre, was mit den „fruchtbaren Tagen" gemeint ist.
b) ▮▮ Erläutere, warum diese Angabe nützlich sein kann, um einem Paar zu helfen, ein Kind zu zeugen.
c) ▮▮▮ Erläutere, warum diese Angabe auf keinen Fall als sichere Verhütungsmethode geeignet ist.

 Digital+

WES-184000-237

Schwangerschaft und Geburt

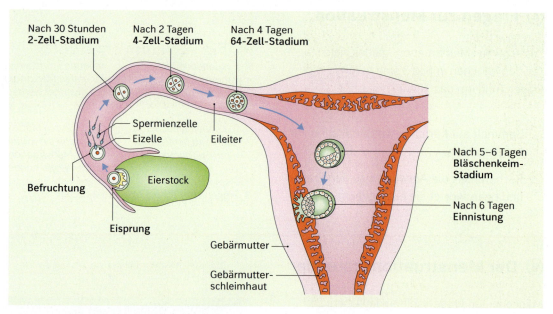

1 Von der Befruchtung zur Schwangerschaft

Ein Kind entsteht

Wenn eine Frau und ein Mann „miteinander schlafen", kann ein Kind entstehen. „Miteinander schlafen" umschreibt dabei den **Geschlechtsverkehr**. Der Mann führt seinen steifen Penis in die Vagina der Frau ein. Kommt es zu einem Spermienerguss, gelangen Spermienzellen in die Vagina. Sie bewegen sich durch die Vagina und die Gebärmutter in die Eileiter (→ Bild 1).

Die Befruchtung

Treffen die Spermienzellen im Eileiter auf eine reife Eizelle, kann eine der Spermienzellen in die Eizelle eindringen. Das ist die **Befruchtung**. Die befruchtete Eizelle beginnt sich zu teilen. Aus einer Zelle werden erst zwei Zellen und dann vier. Nach wenigen Tagen ist ein Gebilde aus vielen Zellen entstanden (→ Bild 1).

Der Embryo

Dieses Zellgebilde gelangt innerhalb einer Woche zur Gebärmutter. Dabei hat es sich zum Bläschenkeim entwickelt. Er verwächst nun mit der Gebärmutterschleimhaut. Dies wird als **Einnistung** bezeichnet. Ein **Embryo** ist entstanden. Die Frau ist nun schwanger. Nach acht Wochen besitzt der Embryo bereits alle inneren Organe und sieht einem Baby schon ziemlich ähnlich (→ Bild 2).

Der Fötus

Ab der zwölften Woche nach der Einnistung wird der Embryo als **Fötus** bezeichnet. Er ist nun ungefähr so groß wie ein Hühnerei. Der Fötus wird in der Gebärmutter von der Fruchtblase geschützt. Die Fruchtblase ist mit Fruchtwasser gefüllt. Im Fruchtwasser kann sich der Fötus frei bewegen, solange er noch klein genug ist.

1 Nenne mindestens zwei Voraussetzungen dafür, dass eine Frau schwanger werden kann.

2 Erkläre die folgenden Begriffe: Befruchtung, Einnistung, Embryo, Fötus.

3 Beschreibe eine Funktion der Fruchtblase.

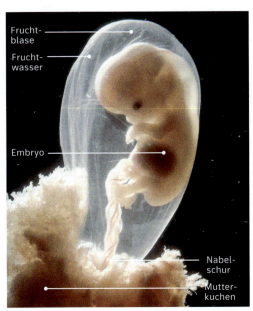

2 Ein Embryo im Mutterleib (7-8 Wochen alt)

Labels on image: Frucht-blase, Frucht-wasser, Embryo, Nabel-schnur, Mutter-kuchen

Das Kind wird versorgt

Das Kind ist über die Nabelschnur mit dem Mutterkuchen verbunden. Er regelt den Austausch von Nährstoffen und Sauerstoff zwischen dem Blut von Mutter und Kind. Der Mutterkuchen ist wie ein Filter und schützt das Kind vor den meisten Krankheitserregern und Schadstoffen.

Ein Kind wird geboren

Nach etwa neun Monaten Schwangerschaft bekommt die Frau **Wehen**. Bei den Wehen zieht sich die Gebärmuttermuskulatur zusammen. Die Fruchtblase platzt und das Kind wird durch die Wehen aus der Vagina herausgepresst. Sofort beginnt es, selbstständig zu atmen. Die Nabelschnur wird durchgeschnitten. Der **Säugling** ist auf der Welt. Die Reste des Mutterkuchens werden dann als Nachgeburt ausgeschieden.

ÜBEN UND ANWENDEN

Ein Säugling entsteht

Wenn Mann und Frau miteinander Geschlechtsverkehr haben, kann ein Kind entstehen.

Fötus	Säugling
befruchtete Eizelle	2-Zell-Stadium
Embryo	Bläschenkeim

3 Entwicklungsschritte eines Kindes

① **a)** ❚❚❚ Erstelle mithilfe der Begriffe in Bild 3 ein Flussdiagramm. Es soll die Entwicklung eines Kindes nach der Befruchtung darstellen.
b) ❚❚ Ordne die Begriffe „Geburt" und „Einnistung" dem richtigen Verbindungspfeil im Flussdiagramm zu.

② ❚❚ Erkläre, wie eine befruchtete Eizelle entsteht.

③ ❚❚ Nach der Geburt wird das Kind von seiner Mutter gestillt, also mit Muttermilch ernährt. Erläutere, wie es im Mutterleib mit Nahrung versorgt wurde.

4 Ein neugeborenes Kind mit seinen Eltern

④ Erkläre, wie das ungeborene Kind überleben kann, obwohl es weder isst noch atmet.

⑤ Beschreibe, wie ein Kind geboren wird.

 Digital+

WES-184000-239

Eine Schwangerschaft verhüten

1 Ein Kondom

Das Kondom

- dünne Haut, meist aus Naturkautschuk
- wird vor dem Geschlechtsverkehr über den steifen Penis gezogen
- verhindert, dass Sperma in die Scheide gelangt
- benötigt Übung bei der Anwendung
- schützt als einziges Verhütungsmittel vor Geschlechtskrankheiten und HIV
- mit etwas Übung sehr sicher

Verhütungsmittel nutzen

Frauen und Männer können lange in ihrem Leben Eltern werden. Aber viele Paare möchten „miteinander schlafen", ohne ein Kind zu bekommen.

Verhütungsmittel können eine Schwangerschaft verhindern. Es gibt eine ganze Reihe verschiedener Verhütungsmittel. Drei von ihnen werden auf dieser Seite vorgestellt. Die Verhütungsmittel werden ganz unterschiedlich angewendet und sind unterschiedlich sicher. Lass dich daher von einer Expertin oder einem Experten zu den Vorteilen und Nachteilen verschiedener Verhütungsmethoden beraten. Deine Hausarztpraxis kann eine erste Anlaufstelle sein. Es gibt aber auch Beratungsstellen. Auf keinen Fall solltest du dir erst dann Gedanken darüber machen, wenn es „soweit ist". Dann ist es zu spät.

2 Anti-Baby-Pillen

Die Anti-Baby-Pille

- Tablette für die Frau, die täglich eingenommen werden muss
- enthält Hormone, die den Eisprung verhindern
- kann Nebenwirkungen haben
- Beratung bei der Frauenärztin oder dem Frauenarzt erforderlich
- bei richtiger Einnahme sehr sicher

3 Ein Verhütungsring

Der Verhütungsring

- Ring aus weichem Kunststoff, der in die Vagina eingeführt wird
- gibt Hormone an den Körper ab
- hemmt den Eisprung
- verhindert, dass sich das Ei einnistet
- verdickt den Schleim und verhindert so das Eindringen von Sperma in die Gebärmutter
- bei richtiger Anwendung sehr sicher

1 Beurteile die vorgestellten Verhütungsmittel. Mache dazu Aussagen über ihre Sicherheit und Anwendung.

2 Welche der Verhütungsmittel würdest du Jugendlichen besonders empfehlen? Begründe deine Empfehlung.

Ⓐ Mit Testkondomen üben

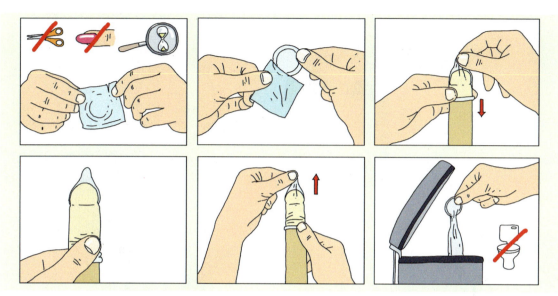

4 Umgang mit einem Kondom

Damit ein Kondom richtig schützt, müssen beim Überziehen und Abstreifen des Kondoms einige Schritte beachtet werden.

① ▋▎▎ Entwickle mithilfe der Bilder eine Anleitung für die richtige Anwendung von Kondomen.

② ▋▎▎ Übt die richtige Handhabung mit den Testkondomen an einem Penismodell.

Ⓑ Verantwortung übernehmen

„Verhütung ist Mädchensache" – so oder so ähnlich denken viele Jungen.
Jedes Paar sollte gemeinsam über das Thema Verhütung entscheiden. Denn Fakt ist: Wird ein Kind geboren, müssen sich beide Eltern die Verantwortung und auch die Kosten teilen.

① **a)** ▋▎▎ Beschreibe die Situation, die im Comic in Bild 5 dargestellt ist.
b) ▋▎▎ Berate den Jungen bezüglich seines Gedankens.

5 Ein Gespräch unter Freundinnen

Digital+

WES-184000-241

Erwachsen werden

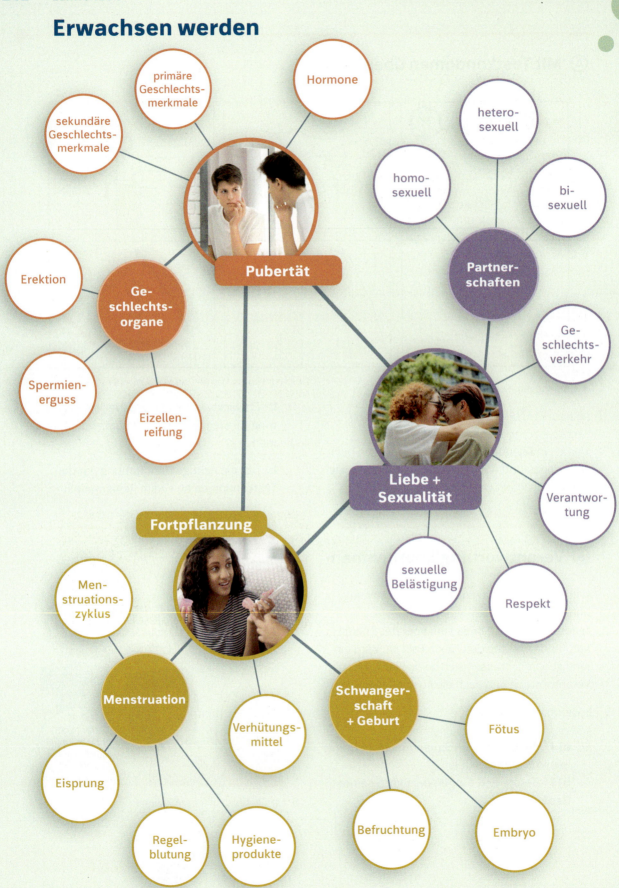

- primäre Geschlechtsmerkmale
- Hormone
- sekundäre Geschlechtsmerkmale
- **Pubertät**
- heterosexuell
- homosexuell
- bisexuell
- **Partnerschaften**
- Erektion
- **Geschlechtsorgane**
- Spermienerguss
- Eizellenreifung
- Geschlechtsverkehr
- **Liebe + Sexualität**
- Verantwortung
- **Fortpflanzung**
- Menstruationszyklus
- sexuelle Belästigung
- Respekt
- **Menstruation**
- Verhütungsmittel
- **Schwangerschaft + Geburt**
- Fötus
- Eisprung
- Regelblutung
- Hygieneprodukte
- Befruchtung
- Embryo

1 Beschreibe körperliche Veränderungen von Mädchen und Jungen in der Pubertät.

2 **a)** Nenne mindestens fünf weibliche und fünf männliche Geschlechtsorgane und deren Funktionen.
b) Erkläre anhand eines Beispiels den Unterschied von primären und sekundären Geschlechtsmerkmalen.

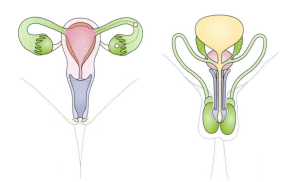

3 „Ich bin 14 Jahre alt und habe noch keinen Bartwuchs. Bin ich normal?" Formuliere eine angemessene Antwort für den Jungen.

4 Eine Freundin zeigt dir den nebenstehenden Chat aus einem sozialen Netzwerk mit einer ihr unbekannten Person. Beurteile, wie sie auf eine solche Anfragen reagieren sollte.

5 In einer Partnerschaft müssen die Partner Verantwortung und Respekt füreinander zeigen. Erläutere, was das bedeutet.

> Hallo, du Hübsche!
>
> > Hi.
>
> Du hast wunderschöne Augen und eine super-süße Nase. Hast du auch so tolle Beine?
>
> > Mmh, weiß nicht.
>
> Zeig doch mal! Nur für mich!

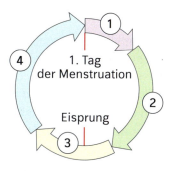

6 Beschreibe, was in den einzelnen Phasen des Menstruationszyklus im Körper der Frau passiert.

7 Erläutere, was Hygieneprodukte sind und warum sie ab der Pubertät für Mädchen wichtig werden.

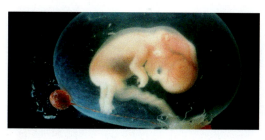

8 Erkläre den Verlauf einer Schwangerschaft von der Befruchtung bis zur Geburt.

9 Erläutere, wie der Fötus während der Schwangerschaft geschützt wird.

10 Lara (15) und Sebastian (17), sind seit zwei Monaten ein Paar. Lara möchte auf keinen Fall schwanger werden, sie fühlt sich dazu viel zu jung. Gib beiden einen Rat zur Wahl eines Verhütungsmittels.

 Digital+

WES-184000-243

Ein Kind entsteht

Ⓐ Die Entwicklung einer befruchteten Eizelle

Ein Mensch entwickelt sich aus einer Eizelle, die von einer Spermienzelle befruchtet wurde. Die Befruchtung findet normalerweise in einem Eileiter der Frau statt, nachdem sie Geschlechtsverkehr mit einem Mann hatte. Die befruchtete Eizelle entwickelt sich weiter und nistet sich schließlich in der Gebärmutterschleimhaut ein. Dann ist die Frau schwanger.
Diese Entwicklung könnt ihr anhand einer Fotoserie mithilfe eines Papiermodells nachstellen.

1 Materialien für das Modell

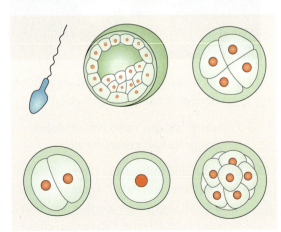

2 Zeichnungsvorlagen

Material: weißes und farbiges Papier oder Zeichenkarton, Bleistift, farbige Stifte, Schere, Smartphone oder Kamera

Durchführung:

Schritt 1: Überlegt euch, welche Schritte der Entwicklung ihr darstellen wollt.

Schritt 2: Ihr könnt die Zeichnungsvorlagen aus Bild 2 nutzen. Übertragt sie auf Papier und vervielfältigt sie gegebenenfalls.

Schritt 3: Entscheidet, welchen Hintergrund ihr für eure Darstellung der einzelnen Schritte wählen wollt. Ihr könnt zum Beispiel für jeden Schritt den Abschnitt eines Eileiters oder der Gebärmutter zeichnen.

Schritt 4: Überlegt euch für jeden Schritt eine Bezeichnung und möglichst eine Zeitangabe.
Tipp: Ihr könnt dazu auch im Internet recherchieren.

Schritt 5: Legt alle Schritte nacheinander auf euren Hintergrund und fotografiert sie.

❶ a) ▮▮ Stellt mithilfe eurer Fotos die Entstehung und Entwicklung einer befruchteten Eizelle nach. Ihr könnt die Fotos dazu digital in einem Dokument anordnen, ausdrucken und ein Plakat erstellen oder mithilfe einer App einen Stop-Motion-Film erstellen.
b) ▮▮ Verseht die einzelnen Schritte mit weiteren Informationen wie der Bezeichnung des Entwicklungsstadiums, der Zeitangabe oder der Ortsangabe.

❷ a) ▮▮ Präsentiert euer Ergebnis.
b) ▮▮ Vergleicht eure Darstellungen und nennt jeweils mindestens einen positiven Aspekt und einen Verbesserungsvorschlag.

B Die Funktion von Fruchtblase und Fruchtwasser

Die Fruchtblase und das Fruchtwasser schützen das ungeborene Kind im Mutterleib. So kann die Mutter aktiv sein, ohne das Kind zu gefährden (→ Bild 3). Mit einem Modell könnt ihr zeigen, wie der Schutz funktioniert.

Material: große Schraubgläser mit Deckel, Gefrierbeutel, rohe Hühnereier, Wasser, Gummibänder

Durchführung:

Schritt 1: Schaut euch das oben genannte Material an (→ Bild 4). Tauscht Ideen aus, wie ihr die einzelnen Dinge für euer Modell nutzen wollt.
Die Zeichnung in Bild 5 kann euch dabei helfen.

Schritt 2: Baut aus den Materialien ein Modell. Das Modell soll zeigen, wie der Fötus im Mutterleib geschützt ist.

1 a) ‖ Benennt, was die Materialien in eurem Modell darstellen sollen. Legt dazu eine Tabelle an. Nutzt als Hilfe die Methode „Mit Modellen arbeiten" im Buch.
b) ‖ Erklärt euch gegenseitig eure Modelle.
c) ‖ Erläutert, was euer Modell zeigt und was es nicht zeigt.

2 a) ‖ Schüttelt eure Modelle und beschreibt eure Beobachtungen.
b) ‖ Beurteilt, welches eurer Modelle die natürliche Schutzfunktion am besten darstellt.

3 ‖ Zeigt mithilfe eures Modells, was passieren würde, wenn das Fruchtwasser nicht vorhanden wäre.

4 ‖ Begründet mithilfe eures Modells, warum die Fruchtblase kurz vor der Geburt platzt.

3 Aktiv in der Schwangerschaft

4 Materialien für das Modell

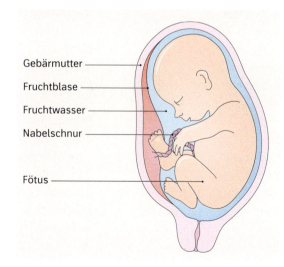

Gebärmutter
Fruchtblase
Fruchtwasser
Nabelschnur
Fötus

5 Fötus im Mutterleib

Digital+

WES-184000-245

Stichwortverzeichnis

Gefahrstoffe

Gefahrstoffe sind Stoffe, die zu physikalischen Gefahren, Gesundheitsgefahren oder Umweltgefahren führen können. Einfache Piktogramme geben Hinweise auf Gefahren, die von Gefahrstoffen und dem Umgang mit ihnen ausgehen. Die Kennzeichnung erfolgt weltweit einheitlich nach GHS (Globally Harmonised System).
Je nach **Gefahrenpotenzial** müssen Gefahrstoffe mit den entsprechenden GHS-Piktogrammen gekennzeichnet werden.

Zusätzlich gibt es Signalwörter, die den Grad der Gefährdung anzeigen:
- **Gefahr** für schwerwiegende Gefahrenkategorien
- **Achtung** für weniger schwerwiegende Gefahrenkategorien
In der unten stehenden Tabelle werden die im vorliegenden Buch genutzten Gefahrstoffe aufgelistet und durch Hinweise zum Umgang mit ihnen ergänzt.

Stoff mit GHS-Piktogramm, Signalwort	**Nutzungshinweise**	**Gefahrenhinweise**	**Hinweise zur Entsorgung** bei den Versuchen im Buch
Iod-Lösung (Iod-Kaliumiodid/ Lugolsche Lösung) Achtung	Schutzbrille mit Seitenschutz verwenden. Geeignete Schutzhandschuhe verwenden. Für ausreichende Belüftung sorgen.	Kann bei längerer oder wiederholter Exposition die Organe schädigen.	Die getesteten Pflanzenbestandteile bzw. Lebensmittel können über den Ausguss oder Restmüll entsorgt werden.

Haftungsausschluss: Trotz sorgfältiger Prüfung ist es möglich. dass bei der Zusammenstellung Fehler aufgetreten sind. Die angegebenene Daten sind daher von der Lehrkraft zu prüfen.

Bildquellenverzeichnis

|Alamy Stock Photo, Abingdon/Oxfordshire: Arterra Picture Library 11.5, 87.2; Avalon.red 143.1; Bolbot, Aleksander 156.1; Boulton, Mark 141.2; BSIP SA 185.1; Cancalosi, John 141.1, 141.3; Cattlin, Nigel 101.1; cnmagpixs 39.1; Crabtree, Lee 140.1; Daniels, John 17.2; Erickson Stoc 5.1, 166.1; Florapix 87.5; Gainey, Tim 65.5; Giadop 95.4; Gon2Foto/Mittleman, Richard 131.3; image-BROKER.com GmbH & Co. KG 31.1, 34.2, 97.9, 109.7, 116.2, 144.1, 163.2; Imageplotter 38.2; JAH 142.2; Juniors Bildarchiv GmbH 21.6, 21.7; Kearton, Andrew 93.1, 120.1; Kuttig - RF - Travel 39.3; Magnusson, Roland 143.4; Mckie, Carl 103.3; Menden, Katho 32.1; Naturfoto-Online 116.1; Nicholson, Anita 42.1; OJO Images Ltd 57.1; Papilio 95.5; R Kawka 93.2, 120.2; Rutherford, Ian 27.3; SDym Photography 85.6; Shark, Mitch 7.1; Smith, Geoff 6.3; Thomas, Phillip 97.6; Varndell, Colin 103.2; VPC Animals Photo 151.1; Wetterauw, Matthijs 61.3; WILDLIFE GmbH 11.4; YK 95.2; Zerwann, Boris 186.3; Zoonar GmbH 113.1. |Alamy Stock Photo (RMB), Abingdon/Oxfordshire: 914 collection 48.1; AGAMI Photo Agency 128.1, 153.1; Andrews, Richard 134.3; Anney P 155.4; Arco Images GmbH 103.1, 147.1, 147.2, 152.6; Arterra Picture Library 132.1, 158.8; Astes, A. 174.2; Baker, Richard 204.2; BSIP SA 187.2; Buckley, Drew 158.5; Buiten-Beeld 73.4, 143.2, 152.5; Cattlin, Nigel 66.3, 113.3; CC/Murray, Jerome 158.4; Chapman, David 158.3; Crowe, John 207.1; Etchart, Julio 205.4; Gaertner 151.3; Garcia, Tony 198.1; Halaska, Jan 115.1, 115.2, 115.3, 115.4; Hauenstein, Urs 130.1; Hecker, Frank 109.6, 129.1, 134.1, 163.8; imageBROKER 97.3, 138.1, 220.1; Islandstock 119.1; Juniors Bildarchiv GmbH 153.3; Klinker, Ernst 42.3; LorenzoP 266.1; Mallinckrodt, Dirk v. 69.2; MBI 205.1; Newman Studio 186.1; Panther Media GmbH 129.2; PEREZ, ENRIQUE ALAEZ 38.1; Schevardo, Elena 54.3; Schwarz, Nailia 96.4; Spence, Inga 42.4; sunnychicka 80.1; The Natural History Museum 133.1; Weinzierl, Maximilian 15.1; Wheeler, C J 113.2; Wildchromes 128.3; Winter, Maren 117.1; YK 158.6. |BC GmbH Verlags- und Medien-, Forschungs- und Beratungsgesellschaft, Ingelheim: 78.1, 79.1, 79.4, 192.1. |Biermann-Schickling, Birgitt, Hannover: 9.7. |Braune, Barbara, Peine: 81.2, 81.3, 114.1, 114.2, 244.1, 245.2. |DRK, Berlin: 184.2. |Druwe & Polastri, Cremlingen/Weddel: 57.4, 86.3, 99.1, 107.3. |Dürst, Thomas, München: 145.2. |Ebeling, Andreas, Hamburg: 127.1. |fotolia.com, New York: fox007 56.2; Larsson, Henrik 97.5; muro 23.8; Pattschull, Heino 266.2. |Gall, Eike, Enkirch: 44.2, 47.5, 128.2, 136.3, 136.4, 220.4. |Getty Images, München: Corbis Documentary/Leemage 239.1; Spencer, Cameron 172.1. |Glammeier, Bettina, Hannover: 107.1. |Goessel, Hannes von, Erding: 9.2, 9.3, 9.4, 9.5, 9.6. |Herzig, Wolfgang, Essen: 8.1, 9.1, 15.2, 25.2, 27.2, 29.7, 29.8, 30.2, 36.2, 39.2, 52.2, 70.1, 70.2, 72.5, 78.4, 78.5, 79.3, 79.5, 81.1, 81.4, 91.2, 98.2, 98.3, 99.2, 102.1, 105.2, 106.3, 108.1, 110.2, 110.3, 110.4, 110.5, 111.1, 111.2, 112.2, 113.4, 117.2, 121.1, 121.2, 121.3, 122.1, 122.2, 126.2, 149.2, 149.3, 153.2, 154.1, 164.4, 165.2, 170.2, 171.3, 172.2, 172.3, 172.4, 173.2, 174.3, 176.2, 177.2, 179.1, 179.2, 179.3, 179.4, 183.2, 184.1, 187.1, 192.4, 192.5, 193.1, 193.2, 195.1, 195.2, 198.3, 202.1, 203.1, 203.2, 203.3, 203.4, 203.5, 209.1, 209.3, 215.2, 215.3, 215.4, 216.2, 216.3, 216.4, 223.10, 237.1, 241.2, 243.2; bearbeitet von Frau Schobel 169.1. |Imago, Berlin: Sascha Steinach 8.3. |Imago Editorial, Berlin: blickwinkel 104.1, 145.4, 145.5; Funke Foto Services 123.2; Ritter, Jürgen 186.4; Spiegl, Sepp 20.4. |Interfoto, München: ARDEA/Greenslade, D. W. 97.2. |iStockphoto.com, Calgary: &#169 Tom Hahn 48.2; adamkaz 223.4; ahirao_photo 23.7; alenkadr 236.5; AlexLMX 185.2; AlexRaths 194.2; Allchonok 236.4; AlxeyPnferov 195.3; AndreiRybachuk 87.3; Andyworks 105.1; anon-tae 45.2; artpipi Titel; Artranq 18.1; ascenp 23.1; AVTG 109.3; beekeepx 123.1; BernardaSv 139.2; berpin 7.2; borchee 199.1; CaptureLight 21.1, 21.4; Chelysheva, Elena 67.2; Chernetska, Liudmila 14.1, 106.2; Ciobaniuc, Adrian Eugen 125.3, 162.3; ClarkandCompany 24.3; cobalt 195.6; ConstantinosZ 133.2; Corsi, Gerald 169.2; cynoclub 11.6,

11.7, 11.8, 11.9; damircudic 5.2, 212.1; Debenport, Steve 198.2; Dima Berlin 234.1; dmbaker 221.2; DragonImages 216.1; Dzurag 86.2; eggeeggjiew 167.4, 208.4; Enjoylife2 48.3; EyeEm Mobile GmbH 160.3; FangXiaNuo 226.1; Fascinadora 195.4; FatCamera 230.1; ffaber53 109.5; FG Trade 223.9; filmfoto 34.1; fotografixx 19.1, 20.2; fotyma 195.5; Freila 61.2; g215 112.1; GettyTim82 89.1; Gingell, Ben 177.1; Goja1 10.1; golero 222.1; GomezDavid 59.2; googibga 73.3; Günther, Frank 35.2; gustavofrazao 223.5; Halfpoint 215.5; happyborder 21.2; Henglein and Steets 177.3; Hohl, Karl-Friedrich 8.4; iLexx 7.3; Imgorthand 222.3, 222.4; Ionescu, Cristina 87.4; Iurii_Au 54.2; J Fouche 37.2; JackF 170.1, 178.4, 225.2; Janca, Martin 129.3; JMrocek 4.1, 92.1; jordieasy 217.1; Jose Pedroso Vallejo 23.4; Jovanovic, Radomir 118.3; kali9 49.1, 223.6; KiraVolkov 39.4; Korzh, Ekaterina 142.1; Kulikova, Evgenia 167.3, 208.3; Kuzmichstudio 20.1; Liliboas 21.5; lucop 35.3; Malchev 220.2; Mansi, René 233.1; matteodestefano 21.3; Maverickette 106.1; Mazorchuk, Iryna 59.1; MDV Edwards 223.2; mheim3011 189.3; MiaZeus 95.1; MichaelSvoboda 214.1; microgen 180.1; mihtiander 152.7; MikeLane45 67.5; miljko 7.5; mixetto 204.1; Montypeter 93.3, 120.3; Morrison, John 154.2; Movaliya, Jayantibhai 85.3; mr.suphachai praserdumrongchai 171.2; Musat 65.3; Nataba 78.3; nitrub 76.1; Nomad 217.3; O'Brien, David 127.3; o2beat 147.3; oversnap 163.6; Pankov, Alexandr 66.4; Photographer and Illustrator 16.2, 24.2; PLBernier 245.1; Ploegerson 8.2; PotaeRin 195.7; Potashkin, Dmitry 53.3; proxyminder 51.2, 88.2; R-J-Seymour 43.2; ramonageorgescu 59.3; redmal 52.3; reisezielinfo/Schneider, Achim 157.1; Rentea, Dan 222.2; richcarey 65.6; Richterova, Hana 85.1; RT-Images 163.5; schnuddel 4.2, 124.1; SelectStock 195.8; SergeyTikhomirov 23.2; Shaiith 7.6; ShariFotodesign 134.4; Shebley, Cindy 95.6; Smitt Titel, 156.2; SolStock 200.1; Sommer, Heinz-Juergen 143.3; starfotograf 178.3; Steer, Ann 107.2; Stumpf, Miriana 160.2; Sucsy, David 52.1; svetikd 217.2; szirtesi 131.1; Tan, Edwin 239.2; Tassii 213.3, 242.3; Tatevosian, Yana 38.1; teine 161.3; Timmary 23.6; TobyPhotos 152.3; TopMicrobialStock 163.7; triloks 223.8; valio84sl 109.8; vavlt 11.1; vchal 228.1; Vierietin, Anton 176.1; ViktorCap 47.2; Visivasnc 23.3; Vitkovska, Mariia 223.3; WALLET, Jean-philippe 45.1; Waurick, Kerstin 54.1; Wavetop 110.1; whitebalance.oatt 213.2, 242.2; Wirestock 6.1, 31.2; xavierarnau 223.1; yongyuan 223.7; yxowert 89.3. |juniors@wildlife Bildagentur GmbH, Hamburg: Biosphoto 140.3, 150.2, 150.3, 150.4; D. Harms 59.4; Stuewer, S. 32.3; Synatzschke, G. 127.2. |Keis, Heike, Rödental: 86.4. |Kranenberg, Hendrik, Drolshagen: 218.2, 228.2, 241.1. |LIO Design GmbH, Braunschweig: LAYOUTELEMENT 16.1, 44.1, 86.1, 98.1, 174.1, 265.1. |Lochstampfer, Uwe, Hambühren: 82.1, 82.2. |Mall, Karin, Berlin: 157.2, 158.1, 158.2. |mauritius images GmbH, Mittenwald: nature picture library/Massey, Luke 126.1; Photoshot Creative/Banfi, Franco 125.1, 162.1. |mauritius images GmbH (RF), Mittenwald: imageBROKER 136.1, 136.2; Science Photo Library/Kon, Kateryna 109.4; Westend61/Berg, Rainer 214.2. |Minkus Images Fotodesignagentur, Isernhagen: 60.2, 60.3, 60.4, 62.1, 63.1, 64.2, 68.1, 87.1, 90.1, 90.2, 174.4, 175.1, 179.5, 179.6, 191.1, 191.3, 191.4, 192.2, 199.2, 199.3, 199.4, 199.5, 199.6, 199.7, 210.1, 210.2, 211.1, 224.1. |Münchener Tierpark Hellabrunn AG, München: Conzelmann, Marc 49.2. |OKAPIA KG - Michael Grzimek & Co., Frankfurt/M.: ARDEA/Bevan, Brian 125.2, 162.2; ARDEA/Last Refuge/Spears, David 100.2; ARDEA/Marent, Thomas 145.1; BIOS 159.3; BIOS/Labat & Rouquette 135.1, 135.3; Dagner, Gerhart 159.1. |PantherMedia GmbH (panthermedia.net), München: mbongo 56.1; Sitnik-Schmach, Gabriele 84.1. |Picture-Alliance GmbH, Frankfurt a.M.: blickwinkel 55.7; dpa 229.2; Geiger, Amelie 118.1; Karmann, Daniel 38.3; Minden Pictures 145.6; WILDLIFE/Harms, D. 61.4. |Schlierf, Birgit und Olaf, Lachendorf: 78.2, 79.2, 192.3. |Schobel, Ingrid, Hannover: 22.1, 23.5, 28.2, 33.1, 35.1, 36.3, 39.1, 47.1, 53.1, 53.2, 55.1, 58.2, 58.3, 59.5, 60.1, 61.1, 64.1, 64.3, 65.1, 65.2, 65.4, 68.2, 71.3, 74.2, 76.2, 77.1, 77.2, 80.2, 83.1, 83.2, 84.3, 84.4, 84.5, 84.6, 85.2, 85.7, 89.5, 91.1, 96.3, 97.1, 118.2, 130.2, 131.2, 132.2, 133.3, 135.2, 136.5, 137.1, 137.2, 138.2, 139.1, 140.2, 142.3, 145.3, 148.2,

Aufgaben verstehen und richtig bearbeiten

Dieses Buch enthält Bilder, Texte und Aufgaben. Mithilfe der Aufgaben kannst du zeigen, was du gelernt hast. Dazu musst du verstehen, was die Verben in den Aufgaben bedeuten.

Nennen bedeutet, dass du Namen, Daten oder Gegebenheiten ohne weitere Erklärungen aufzählst. Oft reicht eine Stichwortliste aus.

1 Nenne die drei wichtigsten Nährstoffe.

1. Die Nährstoffe
Die drei wichtigsten Nährstoffe sind Kohlenhydrate, Eiweisse und Fette.

Beschreiben bedeutet, dass du etwas in ganzen Sätzen mit eigenen Worten wiedergibst. Der Sachverhalt wird aber nicht erklärt oder bewertet.

2 Beschreibe, wozu der Körper Kohlenhydrate benötigt.

2. Kohlenhydrate
Kohlenhydrate versorgen uns mit der Energie, die wir zum Leben brauchen.

Beim **Vergleichen** nennst du Gemeinsamkeiten, Ähnlichkeiten und Unterschiede. Was genau du vergleichen sollst, ist oft vorgegeben. Manchmal musst du aber auch selbst sinnvolle Vergleichspunkte finden.

3 Vergleiche den Gehalt an Nährstoffen bei den beiden Mahlzeiten im Bild 1.

3. Vergleich von Mahlzeiten
Beide Mahlzeiten enthalten viele Kohlenhydrate. Die Currywurst mit Pommes, Majo und Ketchup enthält aber viel mehr Fett und weniger Eiweiss als die Ofenkartoffel mit Quark.

1 Zwei Mahlzeiten: **A** Currywurst mit Pommes, **B** Ofenkartoffel mit Quark